장전된 총 앞에 서서

장전된 총 앞에 서서

구치소에서 만난 아이들—문학 선생의 노트

장전된 총 앞에 서서

테오 파드노스 지음 / 김승욱 옮김

들녘

장전된 총 앞에 서서

ⓒ 들녘 2005

초판 1쇄 발행 · 2005년 9월 10일

지은이 · 테오 파드노스
옮긴이 · 김승욱
펴낸이 · 이정원

펴낸곳 · 도서출판 들녘
등록일자 · 1987년 12월 12일
등록번호 · 10-156

주소 · 서울시 마포구 서교동 394-14 명성빌딩 2층
전화 · 마케팅 02-323-7849 편집 02-323-7366
팩시밀리 · 02-338-9640
홈페이지 · www.ddd21.co.kr

값은 뒤표지에 있습니다. 잘못된 책은 구입하신 곳에서 바꿔드립니다.
ISBN 89-7527-496-9 (03840)

Contents

프롤로그

수인囚人은 위대한 몽상가이다.
―도스토예프스키

나를 만나기 오래전부터 그들은 단단한 유대감을 느낄 수 있는 누군가를 갈망했다. 그들은 강력하고 의심의 여지가 없는 영구적인 동반자를 원했다. 당신이 날 안아주면 나도 당신을 안아줄게, 영원히.

프렌치는 열여섯 살짜리 가출 소녀를 데리고 이틀 동안 버몬트를 돌아다녔다. 두 사람은 관광객처럼 I-91번 도로를 달리면서 도시가 나오면 잠깐 들러 물건을 사고 다시 도로로 나오곤 했다. 그 여행은 그가 자신에게 충실하지 못했던 그녀에게 내린 벌이었다. 그는 48시간이 넘도록 그녀를 때리고 강간했다. 그녀를 죽이는 것도 재미있었을 거라고 그는 말했다. 만약 그녀가 그에 대해 입을 열었다면 틀림없이 죽였을 거라고.

프렌치를 가르치고 있을 때 나는 그가 무슨 죄를 저질렀는지 자세히 알지 못했다. 하지만 내가 그의 범죄에 대해 판결을 내려야 하는 입장은 아니었으므로 상관없었다. 나는 프렌치를 좋아했다. 멍청해 보이는 그의 올백 머리도 마음에 들었고, 그가 떠벌리는 얘기들도 즐거웠다. 최근 그는 국선 정신과 의사를 속여 '정신지체 때문에 재판을 감당할 수 없다'는 결정을 얻어냈다. 나는 그가 성공하지 못할 거라고 생각했지만, 〈밸리 뉴스*Valley News*〉에서 '전문가 의견: 용의자는 가벼운 정신지체'라는 기사 제목을 보고 그의 연기력이 내 생각보다 훨씬 뛰어나다는 사실을 인정할 수밖에 없었다.

슬래시는 여자 친구의 입속에 권총을 쑤셔 넣고 섹스를 강요한 혐의로 체포되었다. 신문기사에 따르면 '서른여섯 시간 동안 피해자를 여러 차례 강간했다'고 한다. 그는 그때 일을 말하는 것은 싫어했지만 살인하는 법을 가르치는 것은 좋아했다. 그리고 감옥에서 풀려난 후 미친 듯이 날뛰며 돌아다닐 계획에 대해 자주 얘기했다. 그의 계획대로라면 우드스턱 전체는 범죄로 채워질 것이고, 그때 우리 모두는 그와 함께 있어야 한다.

윌 에머슨은 소형 권총을 들고 편의점을 털기 위해 들어갔다. 그것은 오래전부터 그의 가장 친한 친구인 로드니와 꼭 해보고 싶던 일이었다. 일이 끝난 후 돈은 나눠 갖기로 했다. 윌은 여자 친구와 플로리다로 가고 싶었다. 그는 편의점 카운터 뒤에 엽총이 있다는 것을 알고 있었다.

"그놈이 나를 쏠 수도 있었고, 내가 그놈을 쏠 수도 있었고, 내가 돈을 빼앗을 수도 있었어. 아니면, 음…… 그런 일들이 한꺼번에 일어나거나."

수업 시간에 그가 말했다.

그는 이런 가능성들에 흥미를 느꼈다. 각각의 가능성은 나름대로 매력이 있었다. 그러나 그는 현실이 된 네 번째 시나리오는 생각하지 않았다. 그는 돈을 빼앗지 못했고, 로드니는 그를 현장에 버려둔 채 도망쳤으며, 아무도 총을 쏘지 않았다. 그리고 그의 어머니가 그를 경찰에 넘겼다.

내가 가장 관심을 가졌던 학생들 중 하나인 레어드 스태너드는 집에 있던 엽총으로 자기 어머니를 쏘아 죽였다. 그날 그는 부모와 심하게 다투었고 부모가 자신을 사랑하지 않는다는 결론에 이르렀다. 그날 밤 그는 부모에게 냉정한 아이가 되어 있었다. 어머니를 죽인 후 아버지에게도 총을 쏘았지만 총알이 빗나갔다. 그는 부모의 신용카드와 엽총, 자동차 그리고 현금 2백 달러를 가지고 메인 주의 포트엘리자베스로 갈 생각이었다. 그곳에는 그가 홀딱 반한 여자 아이가 살고 있었다. 그러나 현장을 떠나다가 집 앞의 우편함에 차를 박았고 다음에는 나무를 들이박았다. 그의 운전 경력은 1년도 채 되지 않았다. 그는 현장에서 10킬로미터쯤 떨어진 브라운스빌의 아는 사람 집에서 경찰에 전화했다.

"우리 집에 사고가 났어요."

새빨간 거짓말은 아니었다.

내가 학생들을 가르쳤던 버몬트 주 우드스턱의 우드스턱 지방 구치소는 미국 사람들의 대중적인 인식과 할리우드 영화에 등장하는 감옥들과는 상대가 안 될 만큼 무미건조하고 협소한 곳이었다. 심지어 버몬트 주의 다른 구금 시설들과도 비교가 되지 않았다. 그곳에는 재소자들이 결성한 집단도, 신참례도, 비밀스러운 정보통도 없었다. 마약도, 감옥에서 통용되는 밀주도 거의 없었다. 비좁고 곰팡내 나는 그곳에는 시골 출신의 아동 성폭행범들과 음주운전자들이 가득했다. 재소자들은 텔레비전을 보고, 잠을 자고, 휴게실에서 허튼 소리를 지껄이며 하루를 보냈다. 가끔은 지하의 '학교'로 내려가 컴퓨터에 몰두하거나 수업을 들었다.

친밀한 관계를 맺을 가능성, 즉 그들이 꿈꾸던 동반자 관계를 맺을 가능성은 거의 없었다. 레어드는 자신이 사귀고 싶어 했던 메인 주의 여자 아이와 혹시 통화가 되지 않을까 하는 마음에 전화기 옆에서 멍하니 시간을 보냈다. 프렌치는 예전의 여자 친구들에게 편지를 썼다. 자신을 고발한 사람을 혼쭐 내주라고 간청하는 내용이었다. 그러나 세상과 단절된 그들이 세상에 어떤 영향을 미칠 가능성은 거의 없었다. 잘 속아 넘어가는 누군가에게 뭔가 깊은 인상을 남기고 싶다는 생각이 들 때 그들이 이용할 수 있는 사람은 시간제 영어 교사인 나밖에 없었다. 나는 그 집단에 끼고 싶어 조바심을 내고 있었고, 그들의 마음을 얻기 위해 그들이 어떤 조건을 내걸든 다 받아들일 생각이었다.

어느 정도 시간이 흐른 후 나는 모든 재소자들과 마찬가지로 앞으로 우리가 어떻게 될 것인지 생각하기 시작했다. 감옥은 미래를 점치기 가장 쉬운 곳이다. 변하는 것이 하나도 없으니까. 내일도 오늘과 똑같을 것이고, 내년도 아주 사소한 부분들만 제외하고는 올해와 똑같을 것이다. 날카로운 칼날이 삐죽삐죽 솟아 있는 철조망과 표정 없는 교도관들의 얼굴을 보라. 감옥에서의 삶은 항상 그런 식으로 흘러왔고, 앞으로도 그렇게 흘러갈 것이다.

그러나 우리 모두는 세상을 자기 좋을 대로 바라볼 수 있는 능력을 갖고 있다. 감옥에 갇힌 채 하루 종일 교도관들과 눈싸움이나 하는 삶을 상상하는 것은 결코 즐겁지 않다. 구치소 식당에서 나오는 고기를 씹으며 하염없이 흘러갈 시간을 생각하는 것 역시. 그러나 내 학생들은 미래를 그런 식으로 보지 않았다. 스스로를 모험가이자 아웃사이더, 무법자로 착각하고 있는 그들에게 그런 삶은 너무 비현실적이었고, 너무 단조로웠고 그들과 전혀 맞지도 않았다.

그들은 감옥 대신 뭔가 멋지고 근사한 일이 일어날 거라고 상상하는 편을 더 좋아했다. 그들은 멀지 않은 미래에 삶이 크게 변할 것이라고 생각했다. 레어드나 윌처럼 꿈이 큰 아이들은 자신들의 개인적인 변화가 사회적인 격변으로 이어질 거라고 상상했다.

몇 주가 지나도 아무 일도 일어나지 않자 몇몇 아이들이 초조해하기 시작했다. 혹시 자기 생각이 틀린 게 아니었을까 불안해하면서도 광신적인 믿음은 더욱 깊어갔다. 그들은 어떻게든 이 세상을 자극해서 자신에게 더 이로운 세상을 만들고 싶어 했다. 자신의 뜻을 온 세상에 눈부시게 밝히고 내면의 힘을 끌어낼 필요가 있었다. 그들은 그 힘이 세상에 드러났을 때 파멸의 흔적을 남길 거라고 믿었다. 그 힘은 모든 장애물을 초토화시키고 성가시게 잔소리를 늘어놓는 이 따분한 우드스턱에서 우리를 탈출시킬 것이다. 당연히 그렇고말고!

우드스턱의 머리 좋은 재소자들 중 일부는 이런 변화의 시기가 이미 왔다는 것을 감지했다. 그들은 자신의 삶을 스스로 망가뜨림으로써 이미 야만적이고 제멋대로인 힘과 공감대를 형성했다. 그들은 그 힘에 붙들려 있는 자신들의 운명에 별로 불만이 없었다. 그것은 그들이 자신도 모르는 사이에 내내 바라던 것이었으니까.

우드스턱에서 일한 지 얼마 되지 않았을 때 내 친구 슬래시가 찢어진 종이에 쓴 시 한 편을 내게 주었다. 「연옥」이라는 제목의 그 시는 그가 감옥에서 경험한 것들을 묘사한 것 같았다. 그 시의 리듬은 노래처럼 경쾌했으며 각운이 재미있었다. 지금 나는 감옥에서 일할 때의 내 감정 상태 ─ 두려움과 재앙이 올 것 같다는 느낌. 그러나 내가 내심 바라던 일이 이루어졌다는 느낌 ─ 를 생각하면서 그 종잇조각에 적혀 있던 단어들을 생각하고 있다.

시간이 멈췄어

나는 죽어 땅에 묻혔어

옛날 그 언덕에

여기는 내세인 모양이야

언제 길을 벗어난 거야?

나는 비명횡사한 게 틀림없어

그리고 악마들이 나를 데려갔어…….

레어드는 나에게 엘리자베스에 대해 많은 얘기를 했다. 에밀리, 사라, 레이드 등 다른 친구들도 보고 싶다고 했다. 자기가 좋아하는 영화, 총에 대한 생각—"총이 너무 많아요!"—학교에서 속상했던 일, 부모에 대한 애증, 세상에 대한 불만 등에 대해서도 얘기했다. 나는 그의 얘기를 끝까지 들어주었다. 나도 똑같은 감정을 느낄 때가 많았으므로 공감이 갔다. 한두 번 이의를 제기한 적은 있지만. 가끔 그는 말을 딱 멈춰버리곤 했다. 그럴 때면 자신의 인생을 집어삼킨 수치심과 끔찍함이 그의 얼굴을 가득 채우는 것 같았다. 그런 감정에 압도당한 그는 아무 말도 하지 못했다. 나는 본능적으로 그를 위해 그 끔찍함을 쫓아버려야 한다고, 그가 하고 싶은 얘기를 할 수 있도록 밀어내야 한다고 생각했다. 그렇게 해서 나는 그의 삶 속으로 끌려 들어갔다.

우리는 영화에 대해 많은 얘기를 나누었다.

"언젠가 진짜 비가 내려서 저 쓰레기들을 거리에서 쓸어버릴 거야."

이것은 그가 가장 좋아하는 영화 대사 중 하나였다. 그는 6학년 때 이 대사를 외웠다. 어쩌면 그보다 더 전일 수도 있다. 「택시 드라이버 Taxi Driver」에는 그가 좋아하는 대사가 또 있었다.

"이제 분명히 알겠어. 내 인생 전체가 한 방향으로 가고 있다는 걸. 처음부터 나한테 선택의 여지는 없었어."

그는 「아메리칸 뷰티American Beauty」를 본 후 실패가 어떤 결과를 낳는지에 대해 생각해 보았다고 했다. 영화 속의 몇몇 등장인물들이 삶을 버렸듯이, 그도 자신의 삶을 버리는 것에 대해 생각해 보았다. 그러기 위해서는 분명 용기가 필요할 것 같았다. 보기 드문 자신감, 사실상 종교적인 감정이라고 할 만큼 심오하고 구도적인 자세가 필요했다. 아무도 몰랐지만 그는 그런 사람이었다.

레어드의 얘기를 들으면서 나는 그의 머릿속에 살인의 형태가 갖춰지는 것을 똑똑히 볼 수 있었다. 그는 한 달 동안 아무 생각 없이 멍한 상태에서 살인을 계획했던 것 같다. 범행 예정일이 가까워지자 그는 스트레스를 이기려고 수다를 떨어댔다. 감옥에 들어와 있는 지금, 그의 얘기 속에서 그때의 메아리가 들려오는 듯했다. 특히 그가 거짓말을 할 때, 반쯤은 자백이라고 할 만한 얘기를 할 때, 허풍을 떨 때.

그는 멍청하게 영화 속 장면들을 따라하는 평범한 아이들보다 자신이 훨씬 더 똑똑하다는 것을 알고 있었다. 그의 입장에서 그의 살인 계획은 독창적이었으며, 빈틈없으면서도 융통성이 있었다. 은밀하게 움직이는 것을 무엇보다 중요하게 생각하는 군대식 계획이었다.

그는 마음만 내키면 언제든지 영리한 군인이 될 수 있었다. 그는 경찰보다, 그를 심문하게 될 그 누구보다도 영리했다. 다시 말해서 범죄를 저지르고도 들키지 않을 만큼 영리했다.

하지만 혹시 붙잡힌다면? 그는 증거와 증인을 하나도 남기지 않을 생각이었으므로 자신이 잡힐 리가 없다고 생각했다. 그래도 가끔은 자신이 붙잡힌다면 어떻게 될지 생각해 보았다. 감옥에 가겠지. 진짜 감옥. 할리우드 영화와는 다르게.

감옥에 가게 되더라도 그는 별 불만이 없었다. 즐거운 일은 아니지만, 자기 인생의 방향 표지판이 아이비리그를 가리키지 않는다는 사실을 이미 받아들였기 때문이다. 그렇다고 그 표지판이 현실 세계의 평범한 직장인의 삶을 가리키는 것도 아니었다. 그런 삶은 너무 따분

했다. 그 표지판은 이류 대학을 가리키지도 않았다. 그런 삶을 살기에
는 너무 똑똑했다. 때로 그 방향 표지판이 버몬트 주립교도소를 가리
키고 있다는 생각이 들었다.

복도를 걸어갈 때마다, 감방과 화장실, 운동실, 샤워실에 들어갈 때
마다 다양한 종류의 사람들을 만나게 될 것이다. 그들은 너무나 낯설
고 이색적이어서 바깥세상에서는 결코 접할 수 없는 비밀스럽고 신비
로운 지식을 그에게 가르쳐줄 것이다. 그런 지식은 절대로 영화에 나
오지 않기 때문에 알아낼 방법은 딱 하나뿐이었다. 그런 사람들과의
만남은 완전히 낯선, 외계인들과의 만남이 될 것이다. 그들이 얘기를
하면 그는 들을 것이다.

이런 경험이 인생에 대한 그의 고민을 상당 부분 해결해줄 것이다.
지루한 그의 삶에 일대 전환이 일어날 것이다. 일주일, 혹은 한 달이
지나기 전에 그는 그렇게 만난 사람들 중 누군가에게 깊은 유대감을
느낄 것이다. 어쩌면 1년이 걸릴지도 모른다. 그러나 그가 가진 것이
라고는 시간뿐이었으므로 상관없다. 그리고 그의 남은 인생은 그런
만남의 연속으로 변할 것이다. 위험한 사람들과의 만남. 그러나 그의
부모는 상상조차 하지 못했던 것들을 그에게 가르쳐줄 사람들과의 만
남. 그런 경험이 그를 완전히 바꿔놓을 것이다. 그리고 그의 이마에
그 흔적이 남을 것이다. 겉으로 드러나서 분명히 눈에 띄는 흔적이기
때문에 아는 사람은 그것을 알아볼 것이고, 모르는 사람들도 쉽게 발
견할 것이다. 그가 어디에 가든 사람들은 그가 어떤 일을 겪었는지 알
아볼 것이다.

그러나 그가 이런 생각들을 진지하게 받아들인 것은 아니었다. 그
는 자신이 감옥에 가고 싶어 안달한 것이 아니므로 절대 감옥에 가지
않을 거라고 생각했다. 누가 그를 감옥에 보내버리겠다고 위협하더라

도, 금방 감옥에 가게 될 것처럼 보이더라도, 그의 가족, 체제에 대한 그의 지식, 개인적 매력 등 모든 요인들이 그를 지켜주어서 실제로 곤란한 상황에 빠지지는 않을 거라고 생각했다. 그래서 감옥에 가는 생각을 할 때마다, 또는 감옥에 가는 것을 꿈꿀 때마다 그는 묘한 위안을 얻었다. 마치 절대 현실로 나타날 수 없는 점괘를 읽을 때처럼.

　물론 그의 생각이 틀릴 수도 있었다. 하지만 모든 일이 잘못되어서 감옥에 가더라도 그는 상관없었다. 아니, 그 편이 더 굉장하다고 생각했다. 전보다 더 강해져서 금방 감옥에서 나올 테니까. 어쩌면 한참 동안 감옥에 있어야 할지도 모르지만 상관없다. 감옥에서 나오는 날 그는 교도소 건물 앞에서 햇빛을 받으며 당당하게 서 있을 것이다. 우람한 근육질 몸에, 세상의 어두운 지식을 가슴에 새긴 채로. 그의 앞으로 자동차들이 지나가면 그는 그들을 향해 천천히 미소 지을 생각이었다. 마치 다시 태어난 사람처럼.

1. 애머스트

데이지 위에 누워 당신의 복잡한 마음에 대해

신선한 말로 얘기하라

의미는 중요하지 않다

초월적이고 한가로운 재잘거림일 뿐.

모두들 말할 것이다

당신이 당신의 신비로운 길을 걸을 때

"이 젊은이가 내겐 너무 심오한 말로 자신을 표현한다면

이런, 정말로 보기 드물게 심오한 젊은이가 아닌가,

이 심오한 젊은이는."

1997년 봄 어느 화창한 오후에 대학원 공부의 의미가 산산이 부서져버렸다. 동양학 세미나에서 플로베르Flaubert의 이집트 여행에 대해 토론하다가 벌어진 일이었다. 우리는 모두 그 세미나를 담당한 교수를 좋아했다. 다른 교수들은 자기를 교수님이나 선생님, 박사님으로 불러달라고 했지만 그는 자신을 '로비'라고 불러달라고 했다. 그리고 자주 우리를 자기 집으로 초대해 저녁식사를 함께했다. 그는 가죽 재킷을 입고 다니는 세련되고 진취적인 사람이었으며, 아직 30대 중반인데도 벌써 종신교수로 임명되었다. 그의 프랑스어는 정말로 아름다

었다.

세미나를 준비하기 위해 우리는 플로베르가 기자의 피라미드 꼭대기에서 본 광경을 묘사한 부분을 읽어야 했다. 당시 스물여덟 살로 노르망디를 한가로이 돌아다닌 귀스타브 플로베르는 고대 피라미드의 장엄함에 넋을 잃기에는 너무나 세련된 사람이었다. 그의 눈은 이집트 관광객의 삶 속에서 누추한 부분들을 응시하곤 했다. 피라미드 꼭대기에서 플로베르는 새똥더미, 파리에서 온 관광객의 낙서, 루앙에서 온 모자 상인의 명함을 발견했다. 그 명함은 플로베르와 함께 여행했던 막심 뒤 캉Maxime du Camp이 장난으로 놓아둔 것이었다.

로비는 1시간 반 동안 우리에게 강의를 했다. 그는 응시하는 시선의 힘, 살펴보는 것의 주제론, 관광의 담론, 풍경과 보는 것 사이의 관계, 다른 사람의 관찰 대상이 될 때의 에로티시즘 같은 것들에 관심이 있었다. 강의의 전체적인 요점이 무엇이었는지 기억나지 않는다. 내가 시선을 창밖으로 돌려 4월의 애머스트를 바라보았던 것이 기억날 뿐이다. 학생들이 자전거를 타고 시멘트 광장을 지나가고 있었다. 버스는 승객들을 토해냈다가 다시 집어삼켰다. 저 멀리 기다랗게 뻗어 있는 잔디밭에서는 학생들이 드러누워 하늘을 선회하는 갈매기들을 바라보고 있었다. 그들의 책과 이런저런 옷가지들은 마치 빵 부스러기처럼 풀밭 여기저기에 흩어져 있었다. 나는 그 광경을 계속 바라보며 갈매기가 용기를 내어 학생들에게서 뭔가를 훔쳐가 주기를 바라고 있었다. 무슨 일이든 일어났으면 좋겠다는 생각이 들었다. 나는 갈매기들을 뚫어지게 바라보면서 빨리 행동에 나서라고 채근했다. 내가 채근한 것은 갈매기뿐만이 아니었다. 버스가 충돌하기를, 그래서 학생들이 공깃돌처럼 도로 위로 내동댕이쳐지기를 바랐다. 그러나 아무 일도 일어나지 않았다.

나는 강의실 안의 다른 학생들을 훑어보았다. 여러 학생들이 자그마한 검은 안경을 쓰고 있었다. 어느 이십 대는 자기보다 한참 나이가 많은 누군가에게 경의를 표하고 싶었는지 끝을 뾰족하게 다듬은 풍성한 검은 턱수염을 기르고 있었다. 그는 몰락한 링컨 같았다. 여학생들 대부분은 대학원생 남자와 결혼한 아줌마들이었다. 그들은 함께 빙하처럼 느릿느릿 박사학위를 향해 나아가고 있었다, 나처럼. 더 젊고 예쁘고 지적인 여학생들이 있는 다른 학교에 다니고 싶다는 생각이 잠시 들었다. 그런 여학생들은 몸에 달라붙는 검은 옷을 입고 수업에 들어올 텐데. 눈에는 검은 마스카라를 하고 수업 중에 나와 의미심장한 시선을 교환할 텐데. 나를 바라보며 상의의 끈을 다시 정돈할 텐데. 나는 한동안 이 주제에 집중했다. 그러다가 다시 창밖을 바라보았다.

로비는 피라미드 꼭대기에 선 플로베르에 대해 할 말이 아주 많았다. 그것은 정복을 풍자한 행동이었다. 그가 새똥에 주목한 것은 관광객들의 담론 전체를 꺾어버린 제스처였다. 그는 여행기를 쓰면서 처음부터 끝까지 배설물과 관련된 지저분한 유머를 주제화했다. 플로베르가 배설물 집착의 주제론인지 똥과 주제의 관련성인지를 연구했다고 로비가 말했던 것 같기도 하다. 나는 이미 그의 강의에 흥미를 잃어버렸다. 하지만 필기는 조금 했다. 로비를 좋아했기 때문에 그에게 무례하게 굴고 싶지 않았다. 그러나 무엇보다도 중요한 이유는 내가 스물여덟 살의 대학원생이라는 것이었다. 여전히 세상을 진지하게 받아들이려고 어설프고 늘쩍지근한 노력을 하고 있는. 어쨌든 이것이 나의 삶이었으니까. 내 삶을 어떻게든 성공적인 것으로 만들어야 하니까.

강의 중간 휴식시간에 나는 불문과의 매점에서 커피를 사서 다른 학생들과 얘기나 하려고 햇볕이 내리쬐는 밖으로 나갔다. 조용하고,

지나치게 세련되고, 생각 없는 그들의 대화 때문에 내 내면의 흉악함이 분명하게 모습을 드러냈다. 그들의 모습 속에서 당시의 내 모습, 불행해지고 있는 기분 나쁜 내 모습이 보였다. 나는 그들에게 욕을 퍼붓고 싶은 것을 억지로 참아야 했다.

학생들은 콘크리트 통로 밑에서 담배를 피우고 있었다. 나는 뾰족한 턱수염을 기른 녀석에게 다가가 내 턱을 쓰다듬으며 잠시 나란히 서 있었다.

"웃기는 녀석이야."

내가 말했다. 나는 뭔가 충격적인 말을 생각해내려고 애썼지만 비교문학을 전공하는 대학원생들에게 충격을 줄 수 있는 말은 세상 어디에도 없는 법이다. 그들은 알아야 할 것을 모두 알고 있고, '모든 것'에 관한 비판적인 논의를 수백 번이나 읽은 사람들이다.

"저 위에서 그런 시팔 놈의 헛소리나 하고 있다니, 말이 돼?"

내가 물었다.

학생 하나가 담배를 바닥에 떨어뜨리고 부츠로 비벼 껐다. 나는 좀 더 천박한 행동을 시도해보았다.

"시팔 놈."

내가 특별히 누구에게랄 것도 없이 말했다.

뾰족한 턱수염의 조너선이 미소를 지었다.

"로비는 시팔 놈이 아니고 구조주의자야, 테오."

그가 내게 충고했다.

"그걸 알아야지."

"개 소리 마. 그놈 때문에 내가 아주 지루해 죽겠어. 다들 그놈 때문에 지루해 죽을 지경이라고."

조너선이 어깨를 으쓱하며 말했다.

"솔직히 내가 보기엔 안 그런데."

강의실을 향해 계단을 올라가면서 나는 날카로운 통증이 내 등뼈를 훑고 지나가는 것을 느꼈다. 무릎에서 힘이 빠져나갔다. 오전부터 커피를 너무 많이 마셔서 현기증이 난 것 같았다. 그뿐 아니라 자전거를 타고 노샘프턴에 있는 산까지 갔다 온 것도 상관이 있을 것 같았다. 욱신거리는 통증이 배를 훑고 올라오자 어깨가 부들부들 떨렸고, 순간적으로 의식이 몽롱해졌다. 나는 난간을 붙들었다.

당시 나는 자전거를 타는 데 상당한 시간을 바치고 있었다. 자전거를 너무 오래 타서인지, 아니면 식사를 제대로 하지 않아서인지 치질이 점점 심해지고 있었다. 자전거를 많이 타는 사람들한테는 흔한 일이었다. 자전거를 타는 동안에는 아무 통증도 느껴지지 않지만, 나중에 통증이 두 배로 심해진다. 내 증세가 상당히 심각했기 때문에 나는 학교 보건소의 의사를 찾아갔다. 의사는 문제를 일으키고 있는 혈관을 잘라내면 된다고 말했다. 또한 지혈대로 문제 부위를 압박하는 방법도 있는데 나처럼 아주 심각한 경우에는 그 방법이 잘 맞을 것 같다고 했다. 하지만 그 방법을 쓰려면 심한 통증을 각오해야 하며 며칠 동안 지혈대를 그 부위에 고정시켜두어야 했다. 물론 어느 방법을 선택하든 6주 동안 자전거도 탈 수 없고 운동도 할 수 없었다. 두 가지 방법이 모두 마음에 들지 않는다면 그냥 통증을 참으면서 사는 법을 익힐 수도 있었다. 나는 잠시 생각을 한 후 수술을 받느니 내 몸과 정신적인 조화를 이루며 평화를 얻도록 노력하는 편이 낫겠다는 결론을 내렸다. 진찰실을 나설 때 나는 거의 눈물을 터뜨리기 직전이었으나 좀 우습기도 했다. 내가 그런 병을 앓고 있다는 사실이 너무 우스팡스러웠다. 나는 자전거를 타고 약국으로 가서 아스피린을 산 다음, 다시 자전거를 타고 집으로 갔다.

의사의 불길한 조언을 들은 후 나는 몇몇 친구에게만 내 비밀을 알려주었다. 친구들은 정신없이 웃어댔다. 정신 나간 원숭이의 괴성 같은 녀석들의 웃음소리를 들으며 사람이 저렇게 웃을 수도 있구나 싶었다. 나중에는 스키폴과 하키 스틱을 들고 나를 쫓아다녔다. 나는 친구들의 장난에 웃을 수밖에 없었다. 웃으면 통증이 심해지는데도.

강의실로 올라가는 길에 걷잡을 수 없는 웃음이 터져 나오려고 했다. 강의실로 돌아가 딱딱한 의자에 엉덩이를 붙이고 앉아야 하는 상황이 너무나 터무니없고 우스꽝스러웠다. 통증 때문에 조심조심 살살 자리에 앉아야 한다. 하지만 그 다음에는? 꼼짝없이 그대로 앉아서 로비의 강의를 듣고, 커피를 홀짝이고, 다른 학생들의 얘기를 듣게 되겠지. 여학생들을 바라보기도 할 테고. 땀을 뻘뻘 흘리면서 수업에 집중하려고 애쓰다가 이상한 놈 취급을 받게 될 거야.

커피를 마신데다가 세미나를 1시간 반이나 더 들어야 한다는 생각 때문에 무심코 이를 갈거나 멍하니 몽상에 빠질 수도 있었다. 내가 무슨 짓을 하게 될지 나도 알 수 없었다. 내가 플로베르가 아닌 다른 주제로 대화를 이끈다면, 통증이나 자전거 타기에 대한 지적인 얘기를 프랑스어로 하게 만든다면 학생들이 내게 고마워할지도 모른다. 그런 대화를 재미있게 이끌어갈 수 있을 것 같기도 했다. 물론 내가 생각해낼 수 있는 한 가장 추상적인 프랑스어로 대화를 이끌어야 했다. "L'agonie du corps et du discours de la vie d'un cycliste('자전거 타는 사람의 삶에 대한 담론과 육체의 고통'이라는 뜻. 뒤에 나오는 프랑스어 문장은 모두 옮긴이가 번역한 것임―옮긴이)" 이런 식으로. 어쨌든 우리가 논하고 있는 막연한 이론과는 달리 내 얘기에는 개인적인 생각이 담겨 있을 것이고, 비교문학을 전공하는 인조인간들로 가득 차 있는 강의실에 사람 냄새를 불어넣을 것이다. 그리고 누군가가 그 점을 인정해줄 것이다. 휴식시간 전에 우리는 플로베르의 목을 졸라 반죽음 상태로 만들었다. 무엇이든 강의실에 다시 생명을 불어넣어야 했다.

나는 강의실 문 앞에 잠시 서 있었다. 학생들의 턱수염과 안경을 바라보니 용기가 사라졌다. 식은땀이 줄줄 흘렀다. 로비는 문간에서 휘청거리고 있는 나를 보고 멈칫했다. 그는 신중한 태도로 무슨 일이냐는 시선을 보내더니 교단에서 내려왔다. 또다시 통증이 내 등뼈를 훑고 지나갔다. 나는 불안했다. 아마 커피를 마셔서, 열두 쌍의 눈들이 눈도 깜박이지 않고 나를 빤히 바라보고 있어서 그런 것 같았다. 턱수염을 기른 녀석이 살짝 몸을 떤 것 같았다. 기분이 나빠서? 겁이 나서? 왜지? 나는 생각을 정리할 수 없었다. 너무 불안해서.

"Ça va, Théo(괜찮나, 테오)?"

로비가 물었다.

"Ça va pas(괜찮지 않아)."

내가 말했다.

"Ça va pas de tout, mon gars(전혀 괜찮지 않다고, 이 애송이야)."

내가 다른 학생들을 전혀 의식하지 않고 내 몸의 통증에만 집중할 수 있다면 생각하고 있던 작전을 실행할 수 있을 것 같았다. 나는 배를 움켜쥐고 휘청거리며 강의실 안으로 들어섰다. 그리고 책상 끝을 붙들었다. 로비는 내 행동을 문제 삼지 않을 것이다. 책가방에 걸려 넘어지면서 나는 로비를 바라보았다. 그는 기분이 좋을 때 짓는, 빈정거리는 듯한 미소를 보내고 있었다. 내 자료들이 의자 위로 쏟아지는데도 나는 손을 쓰지 않았다. 몇몇 학생들과 시선이 마주치자 나는 신음 소리를 크게 내질렀다.

"아아, 그렇지. 아아. Je perds la tête un peu, mes amis(내가 좀 제정신이 아니야, 친구들)."

나는 전장에서 부상을 입은 병사처럼 몸을 숙여 내 자료들을 주우려고 바닥을 훑는 척했다. 그러면서 자료들을 발로 차서 책상 밑으로 더 깊숙이 집어넣었다. 잠시 후 나는 책상 밑에서 기어 나와 일어서서 콩팥이 있는 부위를 움켜쥐고 발로 허리를 가리켰다. 그리고 의자에 풀썩 주저앉아버렸다. 학생들은 즐거운 기색이 아니었다. 뾰족한 턱수염을 기른 녀석은 내 쇼가 시작되자마자 책 속에 코를 파묻었다. 여학생 두 명은 로비를 노려보고 있었다. 마치 내 장난이 그의 책임이라도 되는 것처럼.

"J'ai mal(몸이 아파요)."

내가 신음하듯이 말했다. 나는 눈을 감고 안색을 창백하게 만드는 데 정신을 집중했다.

로비에게는 유머감각이 있었다. 적어도 그의 눈은 웃고 있었다. 그가 내게 괜찮냐고 다시 물었다. 그것이 내게 용기를 주었다. 몇몇 여학생들은 형광펜을 꺼내 플로베르 책에 똑바로 줄을 긋기 시작했다. 그걸 보니 왠지 화가 났다. 어쨌든 나는 정말로 아팠으니까. 학생들 중 유일한 프랑스인인 아녜스가 마침내 나를 만족시켜주었다.

"Tu as mal, Théo(아파요, 테오)?"

"Mal(아프냐고요)?"

나는 울먹이는 소리를 내려고 애썼다.

의자에서 일어나 책상에서 조금 떨어진 곳으로 갔다. 그리고 아주 천천히 바닥에 누워 몸을 둥글게 말고 흔들었다. 턱짓과 발짓으로 아픈 곳을 가리키면서. 그리고 로비에게 소리쳤다.

"로비, mon vieux, c'est terminé pour moi. Je suis perdue. Je suis assassiné. Justice, juste ciel. O voleur! O voleur! A l'assassin! O meurtrier!(이봐요, 난 끝났어요. 가망 없어요. 암살자한테 당했어요. 정의

여, 정의로운 하늘이여. 이 도둑놈! 이 도둑놈! 암살자 같으니! 이 살인자!)"

그는 잠시 침묵을 지키다가 나에게 다 끝났느냐고 물었다. 그는 의자에 앉은 채 약간 고통스러운 표정으로 나를 내려다보았다.

"제 병은 비밀이에요."

내가 속삭였다.

"선생님께 말씀드릴 수 있으면 좋겠지만 그럴 수 없어요."

"조용히 아플 수는 없나?"

그가 물었다.

그럴 수는 없었다. 시끄럽게 쇼를 하는 것이 가장 중요했으니까. 나는 그의 요구에 응하지 않으려고 최선을 다했다.

바닥에 누운 지 1, 2분이 지나자 재미가 없어졌다. 통증은 사라졌고 바닥은 더러웠다. 머리카락과 흙, 휴지 뭉치들이 여기저기 흩어져 있었다. 나는 학생들의 발을 잠시 바라보다가 내 발에 대해서 잠시 생각했다. 마침내 더 이상 할 일이 없어졌다. 나는 몸을 일으켜 내 자리로 돌아갔다. 학생들은 내 몸이 나았다는 사실에 전혀 관심이 없었다.

바깥의 잔디밭 위에는 태양이 원호를 그리며 하늘을 가로지르고 있었다. 일광욕을 하던 학생들은 보이지 않았다. 로비는 이집트 매음굴의 냄새나는 천막으로 들어간 플로베르에 대해 얘기하고 있었다. 매춘부들에 열광하며 구애하는 그의 말에 대해. 처음에는 나도 의식하지 못했지만 점점 진정한 성취감이 밀려왔다. 마치 내가 훌륭한 일, 자랑스러운 일을 해낸 것 같았다. 아주 짜릿하거나 즐겁지는 않았지만 내 머릿속에서 훈훈한 성취감이 싹을 틔우고 있었다. 비록 일부러 그런 것이기는 해도 조금 부끄러웠다. 내가 잠시 자제력을 잃어버렸다는 사실 때문에 슬쩍 걱정되기도 했다. 이 사건이 내 학적부에 기록될지도 모르겠다는 생각이 잠시 들었다.

어쩌면 로비는 그렇게 소란을 피운 나에게 고마워할지도 모른다. 그도 속으로는 수업보다 그런 소란을 더 좋아할지도 모르는 것 아닌가. 그와 내가 나중에 문학비평 수업을 망쳐버리는 쇼를 함께할 수도 있다. 형편없는 교수들과 문학 이론을 겨냥한 쇼를 하면 불문과의 핵심을 뒤흔들 수 있을지 모른다. 하지만 나중에 자전거를 타고 가면서 나는 점점 풀이 죽었다. 비교문학을 공부하면서 오래전부터 느꼈던 것들, 즉 내가 덫에 걸렸다는 느낌, 자기혐오, 인생을 낭비하고 있다는 느낌이 되살아났다.

그후 며칠 동안 나는 대학원의 온갖 문제들에 대해 그 어느 때보다 심각하게 고민했다. 이류 대학의 비교문학 박사학위로는 일자리를 구할 수 없을지 모른다는 사실은 문제가 아니었다. 박사학위를 따기 위해 몇 년이 될지 모르는 세월을 애머스트에서 빈둥거려야 한다는 사실도 문제가 아니었다. 박사학위를 따기 위한 논문을 전혀 쓸 생각이 없다는 점도 문제가 아니었다. 나를 가장 괴롭힌 것은 내가 예전에 사랑했던 일, 즉 문학 작품을 읽는 일 ―사실은 문학 작품 공부하기― 을 점점 증오하게 되었다는 점이다. 나는 독서와 관련된 대학의 모든 것과 독서 그 자체를 경멸했다.

내가 이런 한심한 상황을 확실히 인식하게 된 것은 불어 수업 시간에 바닥을 뒹굴던 내 모습 때문이었다. 그래, 나의 행동은 사람들의 경멸을 받을 만했다. 시간을 보내는 방법치고는 멍청한 짓이었다. 하지만 그보다 더 나쁜 것은 내가 무기력하고, 문학을 증오하던 사춘기 이전 시절로 퇴행하고 있다는 점이었다. 대학원에서 세월을 더 보냈다가는 그런 증상이 더욱 심해질 것 같았다. 내가 어디까지 퇴행할지 누가 알겠는가? 물론 돈 한 푼 없는 신세에서도 벗어나기 힘들 것이다. 사람들을 놀리는 쓸데없는 짓이나 계속하게 될 터였다. 그렇게 나이를 먹으면서 매일 광대 같은 삶으로 퇴행할 것이다. 물론 미끈한 몸 매로 자전거를 타고 다니는 지적인 광대가 되겠지만, 그래도 광대는 광대다. 불어 수업 시간에 있었던 일을 며칠 동안 곰곰이 생각한 결과 아무래도 학교를 떠나는 것이 정답인 것 같았다.

그러나 나는 학교를 그만두지 않았다. 비겁함 때문이기도 했고, 애 머스트의 숲속을 자전거로 달리는 것이 좋아서이기도 했고, 학부생들 을 가르치는 것이 마음에 들기 때문이기도 했다. 아이처럼 수동적인 상태로 조금씩 퇴행하는 삶이 2년 동안 더 계속되었다. 논문이 거의 끝나갈 무렵, 나는 미국 전역과 유럽의 대학들에 이력서를 보내기 시 작했다. '저는 특히 귀 대학의 모집 공고에 관심이 있습니다. 귀 대학 이 19세기 프랑스 시의 전문가를 구하고 있다는 점 때문입니다.' 문학 이론 전문가, 플로베르 전문가, 영작문 전문가, 미국 기행문 전문가를 구하는 대학들에도 내 전문 분야만 바꿔서 똑같은 내용의 이력서를 보냈다. 이력서를 보낸 후 처음에는 우편물을 자주 확인했지만 시간 이 흘러도 아무런 연락이 없자 그 일을 그만두었다. 학과장들은 관심 이 가는 지원자들에게 전화를 걸지 편지를 쓰지는 않는다. 나는 모집 광고도 내지 않은 버몬트 주의 자그마한 대학들에도 이력서를 보냈 다. 예전 자전거 경주 팀에 함께 있었던 여자 친구의 아버지에게도 간 절한 편지를 보냈다. 그녀의 아버지는 러틀랜드에 있는 초라한 대학 의 학장이었다. 혹시 영문과에 제 얘기를 좀 해주실 수 있을까요? 그 는 할 수 없다고 했다. 러틀랜드에는 그보다 훨씬 더 작은 대학이 있 었는데, 어느 날 빗속에서 차를 몰고 돌아다니며 그 대학을 찾으려 했 으나 끝내 찾지 못했다. 그래서 그 대학을 욕하고, 빗속을 제대로 달 리지 못하는 내 자동차를 욕했다. 그리고 결국 목적을 달성하지 못한 채 집으로 돌아와 버렸다.

아버지가 인생을 어떻게 살아야 하는지에 대해 내게 좋은 충고를 해주셨다. 이 무렵 나는 아버지를 자주 찾아뵈었는데, 그때마다 몇 시간 동안이나 늘어놓는 아버지의 일장연설에 귀를 기울여야 했다.

"이런 세상에."

아버지가 말했다.

"애머스트에서 뭘 하고 있는 거냐? 거긴 징글맞게 후진 동네야, 테오필러스. 하루 종일 가만히 앉아서 생각만 하고 있다니. 논문이 다 끝나간다고? 내가 널 매일 만나는 게 아니니 잘은 모르겠다만 내 눈에는 그게 어떻게 보이는지 아냐? 네가 그 후진 동네에서 열심히 노를 저어 이만큼 온 건 다 좋은데, 이번에는 방향을 돌려 다시 노를 저어가고 있는 것처럼 보여. 내 생각이 맞는 거냐?"

아버지는 어떻게 그럴 수가 있느냐는 듯이 그 사랑스러운 시선으로 나를 바라보며 말을 멈췄다. 극적인 효과를 위한 침묵이었다. 지난날 아버지가 변호사로 활동했던 모습이 떠올랐다. 나는 법정에 선 증인이었고, 아버지는 교차심문을 하며 진리를 대변하고 있었다.

"뭐 하나 물어보자, 테오필러스. 논문을 끝낸 다음에 그 논문으로 뭘 할 생각이냐? 출판할 거냐? 네 논문에 관심을 보이는 출판사가 있을 것 같으냐?"

침묵.

"내가 어디서 읽었는데, 논문은 원래 출판하는 게 아니라더라. 하지만 나야 잘 모르는 일이니 네가 출판사를 찾아낼지도 모르지. 테네시 대학의 강사 보조국인지 뭔지가 네 논문을 출판해줄지도 모르지. 그러면 네가 돈을 얼마나 받을 수 있을 것 같냐? 만 달러? 천 달러? 아니지. 아마 네가 그쪽에다 돈을 줘야 할 거다. 하지만 무슨 돈으로? 네 또래들은 다 돈을 벌고 있어, 테오필러스. 러시아, 중국을 왔다갔다하고 기업을 만들고, 발명을 하고 있다구. 그런데 넌 투자할 돈이 한 푼이라도 있냐? 네 또래들이 백만장자가 되는 세상이란 말이다, 어이구."

이쯤에서 아버지는 대개 심호흡을 한 번 하셨다.

"테오필러스, 이 녀석아. 넌 이제 이런 식으로 살기에는 나이가 많아. 너한테 창피를 주려는 게 아니다. 내가 항상 그랬지, 네가 좋아하는 일을 하라고. 이유는 하느님만 아시겠지만, 보아하니 넌 이걸 좋아하는 모양이다. 학문에 대한 환상. 내 말이 틀리냐?"

침묵.

"널 사랑하는 아버지로서 난 네가 행복해지기를 바란다. 너도 알다시피 돈 없이 행복했던 시절이 내게도 있었어. 난 지금 무일푼이지만 봐라, 누구보다 행복하잖냐. 하지만 너도 알다시피 아주, 아주 힘든 시절도 있었다."

이 지점에서 아버지는 발을 구르곤 했다. 고통스러운 표정이 아버지의 얼굴을 스쳐갔다.

"내 나이에는, 아니 나이가 어떻든 돈은 중요해. 반드시 돈을 갖고 있어야 한단 말이다. 너도 알다시피 나도 돈 때문에 견딜 수 없을 만큼 힘든 시절이 있었어. 집도 빼앗기고, 신용카드도 만들 수 없고. 난 지금도 신용카드를 못 만든다. 난 그런 시절을 겪었어. 그러니 내 말 좀 들어, 이 녀석아. 그런 인생은 재미가 없어. 나도 네 나이 때는 돈 따위엔 신경도 안 썼어. 사랑이니, 아름다움이니, 예술 같은 걸 좋아했지. 이제 나도 나이를 먹었으니 분명히 말하마. 사람들한텐 돈이 필요해. 안된 소리다만 넌 힘없이 생각만 하느라고 점점 헬쑥해지고 있어. 내 말 잘 들어. 뛰어난 학자 노릇을 하면서도 돈을 벌 수 있어. 그런 생각을 해본 적은 있냐?"

2. 가족

떨어지는 쇠뭉치가 나를 달랬다

돌 위로 천천히 똑똑 떨어지는 물방울도

우물 속에서 생각에 잠긴 두꺼비도.

모든 이파리들이 혀를 빼물었다.

나는 부드러운 분필 같은 내 뼈를 흔들었다

이렇게 말하면서

달팽이야, 달팽이야, 반짝반짝 빛나며

내가 앞으로 나아가게 해주렴

새야, 가벼운 한숨으로 나를 집에 가게 해주렴

벌레야, 나와 같이 있어 주렴.

지금 나는 힘들어.

—시어도어 레트키Theodore Roethke, 「잃어버린 아들The Lost Son」

1999년 봄, 학부생들을 가르치는 마지막 수업을 끝낸 뒤 나는 버몬트로 이사했다. 애머스트와 대학원을 떠나온 것이 미치도록 기쁘지는 않았다. 박사학위를 따려고 쉬엄쉬엄 공부를 하며 6년을 보냈지만 아직 학위를 따지 못했고 한 학기마다 갱신되는 강사 자리도 얻지 못했다. 비교문학과에서 대학원생들이 가르칠 수 있는 강의가 한정되어 있었으므로 내가 맡을 수 있는 강의는 더 이상 없었다.

이 무렵 나는 거의 매일 4번 도로를 따라 차를 몰고 우드스턱 구치소 앞을 지나갔다. 길가에 늘어선 삼나무와 사슬로 연결된 구치소 담장, 그리고 칼날이 삐죽삐죽 솟아 있는 긴 철조망 사이로 구치소의 운동장을 들여다보곤 했다. 나는 눈을 가늘게 뜨고, 목을 쭉 뺀 채 겁에 질린 할머니처럼 느릿느릿 차를 운전했다. 매일 그곳을 들여다보았지만 내가 본 것은 사실 하나도 없었다. 삼나무와 사슬로 연결된 담장이 전부였다. 강도나 주정뱅이는 눈에 보이지도 않았다. 내 머릿속에서 구치소 운동장은 비밀의 정원이 되었다. 꽃은 별로 없고 왠지 동물들이 우글거릴 것 같은 곳.

그러나 구치소 앞을 걸어가면서 보니 운동장에 비밀 같은 건 하나도 없었다. 꽃도 동물도 없었다. 그저 노란 잔디밭이 길게 펼쳐져 있을 뿐. 나는 죄수들이 넘쳐날 것이라고 생각했다. 사람들이 득실거릴 거라고. 그런데 인적이 없었다. 저 안에 아직도 사람이 살고 있는 건가? 신문을 보면 분명 사람들이 있어야 했다. 구치소 동쪽에 있는 편의점에 들렀을 때 가능한 한 티를 내지 않으려고 애쓰면서 주유기 위로 보이는 감방 창문들을 올려다보았다. 그물 모양의 철망 안, 검게 코팅되어 깊이를 가늠할 수 없는 창유리에서 희미한 빛이 반사되고 있었다. 마치 부르카 속, 선글라스를 낀 사람의 눈을 바라보는 기분이었다. 알고 보니 창을 어둡게 코팅한 것은 재소자들이 탈출을 도와줄 바깥의 공범들에게 신호를 보내지 못하게 하기 위해서였다. 그리고 운동장에 재소자들이 출입할 수 있는 시간은 매일 정오부터 한 시간 동안으로 정해져 있었다. 대개 재소자들은 너무 게으르거나, 아니면 추운 날씨와 비 때문에 아예 운동장으로 나오지 않았다.

1999년 가을, 조금씩 학교가 그리워지기 시작했다. 그래서 대학이 나를 다시 받아주겠다고 하면 예전에 대학이 나를 무시했던 것을 용서해주기로 했다. 나는 더 많은 대학에 더 많은 이력서를 보냈다. 그렇게 계속 지원서를 보내는 동안 자기소개서에 적의가 한 방울씩 스며들기 시작했다. 나는 학계의 전통적인 공식에 따라 자기소개서를 썼지만 그 안의 모든 문장은 상대를 조롱하는 거짓말이었다. 문장들은 뱀 같았다. 그 뱀들을 늘어놓고, 누군가가 아무 생각 없이 그 위를 지나다가 발목을 물렸으면 좋겠다고 생각했다.

나는 구치소 서쪽에 있는 자동차 부품 가게에 들를 때마다 구치소 운동장을 더 자세히 살펴보았다. 범죄자들을 가르친다면 무엇을 가르칠 수 있을지 궁금했다. 프란츠 카프카Franz Kafka부터 시작하면 될 것 같았다. 그의 작품 『법 앞에서Before the Law』는 법이라는 전능한 영역과의 만남을 위해 무미건조한 세상에 등을 돌리기로 결심한 남자의 이야기이다. 나는 강력 범죄를 저지른 죄수들 앞에 서서 왼손에 든 책을 성경처럼 내밀고 슬픈 표정으로 책을 덮은 다음 작품 속의 문장들을 암송할 것이다.

"법 앞에는 문지기가 서 있다. 이 문지기에게 시골 출신 남자가 와서 자기를 받아들여달라고 간청한다."

아하! 이 남자는 법이라는 위대한 건물 앞에 도착했군요! 그리고 내가 독일어에 능하다는 사실을 겸손하게 과시하면서 이렇게 말할 것이다.

"카프카는 독일어 원문에서 이 남자를 'Landsman'이라고 칭했습니다. 시골 사람, 단순한 사람, 인간의 대표, 또는 이 모든 것을 의미하는 단어입니다. 이 작품은 평범한 사람, 여러분과 나 같은 사람이 법의 힘과 광대함에 부딪혔을 때 어떤 일이 벌어지는지를 묘사한 우화입니다."

표도르 도스토예프스키Fyodor Dostoyevsky의 『지하생활자의 수기

Notes from Underground』도 있다. 나는 화려하게 뽐내듯이 수업을 시작할 것이다.

"나는 환자다…… 나는 아주 기분 나쁜 놈이다. 내 간이 병든 것 같다."

우리는 지하생활자가 자신을 생쥐처럼 생각하는 것에 대해 처음에는 미소를 지을 것이다. 그러나 날이 갈수록 그는 내면을 들여다보는 사람들 특유의 철학적 사색을 우리에게 소개해줄 것이다. 그의 신랄함과 음흉함이 우리를 단련시키고, 우리가 그와 닮았다는 사실이 우리를 매혹시킬 것이다.

나는 새뮤얼 베케트Samuel Beckett도 염두에 두고 있었다. 언제 무슨 일이 일어날지 전혀 모르면서 무작정 기다리기만 하는 어리석은 행동에 재소자들은 공감할 것이다. 장 폴 사르트르Jean-Paul Sartre의 『출구 없음No Exit』도 있었다. '타인들'을 지옥으로 규정한 글이 재소자들의 심금을 울릴 것이다.

"그래요, 사르트르, 이 노인네 말이 맞아요! 여긴 지옥 같아요. 권태롭고, 숨이 막히고, 기분 나쁜 사람들로 미어터져요."

그들은 이제부터 지옥 같은 삶을 피하기 위해 자신이 할 수 있는 모든 일을 하겠다고 결심할 것이다.

그들의 현실과 더 가까운 레이먼드 카버Raymond Carver의 단편들을 가르칠 수도 있을 것이다. 카버의 주인공들은 자신들처럼 파멸하면 안 된다고 우리에게 경고할 것이다. 그들은 우리가 지금보다 더 타락할 수 있는 길이 항상 열려 있으며, 모든 것이 완전히 무너져 내리는 것도 현실적으로 가능한 일임을 우리에게 보여줄 것이다.

가을바람이 점점 더 차가워지면서 친구가 필요하다는 생각이 나를 짓눌렀다. 나는 제법 외로웠으며, 자전거에도 싫증을 내고 있었다. 하지만 나는 그냥 친구가 아니라, 특별한 친구를 원하고 있었다. 성격이 격해서 지금 감옥에 들어가 있는 사람. 그를 변호하는 내 모습을 상상 해보았다. 그의 정당한 분노를 가슴에 가득 품고서 밖으로 나가 자유 로운 세상을 돌아다니는 내 모습을 그려보았다. 온 세상 사람들이 내 게서 새로운 냉철함과 지혜를 보게 될 것이다. 우리 사회의 괴물, 우 리 사회의 악몽과 함께 식사를 하며 세상을 좀 두들겨 팼던 사람의 지 혜를. 나는 마음에 들지 않는 사람을 만날 때마다 몇 사람의 이름을 거론할 것이다. 마누라를 찌른 그 유명한 사람이 내 친구야. 사람들을 고문한 그 녀석이 내 막역한 친구야. 나는 이런 친구들이 곧 감옥에서 나올 거라며 겁을 줄 것이다. 그러면 사람들은 대학의 복도에서 내 발 걸음 소리를 조금 더 크게 느낄지 모른다.

하지만 아내를 찌른 유명한 범죄자나 괴물 같은 사람들에 대한 생 각은 소용없는 짓이었다. 그들은 분명히 경비가 더 삼엄한 다른 감옥 에 갇혀 있을—이건 틀린 생각이었다—테니까. 그런 사람들은 나와 함께 있고 싶어 하지 않을 것이고, 카프카나 도스토예프스키에 대한 나의 애정을 이해하지 못할 것이다. 그래서 나는 버몬트의 평범한 재 소자들, 즉 상습적인 음주운전자, 의붓딸을 폭행한 아버지, 마약 중독 자 등에 대해 자주 생각했다. 내가 그 사람들을 위해 무엇을 할 수 있 을까?

애머스트에서 제임스 볼드윈James Baldwin의 단편 「소니의 블루스 Sonny's Blues」를 학부생들에게 가르친 적이 있었다. 이 달콤하면서도 씁쓸한 소설은 2차 세계대전 이후 할렘의 문제 많은 동네에 사는 문제 많은 가족의 이야기이다. 재즈 피아니스트인 소니는 헤로인 중독자이 고, 이 작품의 화자인 소니의 형은 얼마 전 갓난아기인 딸을 소아마비 로 잃은 뒤 무미건조한 삶을 살고 있다. 이들의 가족은 과거에도 슬픈 일을 여러 번 겪었다. 소니의 아버지는 자신의 동생이 고속도로에서 무모한 남부 사람들의 차에 치이는 사고를 당한 뒤 그 충격을 극복하지 못하고 불행하게 숨을 거두었다. 그리고 얼마 전에는 소니의 어머니도 세상을 떠났다.

학부생들은 소설의 길이가 마음에 들지 않는다고 자주 말했다. 어느 날 '세계 단편' 강의 시간에 한 여학생이 수업 준비를 위해 이 소설 스물일곱 쪽을 읽는 것이 짜증스러웠다고 말했다.

"볼드윈이 이 작품을 크게 잘라냈어도 자신이 하려는 얘기를 전달할 수 있었을 거예요."

"맞습니다!"

나는 그녀에게 말했다.

"작품이 너무 길죠. 그럼 학생이 편집자라고 가정해봅시다. 볼드윈이 학생에게 왔어요. 학생은 그에게 작품을 좀 다듬어야 한다고 말합니다. 제일 먼저 잘라야 하는 부분이 어디일까요?"

그녀는 가족의 일요일 오후를 묘사한 부분이라고 말했다. 소니의 어머니는 소파에, 아버지는 안락의자에 앉아 있던 과거의 모습을 묘사한 부분이었다. 볼드윈은 이렇게 썼다. "거실에는 교회 사람들과 친척들이 와 있곤 했다." 아이들은 대개 바닥에 누워 있다. 화자가 과거의 기억을 떠올리는 동안 소설은 현재 시제로 바뀐다.

그들이 거기 앉아 있다. 거실 사방에 있는 의자에. 밖에서는 밤이 슬금슬금 다가오고 있지만 아직 아무도 그것을 모른다. 유리창 너머로 어둠이 점점 짙어지는 것이 보이고, 가끔 거리의 소음이 들려온다. 어쩌면 근처 교회에서 들려오는 탬버린 소리인지도 모른다. 하지만 방 안은 정말로 조용하다.

내가 그때 정신을 똑바로 차리고 있었다면, 그 학생에게 지적인 대답을 했을 것이다.

"이 부분은 서서히 다가오는 어둠에 관한 이야기입니다. 어둠을 어떻게 막을 수 있는지, 막는 것이 가능하기는 한 건지에 대해 얘기하고 있지요. 가장 운이 좋은 아이들만이 소설 속의 가족처럼 아이를 위해 애쓰는 가정에서 자라고 있습니다. 하지만 그런 아이들도 결국 성장하면서 가족과 멀어지지요. 그 아이가 어른이 된 후에 뭔가 골치 아픈 일을 겪게 된다고 가정해봅시다. 마약일 수도 있고, 끔찍한 결혼생활, 질병, 혹은 운이 나빠서 생긴 일일 수도 있습니다. 그게 어떤 일이 될지 누가 알겠습니까? 나는 모릅니다. 날 보세요. 나도 아직 완전한 어른이 되지 못했어요. 어쨌든 뭔가 나쁜 일이 일어났는데 가족이 곁에 있어줄 수 없다면, 학생은 누구에게 의지하겠습니까? 학생 곁에 누가 남아 있을까요?"

강의실 뒤쪽에서 어떤 똑똑한 학생이 "블루스인가요?"라고 물었다면 나는 즉시 학생들에게 책장을 넘겨 블루스를 묘사한 부분을 보라고 했을 것이다. 볼드윈은 블루스가 사람들의 마음을 달래서 독기를 빼주는 슬픈 노래라고 묘사했다. 각각의 연주자가 블루스와 만나 탐구하고 새롭게 창조해야만 과거의 블루스를 능가할 수 있다고도 했다.

하지만 그때 나는 이런 얘기를 할 수 있는 상태가 아니었다. 그래서 소설 속에 나타난 가족의 중요성에 대해 얘기했고, 학생들에게 지루하더라도 소설을 끝까지 읽는 것이 중요하다고 말했다.

그날 수업 이후 나는 그 부분을 여섯 번이나 더 읽고 다른 수업에서도 여러 번 가르쳤다. 나는 그 장면에 딱 맞는 독자였다. 어렸을 때 어머니, 아버지와 함께 시간을 보내며 양탄자 위에서 빈둥거리던 내 모습, 그때의 침묵이 사실 폭풍 전야의 정적이었음을 짐작도 하지 못하고 행복해하던 내 모습이 거기에 제대로 묘사되어 있었다. 나에게 그 장면은 집에서 찍은 비디오만큼이나 실감 났고 순전히 그 이유만으로 그 장면을 좋아했다. 그러나 그 장면이 내 마음속에서 더 큰 의미로 남은 것은 그 장면에서 장래의 직업에 대한 조언을 자주 발견했기 때문이다.

「소니의 블루스」의 화자처럼 나도 자꾸만 멀어져가는 가족들을 한데 모으려고 애쓰는 아들이었다. 내가 열두 살 때 아버지는 가끔 이성을 잃고 창밖으로 텔레비전을 던져버리거나, 쓸데없이 닭을 죽이거나, 전기톱으로 옆집 단풍나무를 베어버리곤 했다. 어머니는 부엌에서 흐느끼고 있었고, 누이 소피아는 2층 자기 방에서 책에 빠져 있었다. 그렇게 가족이 뿔뿔이 흩어져 있을 때, 나는 내가 해야 할 일을 알고 있었다. 쓰러진 나무나 죽은 닭들 사이를 지나 땀을 뻘뻘 흘리고 있는 아버지에게 살금살금 다가갔다. 나는 뭔가 우스갯소리를 찾아내려고 머리를 쥐어짰다. 그래봤자 내 입에서는 평범한 열두 살짜리의 유머밖에 나오지 않았다. 하지만 아버지는 결국 내 얘기를 들어주곤 하셨다. 그리고 전기톱을 내려놓고 점심을 먹으러 다시 주방으로 돌아갔다. 눈이 빨개진 어머니와 아버지는 감시하는 듯한 아이들의 눈앞에서 일시적으로 화해를 하곤 했다. 놀랍게도 이런 임시방편이 효과를 발휘하는 경우가 많았다.

열두 살 때 내 삶의 목표는 가족을 하나로 묶어 유지하는 것이었다. 나는 마치 선교사처럼 그 임무를 수행했다. 그 어느 것도 나를 방해할 수 없었다. 나는 아버지와 어머니가 서로에게 신경을 쓰지 못하도록 거짓말을 했고, 도둑질을 했고, 학교에서 스스로 광대가 되었다. 물론 시간이 흐르면서 내 작전은 실패로 돌아갔고 상황은 더 악화되었다. 단기적으로도 별로 효과가 없는 작전이었던 것 같다. 어쨌든 아버지와 어머니가 마침내 완전히 갈라섰을 때 나는 전혀 슬프지 않았다. 그때 나는 열여섯 살이라서 이미 집을 떠나 있었으므로, 단풍나무가 쓰러지든 어머니가 울음을 터뜨리든 상관하지 않았다.

아니, 완전히 무심하지는 않았다. 두 분의 소란스러운 전쟁에서 탈출한 것은 다행이었지만 이미 고정된 내 성격을 바꿀 수는 없었다. 집에서 보낸 불행한 6년의 시간은 내가 좋아하는 것이 무엇인지, 어디서 편안함을 느낄 수 있는지, 어떻게 해야 쓸모 있는 존재가 될 수 있는지, 어떤 농담과 얘기를 하면 사람들에게 좋은 반응을 얻을 수 있는지 알게 해주었다. 나는 가정불화를 겪는 사람들을 찾아다녔고 마치 까마귀처럼 그들에게 달려들었다. 불행한 가정을 찾을 수 없을 때는 가족에게서 떨어져 나온 사람, 집을 잃어버리고 혼란에 빠진 사람들을 친구로 삼았다. 지금도 불행한 가정과 마주치면 여기가 바로 내가 있을 곳이고, 이들이 바로 내가 함께 어울릴 수 있는 사람들이며, 이들과 함께 있으면 항상 즐겁다고 생각한다. 일종의 귀소본능 같다. 그러면서 속으로 이런 생각을 한다. 뭐 다른 데서는 내가 별로 큰 영향을 미치지 못하지만 여기서는 사람들이 내 얘기를 들어줄 거야.

「소니의 블루스」를 가르칠 때 내가 정말로 중요하게 생각했던 장면은 가족이 막 교회에서 돌아왔을 때를 묘사한 부분이다. 가족은 거실 여기저기에 흩어져 있다. 점심식사를 마친 참이다. 이제 가족은 삶의 쓸쓸한 운명이 다가오는 것을 직감하고 있다. 어머니와 아버지는 문제를 일으키지 않으려고 최선을 다해 조용히 얘기를 나누고 있다. 그들이 할 수 있는 일은 별로 많지 않고, 무슨 짓을 해봐도 도움이 되지 않는다. 아이가 소파에 누워 있다. 아이는 선잠이 든 상태지만 왠지 정신은 더 선명하다. 어머니가 아이의 이마를 부드럽게 쓰다듬는다. 화자는 소파에 누워 있던 아이가 다음과 같은 생각을 하고 있었다고 회상한다.

　그 아이의 마음속 깊은 곳에서 상황을 관찰하던 눈은 이런 상황이 끝날 수밖에 없다는 것을 알고 있다. 이미 끝나가고 있다는 것을. 잠시 후면 누군가가 일어서서 불을 켤 것이다. 그러면 부모는 아이들의 존재를 기억해내고 더 이상 얘기를 나누지 않을 것이다. 불빛이 방 안을 가득 채웠을 때 아이는 어둠으로 가득 찬다. 아이는 이런 일이 있을 때마다 자신이 바깥의 어둠을 향해 조금씩 다가가고 있음을 깨닫는다. 부모가 지금까지 나누던 얘기가 바로 어둠이다. 어둠은 그들의 출처이자 참고 견뎌야 하는 대상이다. 아이는 부모가 더 이상 얘기를 나누지 않으리라는 것을 알고 있다. 부모가 무슨 일을 겪었는지 아이가 알게 된다면, 자기가 어떤 일을 겪게 될지 너무 일찍 알아차릴 테니까.

　이 소설을 재소자들에게 가르칠 생각을 하면서도 나는 감옥에 아이들이 있을 거라고는 생각하지 못했다. 감옥에 갇힌 아이들에게 닥쳐올 일로부터 그들을 보호해주는 것이 내 일의 일부가 될 거라고는 꿈에도 생각하지 못했다. 나는 얼빠진 어른들을 교실에 몰아넣을 생각만 하고 있었다. 사회의 낙오자들과 성실한 교사가 있는 교실에 현명하고 믿음직한 어른이 하나도 없다는 사실이 금방 드러날 것이다. 그 교실에 있는 어른들은 근본적으로 아이들이니까. 나는 기회를 봐서 그들에게 이렇게 말할 것이다.

　"어둠이라는 말 외에는 달리 표현할 길이 없는 이 상황을 우리 힘으로 극복해 나가야 할 것 같습니다. 재판, 언론 보도, 여러분이 저지른 일, 여러분의 기억, 그 모든 것을요. 우린 지금 그런 문제들을 다루고 있습니다."

　나는 또한 그 사람들의 정신에 불을 지를 것이다. 내가 그들에게 하는 말에는 문학에 관심을 갖게 만드는 겸손한 외침이 포함될 것이다.

"여러분, 아무래도 우리는 해답을 모르고 있는 것 같습니다. 그리고 혹시 제 생각이 틀렸는지 모르지만, 변호사, 정신과 의사, 판사들도 역시 해답을 알고 있을 것 같지 않습니다. 하지만 우리에게는 이 강의계획표가 있습니다."

내가 복사한 강의계획표를 보여주면 재소자들은 마치 딜러를 보듯 내 손을 바라볼 것이다. 그래, 안 될 거 뭐 있어. 그들은 이렇게 생각할 것이다.

「소니의 블루스」 끝부분에서 소니는 헤로인을 끊어 보기로 한다. 그는 예전에 같이 활동하던 밴드 멤버들과 다시 클럽에서 연주하면서 형에게 와서 보라고 한다. 그는 찰리 파커의 「나는 우울해Am I Blue」를 연주한다. 이 부분을 떠올리자마자 나는 우드스틱 구치소의 재소자 95명 중에도 소니가 연주하는 모습을 묘사한 구절, 아니 어느 부분이든 서정적인 구절을 읽고 뭔가 달라지려고 애쓰는 사람이 한두 명 정도는 있을 거라고 생각했다. 어쩌면 그런 사람이 세 명, 혹은 여섯 명이나 될지도 모른다. 그들은 소니가 「나는 우울해」를 이해하듯이 그 구절들을 마음속으로 받아들일 것이다. 물론 금방 그런 변화가 일어나지는 않겠지만. 처음에는 재소자들이 어색해하거나 화를 내거나 나를 수상쩍게 바라보겠지만, 그런 사람들을 계속 밀어붙이는 것이 내 임무라고 생각했다. 아마 그런 곳에서는 누군가가 자기들을 밀어붙이는 것을 좋아할지도 모른다. 그들은 기꺼이 내 말을 따를 것이다. 달리 할 일이 없으니까. 내가 열심히 노력한다면 「소니의 블루스」의 마지막 장면과 같은 상황이 연출되지 말란 법도 없다. 마지막 장면에서 소니는 무대 위의 피아노 앞에 앉아 있는데, 한동안 연주를 한 적이 없기 때문에 처음에는 조금 애를 먹는다. 화자인 그의 형은 "마치

고문받는 사람 같다"고 말한다. 하지만 곧 상황이 바뀐다.

그는 그것을 자기 것으로 만들기 시작했다. 아주 아름다운 연주였다. 그가 서두르지도 않았고, 더 이상 한탄하지도 않았기 때문이다. 그가 얼마나 열성적으로 그것을 자기 것으로 만들었는지, 우리가 그것을 우리 것으로 만들기 위해 앞으로 얼마나 열심히 노력해야 하는지, 어떻게 하면 한탄을 그만둘 수 있는지 그 해답이 들려오는 것 같았다. 자유가 우리 주위에서 어른거렸고, 나는 마침내 깨달았다. 귀를 기울이기만 한다면 그가 우리를 자유롭게 해줄 수 있다는 것, 우리가 자유로워질 때까지 그도 결코 자유로워질 수 없다는 것. 이제 그의 표정은 고통스럽지 않았다. 나는 그가 지금까지 겪은 일이 무엇인지, 그가 땅에 묻힐 때까지 계속 겪을 일이 무엇인지 알 수 있었다. 그는 그것을 자기 것으로 만들었다. 우리가 어머니와 아버지의 것으로만 알고 있던 그 긴 선율을. 그는 그것을 다시 돌려주고 있었다. 무엇이든 마땅히 돌려줘야 하므로. 그것이 영원히 살 수 있도록.

내가 이런 결과를 만들어내려고 노력하는 동안 재소자들이 나를 죽이지만 않는다면, 그들이 스스로를 다잡는 동안 그 옆에서 기다리는 것쯤은 상관없었다. 그렇게 기다리면서 내가 줄 수 있는 모든 것을 줄 생각이었다. 부탁도 들어주고, 한턱내기도 하고, 뭔가를 허락해주기도 하고. 내가 보여줄 수 있는 것이 비록 하찮은 것이라 해도 다 보여줄 생각이었다. 나의 진심을 증명하기 위해서. 나는 이런 나의 몸짓이 비록 제멋대로일망정 사람들이 건강하게 교류할 수 있는 분위기, 즉 자유를 만드는 데 공헌하기를 바랐다.

3. 두앤 B.

공상만으로 일자리를 얻기란 쉽지 않다. 나는 여러 사무실을 찾아가 그 사람들이 지시하는 대로 이리저리 끌려 다니고, 이 사람 저 사람에게 메시지를 남겨놓았지만 아무런 소식이 없었다. 어느 날 오후 나는 우드스턱 구치소 정문의 초인종을 눌렀다. 벽돌담에 고정된 금속상자 안에서 누군가의 목소리가 들려왔다. 그 목소리는 내가 만나려는 사람이 자리에 없다고 말했다.

나는 학자다운 일자리를 얻기 위한 마지막 시도로 어떤 학회가 열리는 몬트리올까지 차를 몰고 갔다. 그러나 차만 고장 났을 뿐이다. 집으로 돌아와 보니 자동응답기에 메시지가 녹음되어 있었다. 교정국矯政局에서 일하고 싶다는 내 지원서를 검토해 보았으니 면접을 보러 오라는 내용이었다. 잘하면 다음 주 월요일부터 일을 시작할 수 있을 거라고 했다.

나는 이발을 했다. 그리고 면접을 통과했다. 그 다음 주 월요일에 나는 마치 경찰관처럼 아주 딱딱하게 보이는 옷을 골라 입었다. 차도 닦았다. 산꼭대기에는 눈이 쌓여 있고, 잘 익은 복숭아 빛깔의 나뭇잎들이 자동차 바퀴 밑에서 펄럭거리는 화창한 11월의 오후에 나는 구치소 서쪽의 느릅나무 아래에 차를 세웠다.

내가 정문을 열자 교도관들이 딱딱하게 목례를 했다. 나는 일부러

세게 고개를 끄덕이며 인사를 하고 나서 구내식당을 걸어서 통과했다. 나들이용 탁자 크기의 식탁이 네댓 개 있었고, 어떤 사람이 혼자서 바닥을 닦고 있었다. 동쪽을 향하고 있는 높다란 창문들을 통해 하늘과 지붕들이 보였다. 마치 검열을 거친 풍경화 같았다. 창문 위쪽으로 풍경이 살짝 보일 뿐 그 아래 유리에는 하얀색이 칠해져 있었다. 식당의 소독약 냄새가 코를 찔렀다. 문 뒤의 먼 곳에서 어떤 교도관의 라디오가 끽끽 소리를 내고 있었다. 밖을 지나가는 트럭 소리도 구분할 수 있었다. 이런 소리들을 제외하면 식당 안은 완전히 고요했으며, 텅 비어 있었고, 흠 잡을 데 없이 깨끗했다. 마치 영화 촬영 세트처럼 비현실적으로 번쩍이고 있었다.

식당 끝에서 무거운 회색 문을 밀자 시멘트 계단이 나왔다. 햇빛은 전혀 들어오지 않았다. 이제 나는 구치소 안 깊숙한 곳까지 들어와 있었다. 하지만 지금까지 내가 본 재소자는 한 명뿐이었다. 바닥에 걸레질을 하던 사람. 무거운 강철문 뒤에서 고함소리가 들려왔다. 문에는 사람 눈높이에 작은 창문이 나 있었는데 누군가의 목덜미가 그 창문에 닿아 있었다. 단단하고, 근육질이며, 머리를 깨끗하게 깎은 사람이었다.

어디로 가야 할지 알 수 없었다. 왼쪽? 오른쪽? 위? 나는 벽에 걸린 전화를 바라보았다. 저걸로 누굴 불러내야 하는 건가? 천장에 깊숙이 박힌 전구에서 마치 전자레인지 내부의 불빛 같은 노란빛이 내 머리 위로 쏟아져 내리고 있었다. 그 불빛 때문에 내 손은 마치 양피지처럼 보였다. 문 뒤에서 또 고함소리가 들려왔다. 계단에서는 시큼한 땀 냄새와 소독약 냄새가 났다. 계단을 두 번 내려가자 감옥답게 무거운 문이 또 하나 나왔고, 내 앞에서 찰칵 하고 열렸다. 나는 『법 앞에서』에 나오는 불운한 순례자처럼 불안과 열성을 동시에 느끼며 내 운명을 맞이하기 위해 그 안으로 들어갔다.

두앤 베델이 〈밸리 뉴스〉를 열심히 읽고 있는 모습이 보였다. 그의 왼쪽에는 며칠 전 나를 이 자리에 고용한 짐 캔든이 있었다. 그의 무릎에는 〈러틀랜드 헤럴드〉가 펼쳐져 있었다.

그 방의 용도가 무엇인지 쉽게 알 수 없었다. 책상도, 칠판도, 사물함도, 학생들도, 학생들의 소지품도 없었다. 캔든의 책상 위쪽에 매달려 있는 나무로 만든 판에는 굵은 초록색 글씨로 '버몬트 커뮤니티 고등학교'라고 쓰여 있었다. 그리고 따옴표 안에 '살고, 배우고, 일한다'라는 말이 작은 글자로 쓰여 있었다. 내 앞에는 긴 식탁 세 개가 늘어서 있었고, 열두 명쯤 되는 재소자들이 반원형으로 편안하게 앉을 수 있도록 모양이 제각각인 의자들이 50센티미터 간격으로 깔끔하게 놓여 있었다. 콘크리트 블록으로 만든 벽에는 끈적끈적하고 번쩍거리는 하얀 페인트가 칠해져 있었다. 한쪽 벽에는 행글라이더 포스터, 다른 벽에는 화이트보드가 있었으며, 입구 왼쪽에 있는 허리 높이의 책꽂이에는 백과사전들이 꽂혀 있었다. 그리고 캔든의 책상 뒤에는 커다란 복사기가 있었고, 식탁 뒤에는 낡은 컴퓨터들이 덩그러니 놓여 있었다. 컴퓨터 옆의 작은 탁자에는 커피포트가 있었다.

이 방에는 그 안에 있는 사람들이 누구이며 무엇을 하는 사람들인지 알려주는 것이 별로 없었다. 그런 의미에서 이 방은 호텔의 회의실과 조금 비슷했다. 실내는 여러 가지 목적으로 사용될 수 있도록 꾸며져 있었다. 창문에 붙어 있는 철조망, 짐 캔든의 라디오에서 나는 끽끽거리는 소리, 방 한구석의 높은 선반 위에 놓인 감시 카메라가 이곳이 감옥임을 알려주었다. 나는 이 방까지 오는 동안 감시 카메라를 석 대 정도 지나친 것 같았다. 교실, 식당, 복도에서 계속 감시당하는 기분이었다. 내 모든 행동과 말이 전문가들에게 감시당하고 있다는 느낌. 사실 그건 정확한 느낌이었다. 긴장을 풀고 그것을 즐기는 것 외에는 방법이 없었다. 어쨌든 재소자들은 그렇게 했다.

그 월요일 오후에 나는 조용한 남자들의 세계에 발을 들여놓았다. 침묵 속에서 두 사내가 신문을 읽고 있었다. 그들이 서로에게 신경을 써주고 함께 한숨을 쉬며 늙어가는 모습이 손에 잡힐 듯 생생하게 느껴졌다. 나중에 알았지만, 사실 그 두 사람이 서로 알게 된 지는 겨우 몇 달밖에 되지 않았다. 그 짧은 기간 동안 그들은 평화로운 일상에 젖어든 것 같았다. 두앤이 모범수라는 사실이 도움이 되었다. 남들이 하기 싫어하는 일을 하겠다고 자원하고, 구치소가 후원하는 모든 활동에 참가하고, 전혀 공격적이지 않으며, 불평도 없는 재소자 말이다. 그는 30대 후반이었는데, 최근에야 비로소 고등학교 공부에 몰두하기 시작했다.

두앤과 짐은 플라스틱으로 만든 탁자 위에 손을 올려놓고 있었다. 둘 중 한 사람이 팔을 살짝만 움직여도 서로 닿을 만한 거리였다. 콘크리트 블록과 카메라와 백과사전이 꽂힌 책꽂이 밑에서 누군가가 옆에 있다는 것을 느끼기 위해 바싹 다가앉은 게 아닐까 하는 생각이 들었다. 어쨌든 가슴 따뜻한 광경이었다.

아무도 나더러 들어오라고 하지 않았기 때문에 나는 짐과 두앤을 빤히 바라보며 서 있었다. 두 사람은 시선을 주고받았고, 잠시 후 짐이 두앤에게 나를 소개했다. 짐이 고개를 끄덕이며 뭐라고 중얼거리자 두앤도 고개를 끄덕이며 뭐라고 중얼거렸다. 나도 똑같이 했다. 그것으로 소개가 끝났다.

나는 두앤의 옷차림을 살펴보았다. 버몬트의 모든 재소자들과 마찬가지로 그도 집에서 가져온 옷을 입고 있었다. 검은 모직 스웨터에는 자주색과 노란색의 바둑판무늬가 있었다. 예전에는 곱슬머리였을 거 같은 그의 머리카락이 뻣뻣하게 이마 위로 솟아올라 있었다.

"만나서 반갑소."

그가 고개를 끄덕했다.

나도 뭐라고 중얼거리듯이 대답을 했다. 그리고 오후 수업에 아무도 등록하지 않은 모양이라고 말했다.

"상관없지, 뭐."

두앤이 어깨를 으쓱하며 말했다.

"상관없어, 그렇지?"

"그렇죠."

내가 말했다.

묘한 기분이 들기 시작했다. 근질근질하고 짜릿한 느낌이 등줄기를 타고 흘러내렸다. 나는 두앤이 마음에 든다는 결론을 내렸다. 그를 좋아할 수 있을 것 같았다. 물론 학생으로서. 두앤 같은 사람들이 이 교실에 가득 차면 내 삶이 적어도 한동안은 의미 있고 만족스러울 것이다. 그와 잘 사귀어야 할 것 같았다. 그러기 위해서는 카메라, 라디오, 그리고 짐의 다정한 감시가 없는 곳에서 그와 단 둘이 얘기할 필요가 있었다.

두앤은 나와 같은 애정을 보여주지 않았다. 그는 잠시 나와 눈을 마주치다가 어깨를 으쓱했다. 나는 그의 몸을 살펴보았다. 가늘고 날렵한 어깨, 하얀 피부, 변명을 하는 듯한 시선. 그의 스웨터가 내 눈을 붙들고 놓아주지 않았다. 혹시 집에서 만든 것일까? 너무 아름다워. 그리고 그의 작업용 장화와 에임스 청바지를 응시했다. 흠 잡을 데 없이 깨끗했고, 낡았지만 세심하게 손질되어 있었다.

그가 탁자에 앉은 채 나더러 무엇을 가르칠 생각이냐고 물었고 나는 그에게 내 생각을 말해주었다. 그는 나중에 그 수업을 듣겠다고 했다. 나는 괴짜나 얼간이처럼 보이지 않고 그와 포옹하는 방법이 없을까 생각해보았다. 불가능하다는 결론을 내렸고, 참기로 했다.

그날은 수업이 없었기 때문에 강의계획표를 나눠줄 필요가 없었다. 내가 그곳에 간 것은 현재 진행 중인 시사 문제 수업을 들으며 사람들을 만나고, 그곳이 어떤 곳인지 알아보기 위해서였다. 짐이 나더러 두앤과 함께 도서실에 가서 얘기를 나누는 것이 어떻겠느냐고 말했다. 교실과 나무 문 하나로 연결되어 있는 도서실은 교실보다 더 작고 어두웠다.

우리는 느릿느릿 도서실로 들어갔다. 햇빛 한 줄기가 빨간 타일이 깔린 바닥의 한 점을 비추고 있었다. 그것을 제외하면 도서실은 교실보다 더 음침했다. '마침내 해냈어. 재소자와 단 둘이 있어!' 나는 속으로 생각했다. '이 사람은 무슨 죄를 진 걸까? 이제 곧 알아낼 수 있을 거야……'

두앤이 셔츠 주머니 속에서 펜을 꺼내며 중얼거렸다.

"그러니까 당신이 선생이란 말이지."

나는 인정하고 싶지 않았다. 그에게 뭔가를 가르치기 위해 왔다는 사실을 인정하느니 내 눈을 찌르고 싶은 심정이었다. 차라리 그에게서 뭔가를 배우고 싶었다. 우리는 도서실 탁자의 양편에 앉아서 잠시 서로를 빤히 바라보았다. 대화를 시작하는 것은 내 몫이었다. 창피할 만큼 소심한 목소리로, 마치 후회 때문에 울먹이는 듯한 목소리로 그에게 한동안 감옥에 있어야 할 것 같으냐고 물었다.

"그럼."

그가 말했다. 그리고 슬픈 미소를 지었다. 나도 같이 슬픈 미소를 지었다.

"세상에."

내가 말했다.

"그건……."

어떻게 말을 이어야 할지 알 수 없었다. 나는 사과를 하고, 작게 욕을 지껄였다.

"맞아."

그가 맞장구를 쳤다.

그는 아직 재판을 받지 않았고, 변호사는 징역 10년을 생각하고 있다고 말했다. 더 길어질 수도 있고, 종신형이 될 수도 있었다. 문제는 그가 같은 죄로 두 번이나 기소되었다는 점이다. 가정폭력. 처음 기소되었을 때 그는 결백했지만 판결을 받아들였다. 따라서 그의 기록에 유죄 사실이 남아 있었다. 이제 판사는 그를 엄벌에 처할 준비를 하고 있었다.

나는 무슨 말을 해야 할지 알 수 없었다. 이해하기 어려웠다. 동거녀와 두 번 싸운 죄로 10년 징역이라고? 시대에 뒤떨어진 처벌 같았다. 그가 틀림없이 뭔가 상당히 나쁜 짓을 했을 거라는 생각이 들었다.

그는 자기가 폭력적인 사람이 아니라고 했다. 다만 일을 하고 돌아와서 완전히 지쳐 있었기 때문에 여자 친구와 말다툼을 하게 됐고, 몸싸움이 벌어졌다는 것이다. 여자 친구는 즉시 경찰을 불렀다. 그가 보기에 위험한 상황이 아니었는데도. 그의 여자 친구는 집행유예 기간이 아직 끝나지 않은 그를 좌지우지할 수 있다는 것을 알고 있었다.

그는 챔플레인 계곡의 남쪽 끝에 있는 웨스트 애디슨에서 여자 친구와 그녀의 세 아이들과 함께 살았다. 그는 챔플레인 호숫가에서 20만 평 규모의 농장을 관리했다. 가족 중 하루 종일 일을 하는 사람은 그뿐이었다. 그는 매일 새벽 네 시에 일어났다. 하루도 빠짐없이.

나는 어떻게 공감을 표시해야 할지 알 수 없었다.

"세상에, 10년이라고요?"

"그래, 10년."

두앤이 대꾸했다.

두앤은 내게 진실을·모두 애기한 것 같지 않았다. 아마 그는 여자 친구와 더 격렬하게 싸웠을 것이다. 어쩌면 그가 큰 잘못을 저질렀는지도 모른다. 하지만 10년이라니? 내가 그를 위해 도대체 뭘 할 수 있을까?

"여자 친구를 때리지도 않았는데요?"

내가 멍청하게 물었다.

"적어도 5년은 살 거야. 내가 바라는 바는 아니지만."

나는 다시 애디슨으로 돌아간 그가 트랙터에 앉아 있는 모습을 상상해 보았다.

"두앤, 그 사람들하고 거래를 할 수 없나요? 농장에 할 일이 있잖아요, 소들과……. 당신이 아니면 누가 미쳤다고 새벽 네 시에 일어나겠어요?"

그는 고개를 푹 숙였다. 그리고 정직한 사람처럼 탁자 위에서 깍지를 끼고 있는 자신의 손에 시선을 고정시켰다. 견디기 힘든 침묵이 뒤따랐다.

"거래?"

그가 마침내 중얼거렸다.

"안 돼. 난 이제 끝장이야."

6개월쯤 후 나는 그가 거래를 했다는 사실을 알게 되었다. 어느 날 〈애디슨 카운티 인디펜던트*Addison County Independent*〉— 주로 옥수수 수확량과 농업 전시회 소식을 다루는 신문 — 를 뒤적이다가 '어린이 성추행범에게 징역 6년에서 20년 선고'라는 헤드라인을 보았다. 그 기사에 따르면 두앤의 혐의는 가정폭력과 아동 성추행이었다.

경찰관 루스 휘트니가 수사한 결과 베델은 수년 간 동거하던 여자의 아이들을 추행한 것으로 드러났다. 베델은 목요일에 열린 재판에서 자신이 어린 아이 두 명을 애무했으며, 열한 살짜리 딸과는 성교를 했다고 인정했다.

나는 그 기사를 읽고 기겁했지만, 그렇다고 넋이 나갈 정도는 아니었다. 그 기사를 믿어야 할지 말아야 할지 판단할 수가 없었다. 두앤이 그런 짓을 했다고는 상상할 수 없었다. 그러나 그때 나는 이미 감옥에서 6개월을 보낸 다음이었으므로 재소자들을 대할 때 항상 최악의 경우를 예상해야 한다는 것을 알고 있었다. 아무리 착한 재소자라 해도, 아니 특히 착한 재소자들이 진실을 말하는 경우가 드물었다. 그들은 수치심 때문에, 또는 습관적으로, 또는 자신을 속이기 위해서, 또는 악의로 거짓말을 한다. 그들은 내게 거짓말하는 것을 특히 좋아했다. 내가 수사관도 아니고, 그들에 대해 가장 좋은 얘기만을 믿으려 했기 때문이다. 아니면 가장 나쁜 얘기만 믿거나. 그들이 내게 하고 싶어 하는 얘기가 무엇이든 나는 즐겁게 들어주었다. 두앤과 동거녀의 아이들에 관한 기사를 읽을 무렵, 나는 감옥에서 진실을 찾는 것은 기괴하고 실험적인 소설에서 진실을 찾는 것과 같다는 것을 알고 있었다. 진실은 분명히 그 안에 있었다. 아니, 사실 진실은 그 안의 모든 곳에 있었다. 그러나 그 진실을 찾으려면 예술가나 학자처럼 머리를 써서 퍼즐 조각들을 맞춰야 한다. 게다가 조각들을 다 맞춘 후에도 드러난 진실의 정체를 완전히 확신할 수 없다. 진실의 일부를 알 수 있을지는 몰라도 완전한 진실을 알아내기는 어렵다. 나는 두앤이 법정에서 한 말이 거짓말이고 내게 한 말이 진실이라고 믿고 싶었다.

처음 몇 주 동안 내가 특별히 마음에 들어 하는 학생이 두 명 생겼다. 두앤 베델과 스쿨버스 운전사였던 조 에몬스. 내 수업을 들으러 오는 학생이 이 두 사람뿐인 경우가 대부분이었으므로, 내가 그들을 좋아하게 된 것은 다행이었다. 두 사람 모두 재소자들 사이에서는 인기가 없는 편이었다. 사람들이 우리에게 집적대지 않는 것이 어쩌면 그 때문인지도 모른다. 새로 온 선생과 그의 친구가 되고 싶어서 아부를 떠는 두 낙오자. 나는 이런 상황에 개의치 않았다.

짐이 들을 수 없는 곳에서 두앤은 감옥 안에서 실시되는 정규 수업 — 미국 헌법, 과학, 논리적 사고, '그리고 말도 안 되는 헛소리들' — 은 학문적인 의욕을 불러일으키지 못한다고 불평했다. 말을 하는 동안 그는 불행하고 우울한 표정을 지었다. 그는 이번에야말로 뭔가 배우게 되기를 바란다고 말했다.

"특별히 공부하고 싶은 거라도 있어요?"

내가 물었다.

"그럼. 셰익스피어나, 시나, 아니면 그냥…… 젠장."

그는 "망할 놈의 유치원생" 취급받는 것이 이제 지겹다고 말했다.

나는 어느 날 짐의 시사 문제 수업에 들어가 빈둥거리다가 조를 만났다. 짐은 원래 나의 전쟁문학 강의를 그 시간 — 오후 1시부터 2시 — 에 배정해놓았지만 등록한 사람이 아무도 없었기 때문에 내가 그의 시사 문제 수업을 듣겠다고 했다. 무릎에 〈밸리 뉴스〉를 펼쳐놓은 채 조와 나란히 앉아 있던 나는 털투성이 손가락 하나가 글자들 위로 살금살금 다가오는 것을 발견했다. 그 손가락은 아이맥 광고 위에서 멈췄다. 그러고는 종이를 톡톡 두드렸다.

"내 마누라가 이것 때문에 남자들을 만났지."

조가 내 귀에 대고 중얼거렸다. 그는 잠시 광고를 바라보더니 슬픈 눈으로 나를 바라보았다.

"그래서 내가 이 물건을 때려 부숴서 쓰레기통에 던져버렸어."

그가 손가락을 아래쪽으로 움직였다.

"그랬더니 여편네가 이걸 사더군."

그는 어떤 노트북 사진을 가리켰다.

"여기서 나가면 이것도 쓰레기통에 처넣을 거야."

"그러면 부인이 다른 걸 또 살지도 몰라요."

그가 풀 죽은 표정으로 나를 바라보았다.

"나도 알아."

그는 슬픈 표정으로 이렇게 말하더니 어깨를 으쓱했다.

며칠 뒤 역시 시사 문제 수업에서 우리는 여자들의 옷차림이라는 주제로 토론을 했다. 조는 요즘 여자들이 남자들을 도발하려고 야한 옷을 입는다고 주장했다. 그는 그것이 "도덕적 타락"이라며 그런 사람들이 활보하고 다니는 창밖의 세상을 향해 성난 몸짓을 했다. 그는 가까운 곳에서 예를 찾으려고 교실 안을 훑어보았지만 찾을 수 없자 손으로 신문지를 찰싹 쳤다.

"망할 놈의 바비 인형을 봐."

그가 선언하듯 말했다.

"애들이 갖고 노는 장난감에 입혀놓은 옷을 좀 보라고. 그것보다 큰 애들은…… 큰 애들은…… 여자들은…… 여자들은!"

그는 커다랗게 뜬 눈으로 나를 바라보았고, 입은 깜짝 놀란 듯이 크게 벌어져 있었다.

조는 그날 오전에 법원에 갔다 왔기 때문에 지팡이 사탕 모양의 줄무늬가 있는 제일 좋은 셔츠를 바지 안에 넣어 입고 있었다. 그는 자살 위험자로 감시를 받고 있었으므로 허리띠는 맬 수 없었다. 곱슬곱

슬한 금발인 그의 머리카락은 물에 젖은 덤불 모양으로 빗질되어 그의 이마에 패배자처럼 드러누워 있었다. 감옥에 들어온 후 그의 몸무게는 급속도로 늘고 있었기 때문에 벌써 바지허리 위로 살덩어리가 튀어나와 있었다. 당시 조는 이십 대 후반이었지만 어려 보였다.

재소자들은 차분하게 그의 얘기를 듣다가 진력이 난 모양이었다. 이름을 알 수 없는 다혈질의 재소자가 마침내 그의 말을 끊었다.

"왜 그래, 조? 여자들 젖통이 싫다는 거야?"

"이 뚱보 새끼야, 네가 좋아하는 젖통이 어떤 건데? 네 놈 젖통같이 생긴 것만 좋아하나?"

다른 누군가가 물었다.

"아냐."

그가 셔츠 앞을 살펴보면서 말했다.

"내 것처럼 생긴 건 싫어."

그는 자신의 무릎을 내려다보며 얼굴을 붉혔다. 그리고 잠시 멍하니 생각에 빠졌다.

"내가 좋아하는 건⋯⋯."

말이 잘 생각나지 않는 모양이었다. 그가 바닥에서 발을 구르자 뱃살이 리듬에 맞춰 출렁거렸다. 그가 중얼거렸다.

"어떻게 생긴 거냐면⋯⋯ 어떻게 생긴 거냐면⋯⋯."

적당한 말을 찾지 못한 그는 탁자 건너편에 앉은 나를 바라보았다. 나는 그가 원하는 단어를 찾으려고 내 머릿속을 뒤졌다. 멜론 같은 것? 물풍선? 잠수함? 그는 팔을 가슴 앞으로 뻗어 마치 장작을 한 아름 운반할 때처럼 팔꿈치를 굽히더니 소리쳤다.

"난 이런 게 좋아! 젠장, 이런 게 좋다고!"

그는 창문에 자신의 모습이 비치도록, 감시 카메라에 자신의 모습이 찍히도록 어깨를 돌렸다. 그가 보기에 문제는 멜론처럼 가슴이 커다란 여자들이 조그마한 브래지어를 하고 속이 훤히 비치는 셔츠를 입고 밖으로 나온다는 것이었다.

"이젠 도덕이 뭔지 아는 사람이 아무도 없는 것 같아. 도덕 따위는 아예 신경 쓰지 않는다구. 아무도 상관 안 해."

그는 자기 앞의 탁자 가장자리를 손으로 움켜쥐었다. 그러나 다른 재소자들은 이미 그에게 흥미를 잃어버렸다. 그들은 그가 구제불능이라는 결론을 내렸다. 누군가 구치소 안에서 일하는 여자들 얘기로 대화를 이끌었다. 그러나 조는 계속 나를 바라보며 미소를 지었다. 마치 아주 중요한 의견을 말한 사람처럼. 그는 자신이 멍청한 소리를 했다는 것을 알고 있었다. 그러나 그것이 그에게는 개인적으로 큰 의미를 지니고 있었으므로 모든 사람들에게 알리고 싶어 했다. 바비 인형과 도덕적 타락에 대해서. 바비 인형이 이 세상의 모습을 반영하고 있다는 것에 대해서. 그는 이 사회의 변덕과 오래전부터 계속된 타락 때문에 몹시 슬프다는 듯 입술을 파르르 떨었다. 그는 그 문제를 미국이 자신을 비난하는 것으로 받아들였다. 미국이 정직한 그의 눈에 침을 뱉으려 한다고 생각했다. 그것은 참을 수 없는 일이었다. 너무나 터무니없는 일이었다.

조는 계속 나를 빤히 바라보았다. 나는 그의 시선을 피했지만 몇 분 후 집요하게 나를 찾는 그의 눈과 다시 마주쳤다.

"선생이 내 마누라를 좀 만나 봐."

그가 말했다.

며칠 후 나는 두앤과 함께 교실에서 조를 기다리다가 내가 읽어보라고 추천한 책에 대해 깊은 대화를 나누었다. 그가 얼마 전에 나더러 길고 훌륭한 소설, 뭔가 완전히 몰두해서 감옥을 잊어버릴 수 있게 해주는 소설을 추천해달라고 부탁했다. 나는 도서실 책꽂이에서 톨스토이Tolstoy의 『안나 카레니나Anna Karenina』를 발견했다. 불행한 가족을 다룬 소설이었다. 농촌 풍경에 대한 너무나 아름다운 묘사도 있었다. 그걸 읽다 보면 그가 고향에 온 것 같은 편안함을 느낄지 모른다고 생각했다. 두앤은 순순히 그 책을 받아 감방으로 가져갔다. 처음 몇 페이지는 수수께끼 같았다고 했다. 그런데 이제는 내가 도대체 왜 그런 책을 자기한테 주었는지 모르겠다고 했다. 이름들이 너무 길고, 무도회도 너무 많고, 사촌들과 구식 논쟁들도 너무 많았다. 나는 탁자 위로 손을 뻗어 그가 들고 있던 책을 가져왔다. 조가 어슬렁거리며 안으로 들어왔다.

"여기 이 구절을 봐요."

내가 점잖게 그를 흘긋 바라보면서 말했다.

"내 생각에 이 부분을 읽으면 소설을 이해하는 데 도움이 될 것 같아요."

그 부분은 이 소설의 주제 — 간통과 결혼에 대한 환멸 — 를 꿰뚫는 핵심이었다. 나는 그 부분을 큰 소리로 읽었다.

그는 자신이 뭔가 비논리적이고 비합리적인 것과 마주하고 있음을 느꼈으나 뭘 어떻게 해야 할지 알 수 없었다. 알렉산드로비치는 삶과, 아내가 자신이 아닌 다른 사람을 사랑할 수도 있다는 가능성과 마주하고 있었다. 그것은 그에게 매우 비합리적이고 이해할 수 없는 일처럼 보였다. 그것이 삶 그 자체였기 때문이다. 평생 그는 공식적인 영역에서 살고 일하면서 거기에 투영된 자신의 모습만을 삶이라고 생각했다. 삶 그 자체와 우연히 마주칠 때마다 그는 몸을 움츠려 피해버렸다. 지금 그의 기분은 절벽 위에 놓인 다리를 차분하게 건너다가, 다리가 무너지고 있으며 그 아래에 깊은 구렁이 있음을 갑자기 깨달은 사람과 비슷했다. 그 깊은 구렁은 삶 그 자체였고, 다리는 그가 살아

온 거짓된 삶이었다. 생전 처음으로 아내가 다른 사람을 사랑할지도 모른다
는 의문이 모습을 드러냈고, 그는 공포에 질렸다.

내가 이 부분을 읽는 동안 두앤은 가만히 있지 못하고 계속 몸을 움
직이며 스웨터의 보풀을 뜯었다. 그러나 조는 소설에 흠뻑 빠져 있었
다. 그가 천천히 탁자 옆을 돌아와 내 뒤에 섰다. 그의 배가 내 뒤통수
에 닿을 정도였다. 그의 한 손은 내 어깨를 짚고, 다른 한 손은 의자
팔걸이를 짚었다.

"그 책 읽고 싶어."

조가 말했다. 거의 고함을 지르는 것 같았다.

"내 마누라 말이야. 그거 간통에 관한 책이야?"

좋은 생각이 떠올랐다. 이 구절을 이용해 내가 수업을 통해 이루고
싶은 것이 무엇인지 알려주자. 나는 내가 감옥으로 온 것은 지금까지
공식적인 영역에서 일하고 살아왔기 때문이라고 말했다. 말을 멈추고
두앤과 조를 바라보았다. 내 유일한 제자들. 나는 내가 말한 공식적인
영역이 알렉산드로비치의 공식적인 영역과 다를 수도 있다고 말했다.
내가 공식적인 영역에서 살았다는 말은 공식적으로 승인을 받은 사람
들과 함께 비교적 폭이 좁은, 공식적으로 승인된 삶을 살아왔다는 뜻
이었다. 나는 안전을 추구하며 살았다. 소심하다고 말해도 될 정도였
다. 나는 나 자신을 절벽 위의 다리에 놓아보고 싶었다. 아니, 내 수업
을 들으러 오는 모든 사람을 그 다리 위에 놓아보고 싶었다. 그러고
나서 깊은 구렁 속으로 걸어 내려가고 싶었다. 톨스토이가 삶이라고
불렀던 그 구렁 속으로. 우리가 앞으로 읽게 될 책들이 우리의 길을
밝혀줄 것이다. 우리가 더 많은 것을 볼 수 있게 도와줄 것이다. 그 책
들이 우리를 다른 구렁과 다른 다리로 이끌 것이다. 나는 여섯 명이나

여덟 명쯤 되는 재소자들이 살아오면서 겪은 일들과 내 강의계획표에 포함된 책들이 합쳐지면 미국에서 가장 풍요로운 교육적 경험을 할 수 있을 거라고 말했다. 하버드나 예일 같은 대학들에서 접할 수 있는 것보다 훨씬 더 풍요로운 경험. 우리는 책이 아니라 진정한 삶의 교훈을 서로에게 제공할 수 있으니까. 조가 내 말을 막았다.

"그 책에 마누라한테 집착하는 얘기가 나와? 내가 지금 마누라한테 지긋지긋하게 집착하고 있어서 그래."

"그거예요!"

내가 말했다.

"다행이에요. 그게…… 그러니까 우리가 그 주제를 터놓고 얘기할 수 있다는 거 말이에요……. 내 말은, 많은 사람들이 여기서 뭔가 경계에 부딪혔다는 거예요. 그러니까, 우리 모두……."

"그 망할 놈의 책 읽고 싶어."

조가 다시 말했다.

"전부 다는 말고, 마누라가 나오는 부분만."

그날 이후 일주일 동안 나는 조를 보지 못했다. 알고 보니 그는 감옥 속의 감옥, 즉 '구멍'이라 불리는 독방에 갇혀 있었다. 화가 난 그가 교도관에게 욕을 했기 때문이다. 그런데 그는 책을 독방으로 가져가는 것을 깜빡 잊었고, 책은 사라져버렸다. 그후로 그 책은 보이지 않았다.

일주일 후 다시 돌아온 조는 예전처럼 사근사근한 모습이었다. 혼자 시간을 보내서인지 평소보다 수다스러웠다. 그는 자기가 어떻게 체포되었는지 얘기해주겠다고 했다. 그가 거짓말을 할 거라고 생각했기 때문에 나는 싫다고 했다. 그리고 구치소 학교 일도 처리해야 했다. 그 사이 정기적으로 나오는 학생 수가 두 명이 늘었다. 그러나 그는 아랑곳하지 않았다.

조는 신중하게 범죄를 계획했다고 말했다. 그는 경찰들이 그가 근처에 있다는 것을 알지 못하도록 아내의 집에서 몇 블록 떨어진 곳에 차를 세웠다. 경찰들은 그를 잘 알고 있었다. 그는 흠뻑 취해 있었다. 겁이 날 것 같아서 술을 마셨다고 했다. 그는 소방용 사다리와 아내의 집 거실 창문 바로 바깥의 선반처럼 튀어나온 부분 덕분에 창문을 통해 2층에 있는 아내의 집 안으로 기어 들어갈 수 있었다. 그는 발자국을 남기지 않으려고 신발을 벗었다. 그리고 뭔가를 만져야 할 경우를 대비해서 손에 낄 양말 한 켤레를 주머니에 준비해두었다.

집 안은 난장판이었다. 소파에는 음식이 묻어 있고, 싱크대에는 접시가 쌓여 있고, 바닥에는 신문과 쓰레기가 흩어져 있었다. 그는 진공청소기를 꺼냈다. 아내가 좋아하는 방식으로 청소기를 돌려 청소를 하는 데 30분이 걸렸다. 손에 양말을 끼었기 때문에 무엇을 하든 서투르게 더듬거려야 했다. 설거지를 하는 데도 30분이 걸렸다.

"부인은 어디 있었어요?"

내가 물었다.

그녀는 자기 아버지의 집에 숨어 있었다. 그가 올 것을 알고 미리 도망친 것이다.

새로 내 수업에 들어온 스티븐 브룩스—이것은 공식적인 학생 명부에 기록된 이름이었고, 친구들은 그를 '슬래시'라고 불렀다—는 조가 얘기하는 내내 무스를 발라 뒤로 넘긴 머리를 손으로 빗고 있었다. 그의 눈은 깊디깊은 푸른색 연못이었다. 그 눈에서 증오를 담은 파란 레이저 광선이 쏘아져 나왔다. 조는 입을 다물고 탁자에서 멀어지며 미소를 지었다. 그리고 손바닥을 위로 들어 올리며 부드럽게 말했다.

"왜?"

"내가 보기에 넌 아주 수준 낮은 지진아야, 조."

슬래시가 침을 뱉었다.

"젠장, 넌 정말로 수준 미달이라구. 내 말 틀려?"

그가 다시 침을 뱉었다. 침묵이 뒤따랐다. 슬래시가 그런 시선으로 나를 보지 않는 것이 다행이라는 생각이 들었다.

"넌 미친놈이야, 조. 그거 알고 있어, 이 새끼야?"

"도대체 거긴 왜 간 거예요, 조?"

내가 끼어들었다.

"그냥 그 여자한테 보여주고 싶었어. 나도 다정할 수 있다는 걸. 하지만 내 마음대로 할 수도 있다는 걸. 그걸 그 여자한테 보여주고 싶었어. 실제로 그렇게 했고."

그는 자기가 그녀에게 꽃다발을 가져갔기 때문에 경찰에게 잡혔다고 말했다. 아내의 집에서 나오기 전에 그는 메모를 한 장 써서 꽃다발 밑에 놓았다. '당신을 너무나 사랑해, 조.'

"아마 그것 때문에 경찰들이 알았을 거야."

그가 결론을 내렸다.

경찰들은 그날 저녁 늦게 그를 붙잡았다. 그는 여전히 취해 있었다. 경찰들에게 무슨 말을 해야 할지 알 수 없었다. 그가 접근금지 명령을 어긴 것이 처음은 아니었다. 기왕 체포될 거 멋지게 한번 굴어보자는 생각에 그는 고함을 질렀다.

"그 여자를 죽여버릴 거야. 그리고 자살할 거야."

그가 비명처럼 소리를 질렀다. 그는 이 얘기를 하면서 부끄러운 듯 씩 웃었다. 그의 관자놀이가 붉게 물들었다.

"하지만 실제로 부인을 죽일 생각은 아니었잖아요?"

내가 물었다.

"그럼, 죽일 생각은 없었어. 어쩌면…… 어쩌면 내 생각은……."

"젠장, 고릴라 같은 새끼."

슬래시가 말했다.

"그럴 생각이 아니었다니 다행이에요."

내가 끼어들었다.

"젠장, 고릴라 같은 새끼."

슬래시가 욕설을 퍼부었다.

"어떻게 원숭이 새끼들 천지냐, 여기는."

조가 나를 흘긋 바라보았다.

"어쩌면 그 여자한테 뭔가 다른 짓을 할 생각이었는지도 몰라."

그가 말했다.

"오늘 강의계획표에 따라 여러분은 작가 조이스 캐럴 오츠Joyce Carol Oates의 작품을 읽었습니다. 맞죠? 다들 복사물을 받으셨죠?"

내가 말했다. 그때 나는 내가 대화를 주도해야 한다는, 공포에 가까운 충동을 느꼈다. 그러나 내 제자들의 성격과 비슷한 작품들로 가득 찬 강의계획표는 전혀 소용이 없을 것 같았다. 오히려 학생들을 그 주제 속으로 더 깊숙이 끌고 들어가는 것 같았다. 학생들의 주의를 돌려 놓을 필요가 있었다.

20분 동안 나는 「어디로 가나요, 어디 있었어요?Where Are You Going, Where Have You Been?」에 대해 강의했다. 이 소설은 미국에서 어른이 되는 것이 무엇인지, 그리고 여자와 아이들을 위협하는 힘이 무엇인지를 다루고 있다고 말했다. 나는 미국이라는 나라가 아무 준비도 되어 있지 않은 사람들 앞에 불쑥 들이대는 유해하고 상업적인 문화에 대해서 강의했다. 하지만 학생들은 이 주제에 전혀 관심이 없었다. 내가 미리 메모해온 내용을 읽는 동안 그들은 대부분 다른 곳에 정신을 팔고 있었다. 나는 이 소설이 탄생하게 된 계기 — 텍사스에서 한 십 대 소녀가 강간당한 뒤 살해된 사건 — 와 이 소설에서 핵심적인 위치를 차지하고 있는 은유 — 보잘것없는 집의 보잘것없는 방충문 — 를 설명했다. 그 소녀 — 소설 속의 코니 — 에게 가정이 제공해준 보호 수단이라고는 그것뿐이었다. 부모가 집을 비우자마자 소녀는 가족을 파괴할 낯선 존재를 직접 집 안으로 불러들인다. 아놀드 프렌드. 진정한 악을 대표하는 말주변 좋은 강간범이 나타난 것이다. 몸은 성숙한 여자이지만 정신은 아직 어린 그 소녀는 도저히 그에게 대항할 수 없다. 조는 이 얘기에 잠깐 흥미를 보이는 듯했지만, 그것은 전혀 엉뚱한 이유 때문이었다. 그의 흥미에 불을 붙이는 것은 별로 현명한 행동이 아닌 것 같았다.

4. 정착

일단 슬래시가 수업에 나오자 다른 재소자들도 오기 시작했다. 그의 성격이 공격적인데도, 아니면 아마도 그런 성격 때문인지, 언제나 제멋대로인 재소자들이 그를 졸졸 따라다녔다. 그는 서른아홉 살이었고 몸집이 아주 작았으며―157센티미터 정도―프로 스노보드 선수였다. 그의 주장에 따르면 그랬다. 그리고 버몬트 주 웨스트 도버에서 목수로 일했다고 한다. 그는 파도타기 선수처럼 금발머리에 항상 무스를 발라 뒤로 넘겼으며, 티끌 하나 없이 깨끗한 청바지와 단추를 채운 반팔 셔츠를 입었고, 귀 뒤에는 늘 연필 한 자루가 꽂혀 있었다. 마치 스키용품점의 점원 같은 모습이었다. 그는 감옥에서 근력 운동을 많이 한 것 같았다.

그는 자기가 무슨 죄를 저질렀는지 절대 애기하지 않았다. 4년간 감옥을 들락날락했고, 1996년부터 집행유예 상태라고만 말했다. 누군가가 무슨 일을 저질러서 여기 들어왔냐고 물을 때마다 그는 상대를 장님으로 만들어버릴 것처럼 쏘아보면서 고함을 질렀다.

"공무집행방해다. 너는?"

나는 그가 여자 친구와 불행하고 폭력적인 관계를 이어오다가 결국 여러 번 충돌을 일으켰다는 것을 나중에 알게 되었다.

슬래시는 내가 만난 재소자들 중에서 가장 학식 있고, 가장 머리가 좋았다. 첫눈에 나는 그가 마음에 들었다. 그는 미셸 푸코Michel Foucault의 『감시와 처벌Discipline and Punish』에 대해 나와 얘기하고 싶어 했다. 그가 가장 좋아하는 책은 교도소 폭동을 다룬 헐리맨G. Hirliman과 스톤W. G. Stone의 『증오 공장The Hate Factory』 알렉상드르 뒤마Alexandre Dumas의 『몽테 크리스토 백작The Count of Monte Cristo』이었다. 그는 자신의 가족, 특히 대령인 할아버지를 자랑스러워했으며, 가난한 백인 쓰레기들처럼 구는 다른 재소자들을 경멸했다. 나는 슬래시의 말장난 솜씨를 좋아했다. 그는 감옥에서 쓰이는 용어들에 경멸의 뜻을 섞어 자기만의 말을 만들어내곤 했다. 예를 들어 법률구조 변호사public defender는 '법률구조 흉내쟁이public pretender'가 되었다. 그리고 그들이 변호에 실패해 피고가 감옥에 갇히게 됐을 때는 '교도소장penitentiary director'이라고 불렀다. 교정국Department of Corrections은 '부패국Department of Corruptions', 독방은 '작은 새장', 우드스턱 구치소는 '큰 새장' 또는 '염병할 동물원' 또는 '탁아소'가 되었다. 교도관들은 그의 '집사'였다. 그는 사람들에게 허풍을 떨었다.

"내가 그놈들한테 명령을 하는 거야. 점심식사가 있는 곳으로 안내해라. 의사에게 안내해라. 운동실로 안내해라. 당장!"

나는 그의 단단한 손도 마음에 들었다. 다른 재소자들을 다룰 때면 그의 손은 내 손보다 백 배는 더 단단해졌다. 재소자들이 귀찮게 굴면, 그는 푸른 눈으로 그들을 빤히 바라보았다. 때로는 손으로 탁자를 후려치기도 했다. 그러면 모두 입을 다물었다. 그를 만난 첫 주에 그가 시사 문제 수업 시간에 방 안을 가득 채운 학생들 앞에서 가석방 담당관에게 복수하겠다고 맹세하는 것을 지켜보았다. 나는 그의 말이 방 안에 있는 모든 사람들의 가슴속 깊이 박히고 있다는 것을 알 수 있었다. 그는 자신의 살인 계획을 모든 학생들에게 얘기해주었다. 가석방 담당관의 사무실이 어떻게 생겼는지, 그곳에 어떻게 접근할 건지, 그녀가 지상에서 숨을 쉬는 마지막 몇 초 동안 그녀에게 무슨 말을 할 건지, 총을 어디에 들이대고 몇 방이나 쏠 건지, 그리고 그녀말고 또 죽일 사람이 누구인지.

"내가 꼭 나쁜 놈이 돼야 한다면 그렇게 할 거야."

그가 단언했다. 교실 안의 사람들은 침묵했다.

"알겠어?"

수업을 듣던 열두 명이 고개를 끄덕였다. 마치 그가 방금 시편의 한 구절을 읽어주기라도 한 것처럼.

나는 다음날 도서실에서 슬래시의 말을 반박했다. 내가 아주 훌륭한 말을 한 것은 아니었지만, 어쨌든 효과가 있었다. 나는 나쁜 놈이 되는 것이 흥미로운 일이고 한 번쯤 체험해볼 만한 가치 있는 일이긴 하지만, 나쁜 놈이 되기 위해 반드시 미친놈이 되어야 할 필요는 없다고 말했다. 나는 공부를 통해, 상상력을 통해서도 나쁜 놈이 되는 체험을 할 수 있다면서 그런 방법을 사용하면 훨씬 더 멀리까지 나아갈 수 있다고 말했다. 개다가 그런 방법을 사용하면 언제든 마음 내킬 때 원래 자리로 돌아올 수도 있었다. 그가 내 말의 의미를 받아들이고 있음을 그의 눈빛에서 알 수 있었다. 수업이 끝난 후 그가 양손으로 내 팔을 세게 잡으며 말했다.

"오늘 수업 징글맞게 좋았어, 테오. 계속 이렇게 해, 알았지?"

"애써볼게요."

내가 말했다.

그후 우리는 친한 사이가 되었다. 그는 내가 부탁하면 떠들어대는 재소자들의 입을 다물게 했고, 항상 그런 것은 아니지만 가끔은 그 역시 얌전히 굴기도 했다.

슬래시가 내 편이 되었을 때, 나는 내가 가장 겁내던 일을 성공적으로 해내고 있다고 생각했다. 재소자들의 신뢰를 얻는 것. 내가 나쁜 놈이 되는 것에 대해 마치 니체Nietzsche 같은 얘기를 늘어놓은 후—그것은 내가 감옥에서 일한 지 약 한 달쯤 지난 1999년 12월 중순의 일이었다—나는 학생들을 도서실로 데리고 들어가서 문을 닫고 단둘이 얘기할 수 있는 분위기를 만들기만 하면 그들과 비교적 점잖게 지적인 대화를 나눌 수 있다는 것을 깨달았다. 그러나 학생들을 도서실로 데리고 들어가는 것은 결코 쉬운 일이 아니었다. 학생들이 점점 늘어나고 있다는 사실만 빼고 구치소 내의 모든 일에 내가 죽을 만큼 겁을 내고 있다는 점도 문제였다.

내가 무엇보다 무서워한 것은 교도관들이었다. 그들은 나를 꿰뚫어보는 것 같았다. 나는 공격적인 인상을 주려고 머리를 자르고 보수적인 디자인의 안경을 썼지만, 내 지저분한 자동차와 레인코트와 배낭이 그 효과를 상쇄해버렸다. 또한 내가 재소자들을 불쌍하게 생각하는 척하며 이런 일을 맡겠다고 나섰다는 점도 마찬가지였다. 바로 이런 이유 때문에 교도관들이 내 정체를 알아차렸을 것이다. 내가 감옥에 발을 들여놓는 순간 교도관들은 나를 '세상물정 모르고 착한 일을 하는 사람'으로 생각해버렸을 것이다. 교도관들의 판단은 옳았지만 그들이 그런 사람에게 그토록 반감을 느끼는 줄은 몰랐다. 교도관들은 내가 뭔가 실수하기만을 기다리고 있는 것 같았다. 실수를 저지르는 순간 나는 구치소에서 쫓겨날 터였다. 지금까지 만난 재소자가 네 명밖에 안 되고, 해놓은 일이 하나도 없으니까 말이다.

교도관들 외에 다른 교사들 앞에서도 불안감을 느꼈다. 나는 짐과 그의 상관에게 내 이력서를 보냈다. 이력서에서 나는 2000년 6월에 비교문학 박사학위를 받을 것 같다는 낙관적인 전망을 써넣었다. 면접을 볼 때는 "그냥 몇 가지 형식적인 절차만 남았다"고 거짓말을 했다. 그 결과 나는 착하고 나약한 놈 취급을 받게 되었다. 다시 말해서 고상한 척하는 지식인이 되어버렸으니 두 배로 재수 없는 인간이 된 셈이다. 과로에 지친 다른 교사들이 나를 곱게 볼 리 없었다. 고상한 척하는 지식인이라는 나의 인상이 나도 싫었지만 그런 경멸은 내 스스로 자초한 것이었다.

처음 몇 주 동안은 교실이 무거운 침묵에 잠겨 있는 경우가 많았다. 짐은 자기 책상에서 신문을 읽었고, 특수교육 교사인 도티는 컴퓨터 화면을 바라보았다. 내가 다른 곳을 보고 있을 때 두 사람이 어이없다는 표정을 짓는다는 것을 분명히 느낄 수 있었다. 어쩌면 내가 지나치게 신경을 곤두세웠던 건지도 모른다. 내가 어떻게든 이 일을 그만두게 되기를 두 사람이 바라고 있는 것 같았다. 해고를 당하든지, 스스로 그만두든지, 아니면 더 좋은 일자리를 찾아가든지. 두 사람은 하루라도 빨리 그렇게 되기를 바라는 것 같았다.

나는 짐과 도티의 태도 때문에 속을 끓였고, 재소자들 때문에 불안해했다. 많은 재소자가 대학물 먹은 녀석이 구치소에 와서 영어를 가르치려 하는 것을 조금도 반가워하지 않았다. 그들은 외부인들의 시선을 싫어했고, 특히 좋은 뜻으로 찾아온 이들을 세상에서 제일 싫어했다. 그들은 범죄를 저지르지 않은 사람들 중에서 경찰관을 제일 좋아했다. 경찰관 앞에서는 언제나 자신의 위치와 입장을 분명히 알 수 있으니까. 경찰관들은 대개 범죄자를 경멸한다는 사실을 정직하게 드러낸다. 그러나 외부인들은 그렇게 경멸을 드러내는 법조차 모르는 경우가 많다. 처음 몇 달 동안 일부 재소자들은 침을 뱉고 싶은 것을 간신히 참고 있다는 표정으로 내 눈을 들여다보곤 했다. 나를 경멸한 나머지 아예 쳐다보지 않는 사람들도 있었다.

내 처신 또한 상황을 호전시키는 데 전혀 도움이 되지 않았다. 나는 '문학'과 교양을 전도하는, 지나치게 열성적인 선교사처럼 굴었다. 먼발치에서도 손에 책을 잡을 만한 사람이 보이면 무작정 뒤쫓아갔다. 도서실에 혼자 앉아 있던 어느 재소자는 나더러 건방진 새끼라며, 그런 건방진 새끼들 똥구멍에 단편집이 꽂히는 경우가 가끔 있는데, 책을 쑤셔 넣을 때 가시가 달린 막대기를 써야 책을 단단히 꽂을 수 있다고 차분하게 말했다. 이 말을 할 때 그는 즐거운 듯이 검은 눈을 반짝였다.

내가 가장 먼저 할 일은 학생들을 끌어들이는 것이었다. 실제로는 학생들이 나를 끌어들이는 모양새가 돼버렸지만. 일부 재소자들은 도서실에서 혼자 조용히 있는 시간을 좋아했으므로, 자기들이 거기서 빈둥거리는 동안 내가 수업을 진행하든 말든 상관하지 않았다. 그러나 슬래시 같은 재소자들은 적극적으로 나를 끌어들였다.

그는 시사 문제 수업에서 나와 나란히 앉아 있을 때 가끔 신문을 아래로 내리고 다른 재소자들을 경이롭다는 듯이 바라보곤 했다. 어느 날 그가 탁자 밑에서 나를 팔꿈치로 쿡쿡 찌르며 호치키스 심을 조용히 입속에 집어넣고 있는 덩치 큰 재소자를 가리켰다.

"저 사람 왜 저러는 거예요?"

내가 물었다.

"문신을 하려고 그러는 거야."

그가 속삭였다.

그의 설명에 따르면, 먹지를 태운 다음 그 재에 치약과 물을 섞고 거기에 호치키스 심을 담갔다가 문신을 한다고 했다. 그가 가리킨 그 뚱뚱한 재소자는 전문가였다. 그는 호치키스 심으로 다른 재소자들에게 문신을 해주고 돈을 받았다.

슬래시가 눈을 감은 채 눈동자를 제멋대로 굴리는 재소자를 가리킨 적도 있었다. 그는 그 재소자를 응시하다가 고개를 돌려 나와 눈이 마주치자 천천히 고개를 끄덕였다. 그러면 나도 신문을 아래로 내렸다.

"저런 원숭이 같은 놈들하고 여기서 사는 게 어떨 것 같아?"

그가 물었다.

나를 받아들인 사람 중에는 마이크 토빈도 있었다. 신문기사에 따르면 그는 화이트리버 정류장 '일대' 출신의 '떠돌이'였다. 하지만 그는 '떠돌이'라는 말에 화를 내며 '건달'이나 그냥 '사람'이라고 불러달라고 했다.

"나는 여러 군데에서 살아. 여름에는 텐트에서 살지."

그가 말했다. 그는 자기가 쓴 시에 대해 얘기하고 싶어서 내 수업을 들을 생각이라고 말했다.

"시가 어디 있는데요?"

내가 물었다.

"내 머릿속에."

내가 다른 사람들을 위해 시를 암송해달라고 부탁하자 그는 얼굴을 붉혔다.

"아니, 뭐."

그가 중얼거렸다.

"방금…… 잊어버렸어."

크리스마스 직전에 그의 재판 결과가 신문에 실렸다. 그는 자기 이름이 나온 부분이 왼쪽 상단으로 오도록 지역 뉴스 면을 접어서 탁자 밑으로 내게 넘겨주었다. '성폭행 사건에 징역 5년 선고.' 나는 기사를 훑어본 후 그를 바라보았다.

"내가 인정했어."

그가 말했다. 이것은 그가 두 번째로 저지른 범죄였다. 사건에는 그의 아이들이 관련되어 있었다. 그는 사실 자기가 인정한 것은 아이들을 부적절하게 만진 일 두 번과 음탕하고 외설적인 행위 한 번이라고 말했다. 거무스름한 갈색 머리가 단단한 커튼처럼 그의 이마를 덮고 있었다. 창피하다는 생각이 들 때면 그는 앞머리로 눈을 덮고 터틀넥 스웨터의 목을 입 위로 끌어올렸다.

다른 재소자들은 그가 에이즈 양성반응자이고 아동 성추행범이라는 이유로 그를 미워했다. 그들은 그가 있는 자리에서 역겨운 놈들이 감옥을 더럽히고 있다며, 쥐나 파리들처럼 그런 인간쓰레기들을 전부 없애버려야 한다는 얘기를 했다. 토빈은 그런 얘기를 대부분 참아 넘겼지만, 시사 문제 수업에서 슬래시가 그를 가리키며 "저놈은 엉덩이로 그 짓 하는 법을 아주 잘 알지. 저놈은 에이즈 환자야. 다들 조심해"라고 말할 때는 앞머리로 눈을 덮어버렸다. 그는 스웨터의 목을 턱 위로 끌어올리며 커튼처럼 이마를 덮은 머리카락 사이로 우리를 노려보았다. 그렇게 시간이 조금 흐른 후에도 슬래시가 "코를 훌쩍거리는 계집들"이 여기 살고 있다는 얘기나 "쥐새끼 같은 놈들"과 "인간 말짜"들에 관한 얘기를 계속하면 토빈은 탁자 위에 있던 책들을 팔로 쓸어버렸다. 그리고 도서실로 들어가서 혼자 앉아 있었다. 몇 분 후 내가 가보면 그는 기분이 아주 좋은 듯 유쾌하게 미소를 지으며 수업이 아주 재미있을 것 같다고 말했다.

우드스틱의 재소자들은 선고를 기다리거나, 재판이 시작되기를 기다리거나, 유죄 인정을 바탕으로 한 형량 거래 결과를 기다리고 있었다. 기다리던 결과가 나오면 그들은 다른 곳으로 옮겨갔다. 따라서 3주 동안 학생 여섯 명을 온전히 유지하기가 아주 힘들었다. 그래도 도서실에서 오후 2시에 시작되는 내 소설 수업을 중심으로 일단의 학생들이 모이기 시작했다. 슬래시, 조, 토빈, 두앤 외에 월 에머슨이라는 젊은 강도가 매일 수업에 나타났다. 우드스턱의 '짱'이 수업에 나타나는 경우도 있었다. 스물아홉 살의 직업적인 범죄자인 그는 버몬트 주 퍼트니 출신의 브라이언 아제로스였다. 그는 자신을 '라이노'라고 불렀다. 자신의 영향력을 감안한 이름인지, 아니면 그가 자신의 '뿔'로 다른 재소자들에게 비역질을 하겠다고 항상 협박했기 때문인지는 잘 모르겠다(라이노Rhino는 코뿔소를 뜻한다-옮긴이). 라이노는 퍼트니에서 트럭을 몰고 가다 이웃사람을 덮쳤다. 그때 이웃사람은 큰길을 걸어 내려오고 있었다. 라이노는 현장에서 도망쳤다. 이웃사람은 죽지 않았지만 뼈가 몇 군데 부러졌다. 뇌진탕 증세도 있었다. 왜 그런 짓을 했을까?

"술에 취했거든. 게다가 그놈도 마음에 안 들었고."

그가 말했다.

1999년 12월에 나는 이 학생들을 상대로 공식적인 강의계획표에 따라 강의를 시작했다. 가장 먼저 다룬 작품은 카프카였다. 나는 왼손에 카프카의 책을 들고 라이노 옆에 서서 그의 머리 너머로 두앤과 토빈을 바라보았다. 내가 상상했던 모습 그대로였다. 침묵 속에서 소설 첫 부분을 읽었다. 그리고 마치 사제처럼 엄숙하게 책을 덮었다.

"법 앞에 문지기가 서 있다."

내가 소설 구절을 읊조리는 동안 토빈은 휴지에 코를 풀었다. 슬래시가 그를 노려보았다.

"조용히 해, 이 새끼야."

그가 고함을 질렀다. 나는 반사적으로 입을 다물었다. 모두들 웃음을 터뜨렸다. 나는 다시 소설로 돌아가 "시골 출신의 남자가 모든 것을 포기한 채 법 안으로 들어가게 해달라고 애원하고 있다"고 설명했다.

"그냥 집으로 가면 되잖아."

슬래시가 궁금하다는 듯이 물었다. 나는 법의 비밀을 아는 것이 그의 평생에 걸친 꿈이었다고 설명했다.

"그놈은 뭐야? 변호사라도 되나? 그러니까, 거짓말쟁이냐고."

그가 물었다.

"아뇨. 이 사람은 법전과 법전의 주석에서 대단한 진리를 발견할 수 있다고 믿는 겁니다. 어쩌면 합리적인 생각이죠."

두앤이 곰곰이 생각을 하더니 말했다.

"그놈은 결딴난 놈이야. 우리가 왜 미친놈한테 신경을 써야 돼?"

나는 말문이 막혔다. 라이노에게서 눈을 뗄 수가 없었다. 그는 연필을 자기 팔뚝에 박아 넣고 있었다. 까만 연필심이 주사바늘처럼 혈관을 찾아 살 속을 헤맸다.

"여러분."

나는 특별히 누구에게랄 것도 없이 설명을 시작했다.

"이 사람은 자기가 가진 모든 것을 줍니다. 뇌물로 문지기의 마음을 돌려보려고. 법을 지키는 수많은 문 중에서 첫 번째 문 안으로 들어가고 싶은 마음이 그만큼 절박한 거예요. 그는 그 안에 뭔가 찬란한 것이 있다는 걸 알고 있습니다. 물론 그의 생각이 옳아요! 아시겠습니까? 보세요. 그는 가장 바깥에 있는 그 문 밑으로 쏟아져 나오는 '꺼지지 않는 빛'을 인식하기 시작합니다."

두앤은 탁자 위에서 단정하게 양손으로 깍지를 꼈다. 라이노는 연필을 팔 속으로 더 깊이 밀어 넣었다. 슬래시는 잡지를 펼쳤다. 나는 10분 동안 더 얘기했다. 말을 끝낸 후 두앤에게 내 말을 조금이라도 이해했느냐고 물었다. 그는 내가 준 정보를 모두 머릿속의 한 점으로 모으려는 듯이 눈을 가늘게 떴다.

"응. 분명히 이해했지."

그가 차분히 말했다. 나는 기쁨과 안도감을 느꼈다.

"여러분, 이 우화에서 법은 비밀의 저택 안에 있습니다. 그 저택은 광대하게 펼쳐진, 금지된 제국이에요. 물론 그 안에는 강력한 힘이 들어 있습니다. 불길한 아름다움까지도. 이처럼 엄청나게 강력한 비밀, 학자들 중에서도 특별한 엘리트들의 비밀을 알기 위해 오랜 세월을 바치는 사람도 있습니다."

"응."

두앤이 말했다.

나는 다른 학생들에게 시선을 돌렸다.

"여러분은 지금 무슨 생각을 하고 있습니까?"

내가 물었다.

"내 말은, 여기서 법이 은유적으로 쓰였다는 사실을 여러분이 분명히 이해했으면 좋겠다는 뜻입니다. 여기서 법은 그냥 법적인 규정들을 묶어놓은 것이 아니에요. 삶 그 자체를, 인간 존재의 수수께끼를 광대한 법전으로 만든 겁니다. 모든 것이 여기 쓰여 있어요. 그래서 책을 읽듯이 이것을 자세히 들여다보며 연구할 수 있습니다. 사실 지금도 연구되고 있죠. 아시겠습니까?"

"응."

두앤이 내 말에 맞춰 고개를 끄덕이며 맞장구를 쳤다. 잠시 동안은 그와 나의 의견이 일치된 것 같았다. 아니면 그가 카프카와 의견일치를 보았거나. 그러나 다른 학생들을 보면서 두앤이 정말로 수업에 주의를 기울이고 있는 건지 궁금해졌다. 나는 그의 의자로 살금살금 다가가 그의 무릎을 내려다보았다. 그의 무릎 위에는 카프카의 소설을 복사한 종이가 아니라 소송 관련 서류가 놓여 있었다. 내가 말하는 동안 그는 그 서류를 훑어보면서 필요한 순간에만 나와 눈을 마주치며 '응'이라고 대답했던 것이다. 그는 내게 들킨 것을 알고 얼굴을 붉히며 서류를 치우고 몸을 움츠렸다.

다음날, 나는 도스토예프스키를 가르치고 싶어서 안달이 나 있었다. 학생들이 지하생활자를 감옥에 갇힌 사람들의 눈치 빠르고 우스꽝스러운 분신으로 받아들일지 모른다고 생각했다. 그들이 살아가고 있는 삶의 진실한 모습을 확실하게 보여주는 사람 말이다. 하지만 슬프게도 현실은 그렇지 않았다.

내가 도스토예프스키에 대해 더 많은 것을 알려주었어야 했는지도 모른다. 나는 서구의 휴머니즘에 대한 그의 불신, 인간사에서 강력한 힘으로 작용하는 논리와 이성에 대한 그의 경멸을 설명하려 했다. 그러나 마치 밭에 늘어선 양배추들을 향해 말하고 있는 것 같았다. 어쩌면 도스토예프스키가 시베리아에 갇혀 있을 때의 경험부터 얘기했어야 했는지도 모른다. 그가 감방 동료들을 순진한 불한당으로, 유치하고 잔인하며 서구 철학이 그때까지 상상했던 모든 것의 범위를 완전히 뛰어넘는 사람들로 생각했다는 것을 설명했어야 했다. 그러나 그때는 이렇게 좋은 생각이 떠오르지 않았다.

그래도 두앤과 슬래시는 이 책을 30여 쪽까지 읽는 데 성공했다. 그들은 합리적인 질문들로 무장을 하고 수업에 나왔다. 이 사람이 계속 얘기하는 수정궁은 뭐지? homme de la nature et de la verité(자연과 진실의 사람이라는 뜻-옮긴이)라는 게 도대체 뭐지? 지하생활자는 정말로 지하에 살고 있는 거야, 뭐야?

구구절절한 설명이 내 입에서 정신없이 튀어나왔다. 그러나 말을 하면서 나는 학생들이 내 요구대로 책에서 질문들을 뽑아낸 후 곧 덮어버렸다는 사실을 알 수 있었다. 앞이 깜깜했다. 지하생활자가 제멋대로 늘어놓는 말이 너무 불확실하고 낯설었다. 게다가 이 책에는 플롯도 없었다. 초보 독자의 주의를 끌 만한 것이 하나도 없었다. 다른 학생들은 책을 아예 읽어보지도 않은 게 분명했다. 『지하생활자의 수기』를 선택한 것은 실수였다. 나의 실수.

도스토예프스키가 실패한 후 나는 재소자들의 삶과 더 직접적으로 연결되어 있는 자료를 찾아가기로 했다. 그때가 1999년 크리스마스 직전이었다. 일주일 동안 학생들과 함께 켄 키지Ken Kesey의 『뻐꾸기 둥지 위로 날아간 새One Flew Over the Cuckoo's Nest』를 읽었다. 그 주에 10여 명의 낯선 사람들이 삼삼오오 짝을 지어 교실로 들어와 그 책을 여러 권 가져갔지만 다시는 교실에 나타나지 않았다. 슬래시, 토빈, 그리고 조는 그 소설이 아주 마음에 든다고 말했다. 두앤이 그 책을 읽었는지는 잘 모르겠다. 솔직히 말해서 수업에 나오는 학생들 중 한 명이라도 그 책을 읽었는지 확신할 수가 없었다. 우리의 토론은 묘하게도 이 소설을 바탕으로 한 영화에 집중되었다. 그들은 이 작품이 원래 잭 니콜슨Jack Nicholson이 주연한 영화이며, 1970년대에 발표되었다고 주장했다. 이 영화가 오스카상을 전부 휩쓸었다는 얘기도 했다.

"아닙니다. 원작은 1962년에 나왔어요. 원래 켄 키지의 소설입니다."

내가 그들의 잘못된 주장을 바로잡았다.

"영화는 1975년에 나왔어."

슬래시가 단언했다.

"너 그 영화 못 봤어?"

라이노가 고개를 저었다.

"당신은 입 다물고 우리한테 그 영화나 보여줘."

그가 내게 충고했다.

나는 알코올중독자 치료 시설에 들어간 사람들의 애기를 다룬 레이먼드 카버의 『내가 전화하는 곳*Where I'm Calling From*』이 어느 정도 성공을 거둘지도 모른다고 생각했다.

우리가 이 작품을 토론하기로 한 날 슬래시가 책을 책상 위에 던지며 말했다.

"테오, 이렇게 지루한 소설은 처음이야."

그는 카버뿐만 아니라 나에게도 불같이 화를 내며 탁자 주위를 빙빙 돌았다. 그가 나름대로 노력을 한 건 사실이었다. 그는 열린 마음으로 책을 읽었다고 했다. 그러다가 대학 운운하는 내 헛소리에 대해 의심이 들기 시작했다고 말했다. 나는 조를 바라보았다.

"나도 그랬어. 미안해."

조가 말했다.

나는 새로운 학생들이 필요하다는 결론을 내렸다. 더 젊고, 책을 읽을 줄 아는 사람들, 나이로 보아 중년보다 대학생에 더 가까운 재소자들이 필요했다.

나는 고등학교 때의 기억이 아직 남아 있는 젊은 사람들을 찾아보았다. 스프링필드 출신의 윌 에머슨은 스물한 살쯤 되었으며, 머리를 짙은 자주색으로 염색하고 옷을 일부러 찢어서 입고 다녔다. 바깥세상에서는 그런 모습이 주위의 아가씨들에게 매혹적으로 보였을지 모르지만 감옥에서는 올리버 트위스트 같은 어린 거지처럼 보였다. 말을 하지 않을 때 그는 의자에 웅크리고 앉아서 자기 내면 속으로 사라져버리곤 했다. 그럴 때면 눈동자가 눈꺼풀 속으로 올라갔고, 둥글게 구부러진 팔은 무릎을 감싸 안았다. 그는 그런 자세로 15분 동안 앉아 있을 수 있었다. 꼼짝도 않고 눈조차 깜박이지 않았다. 그러나 그렇게 앉아 있지 않을 때는 한없이 수다를 떨었다. 한번 말을 시작하면 입을 잘 다물지 못했다.

윌은 시사 문제 수업을 아주 좋아하는 것 같았다. 기사를 읽을 때마다 그는 IBM, 중국, 그리고 체이스 맨해튼 은행의 강력하고 잔인한 중역들을 결합시킨 악의 연합이 있다는 증거를 찾아냈다. 알고 보니 그가 떠들어대는 말 중의 절반은 음모론자들의 교과서인 윌리엄 쿠퍼William Cooper의 『저기 죽음의 사자가 온다*There Comes a Pale Horse*』에서 따온 것이었다. 좀더 밝고 행복한 나머지 절반의 이야기는 버몬트 주에서 열리는 여러 축제와 콘서트 등 유쾌한 일들을 바탕으로 그가 꾸며낸 것이었다. 그는 "자유롭게 살다가 돌에 맞아 죽어라"고 충고하는가 하면 "내가 피울 수 없는 마리화나는 없다"며 허풍을 떨었다.

짐에게 늘어놓는 윌의 장황한 얘기를 며칠 동안 주의 깊게 들어보니, 그는 논쟁을 좋아해서 그냥 논쟁을 벌이고 있는 것이었다. 그가 한 말 중에는 윌리엄 쿠퍼를 당황시킬 만한 얘기가 상당히 많았다. 그는 자신의 주장이 진실인가 하는 문제보다 그런 주장을 하면서 느끼는 즐거움을 더 중시하고 있는 것 같았다. 그가 귀찮게 따지고 들면서 긴장된 분위기를 조성하는 것은 주위 사람들을 논쟁에 끌어들이기 위해서였다. 그는 이런 식으로 사람들과의 유대를 강화했다. 그러나 친구를 사귀지는 못했다. 다른 재소자들은 그가 허구한 날 무슨 소린지 알 수도 없는 똑같은 헛소리를 지껄인다며 그를 경멸했다.

나는 윌을 통제할 수 있는 건 나뿐이라는 결론을 내렸다. 또한 수업에 윌 같은 사람이 더 많이 필요하다는 생각도 들었다. 자신의 이론을 뒷받침할 자료를 열심히 찾아 헤매고, 독서에 반감을 느끼지 않는 아마추어 이론가들 말이다. 그들이 원하는 것이 자료라면, 내가 공급해줄 수 있었다.

내가 구치소로 출근하기 전 이른 아침에 고등학생 또래의 재소자들은 의무적으로 구치소 학교로 나와야 했다. 이 구치소 안에는 그런 재소자들이 항상 열다섯 명에서 스무 명쯤 있었다. 하지만 오후 수업은 반드시 들어야 하는 것이 아니었으므로 내 수업에 등록하는 경우는 드물었다. 대신 그들은 컴퓨터를 가지고 놀았다. 때로는 도서실 바로 옆의 기타 연습실에 틀어박혀 망가진 기타들을 시끄럽게 연주하기도 했다. 나는 그 아이들 중 몇 명에게 흥미를 느꼈다. 예를 들어, 레게 스타일로 딴 금발머리가 어깨 위에 젖은 밧줄처럼 늘어져 있는 스티브가 있었다. 사립학교에 다니는 부잣집 아이 같은 옷차림, 밝은 파란색 눈, 나른한 말투만 놓고 보면 그는 캠퍼스에서 흔히 볼 수 있는, 포부가 큰 영문과 학생 같았다. 그러나 그는 8학년을 넘기지 못하고 마약 거래의 세계로 빠져 들었다. 그가 묵직하고 아름다운 목소리로 연습실에서 노래를 부를 때면, 나는 음정이 정확하고 가사가 한 군데도 틀리지 않는 그의 노래 솜씨에 경탄하곤 했다. 그는 대학생들이 즐겨 부르는 노래들을 멋들어지게 연주할 수 있었다. 그러나 가끔은 적어도 내가 보기에는 감옥에 더 어울릴 법한, 더 오래된 포크송을 부르기도 했다.

재소자들이 모여 음악을 연주할 때 매트도 몇 번 낀 적이 있었다. 그는 가끔 시사 문제 수업에 나타나기도 했다. 매트는 낡아빠진 티셔츠를 입었고 면도를 거의 하지 않았다. 그렇다고 감옥 안의 히피 무리 속에 끼어 있는 것도 아니었다. 짐이 얘기를 하는 동안 그는 혼자 앉아서 얼굴을 손에 묻고 관자놀이를 문질렀다. 그는 수감 중에 외박을 나갔을 때 플로리다로 도망쳤다가 연방 보안관의 손에 끌려 다시 감옥으로 돌아왔다. 그래서 다른 혐의 외에 탈옥 혐의로 5년을 더 선고받을 처지였다. 그는 원래 마약 관련 혐의를 받고 있었는데, 그것에 대해 자세히 말하려고 하지 않았다. 그는 열아홉 살이었지만 자포자기한 중년 재소자들처럼 멍하니 움직였다. 그래도 내가 그에게 강의 계획표를 내밀었을 때 내게 천진하고 다정한 미소를 지어주었다. 그리고 다음날 내 수업에 등록했다. 그는 수업이 끝날 때까지 줄곧 자리를 지켰다. 그러나 내 얘기를 조금이라도 이해하는 것 같지는 않았다. 수업이 끝나기 직전 그가 의견을 내놓았다.

"에드거 앨런 포Edgar Allan Poe를 좀 읽어야겠어요. 그놈은 사기꾼에 마약 중독자였지만 좋은 소설을 좀 썼죠."

"좋아. 내가 작품을 찾아보지."

나는 십 대들 중에서 벨로우즈 폴즈 지역의 일제소탕 작전 때 한꺼번에 잡혀 들어온 열일곱 살짜리 아이들에게도 눈독을 들였다. 녀석들은 크리스티나 보이스라는 스물두 살짜리 여자가 이끄는 강도단에 속해 있었다. 보이스는 집 계약금으로 8천 달러가 필요해지자 십 대 몇 명을 내보내 자기 대신 도둑질을 하게 했다. 결국은 그녀도 체포되어 아이들과 어울리며 성범죄를 저지른 혐의로 기소되었다. 그녀와 어울릴 당시 아이들 중 일부가 미성년자였기 때문이다. 이미 세 아이의 엄마인 그녀는 코네티컷 강변에 싸고 조용한 집을 구해서 자기 아이들 그리고 친구들과 함께 살고 싶어 했다. 이 얘기를 듣다 보니 〈밸리 뉴스〉에 실린 아이들 관련 범죄 기사들의 기본적인 플롯이 연상되었다. 나는 그제야 그런 기사들에 주의를 기울이고 있었다. 기본적인 구조는 대충 이러했다. 장난처럼 시작된 범죄가 일대를 충격과 공포로 몰아넣는다. 그 중에는 중산층이 되고자 하는 갈망에서 비롯된 범죄도 있고, 계획을 실행하는 범인들의 솜씨가 형편없었던 사건도 있다. 아이들은 자기들이 저지른 일의 대가로 감옥에 가야 한다는 사실에 경악한다.

크리스티나의 계획은 존 스타인벡John Steinbeck의 『생쥐와 인간*Of Mice and Men*』에 나오는 레니와 조지를 연상시켰다. 나는 학생들에게 그 책을 가르쳐야겠다고 생각했다. 그래서 헌책방에 들러 그 책을 가능한 한 많이 샀다. 구치소 안의 십 대들은 레니와 조지보다 10살쯤 어렸지만 녀석들이 무리를 지어 아무렇게나 돌아다니는 모습을 보며, 아이들이 거북하지만 마치 자신의 얘기를 보는 것 같은 느낌을 받을지도 모른다고 생각했다. 물론 감옥 안의 아이들은 레니와 조지처럼 열심히 일하는 이주 노동자가 아니라 방황하는 게으름뱅이들이었다. 녀석들은 스스로 땀을 흘려 돈을 버는 대신 강도와 마약 거래와 차량 절도로 돈을 벌었다. 노동자의 얘기를 다룬 그 책에는 감동이 있었으므로 그들에게 도움이 될지도 몰랐다. 그러나 학생들—그 책을 읽은 사람들—은 다른 주제는 전부 제쳐두고 책 속에 등장하는 성범죄에만 주의를 기울였다. 레니는 무슨 짓을 저지른 거지? 왜 그 일이 분명하게 설명되어 있지 않은 거야? 레니가 자신의 뜻을 관철하지 못하게 한 걸 보니 작가가 뭔가를 놓친 거 아냐? 나는 이 질문들에 대답하며 수업을 이끌어야 했다.

12월의 어느 화창한 오후에 십 대와 중년 학생들에게 스티븐 킹Stephen King의 소설 『뗏목*The Raft*』을 가르쳤다. 벨로우즈 폴즈 출신의 마이크와 브랜든이 그 자리에 있었다. 둘 다 열일곱 살이었고, 각각 여섯 가지 혐의를 받고 있었으며, 생전 처음으로 굉장한 사람들과 함께 감옥에서 생활하게 된 것에 흥분과 두려움을 느끼고 있었다. 밧줄 같은 머리를 늘어뜨리고 포크송을 부르던 스티브, 조와 슬래시, 월도 있었다. 라이노는 수업이 절반쯤 진행되었을 때 살짝 교실로 들어왔다. 그는 원래 자기 마음대로 교실을 들락날락했다. 교사들도 그를 함부로 대하지 못했다. 정기적으로 출석하는 학생들 중 그가 감옥에서 보낸 시간이 제일 많았기 때문이다.

『뗏목』은 킹의 초기 작품이다. 그 시기에 그가 쓴 작품들이 대개 그렇듯이, 이 소설도 끈적끈적하고 사악한 이야기들에 진정한 애정을 보여주고 있다. 이 책에서 악역을 맡은 주인공은 사악한 해파리 같은 생물로 튼튼한 대학생 네 명을 꿀꺽 삼켜버린다. 학생들이 오후 늦게 외출한 것이 잘못이었다. 대학 졸업반인 그들은 물놀이 시즌이 끝난 후에도 무모하게 물에 들어가는 사람들을 막기 위해 사슬로 출입구를 봉해둔 곳으로 갔다. 그곳은 소설 속 인물들에게 추억의 장소이다. 그들은 울타리를 뛰어넘어 물속으로 뛰어들어서 헤엄을 치다가 검은 호수 한가운데의 하얀 뗏목 위에 자리를 잡는다. 그곳에서 그들은 젊은이답게 단순하고 황홀한 즐거움에 젖는다. 킹은 독자의 이해를 도우려는 듯이 이렇게 썼다. "그들 중 한 명이 샌디 던컨처럼 보였다. 브로드웨이에서 「피터 팬」이 재공연되었을 때 출연한 여배우 말이다." 덩어리 같은 것이 그들에게 다가온다.

내가 이 작품을 좋아하는 것은 몸을 으스스하게 만드는 공포 때문이 아니라 성년이 되는 아이들의 이야기를 심술궂게 비틀어버렸기 때문이다. 이 작품 속의 아이들은 이미 법적으로 당당한 성인인데도 여전히 아이처럼 구는 것을 좋아한다. 사실 안 될 것도 없지 않은가? 그들은 아직 모든 면에서 순진하며, 육체적으로는 그 어느 때보다 찬란하고 싱싱하다. 게다가 예전보다 더 자유를 즐길 수 있으며, 성욕으로 가득 차 있고, 술을 잔뜩 먹은 상태이다. 그들은 모든 것을 잊고 즐거움을 추구할 수 있었던 어린 시절로 서둘러 도망쳤다. 이 소설은 그래서는 안 된다고 말한다. 시간이 흐르면 어른들의 세계가 그들을 완전히 집어삼킬 것이다. 작가는 좌절한 피터 팬 같은 이 젊은이들이 그런 운명을 자초한 것이나 다름없다고 암시한다.

표지에 새겨진 작가의 이름이 워낙 유명했기 때문인지 모든 학생들이 토론할 준비를 갖추고 수업에 들어왔다. 지하에 있는 도서실 창문으로 석양빛이 새어 들어올 무렵, 우리는 여느 때처럼 서로 모욕을 주고받으며 가벼운 얘기를 나누는 단계를 간신히 끝냈다. 상황이 이렇게 된 것은 소설 속의 분위기 때문이었다. 나는 아무 말도 하지 않고 창살 사이로 비스듬히 쏟아지는 햇빛만 바라보았다. 재소자들이 탁자에 둘러앉아 있고 햇빛이 책의 등줄기와 재소자들의 옷을 비출 때면 감옥도 조금은 아늑한 곳이 된다. 어쨌든 그때는 그런 느낌이었다. 우리는 어린 시절의 도덕적 순수성, 어른 세계의 알코올, 폭력, 타락 등 스티븐 킹의 작품에 자주 언급되는 테마에 관해 조용히 얘기를 나누었다. 이번만은 내가 학생들을 상대로 일방적으로 얘기하는 분위기가 아니었다. 우리가 얘기하는 동안 방 안은 더 고요하고 어두워졌다. 아무도 불을 켜려고 하지 않았다. 좋은 징조였다.

월은 킹에 대해 자신만의 생각을 갖고 있었다. 그가 보기에 뗏목이 하얀색인 것은 더럽혀지지 않고 더럽혀질 수도 없는 어린 시절의 상징이었다.

"다들 그런 장소를 갖고 있어. 적어도 기억 속에는."

그가 말했다. 브랜든과 매트도 같은 생각인 것 같았다. 스티브도 마찬가지였다.

"맞아, 정말 맞는 소리야."

그가 말했다.

월은 소설 속의 덩어리가 뗏목에 결코 도달할 수 없다고 지적했다. 뗏목이 일종의 신성한 영역이라서 그 주위에 잠복하고 있는 위험한 일들의 영향을 받지 않는다는 것이다.

"만약 그 덩어리가 이 아이들을 노리고 오는 거라면, 그게 성년이나 뭐 그런 걸 의미하는 거라면."

그는 잠시 말을 멈추었다. 머릿속으로 생각하고 있던 말을 갑자기 잊어버린 모양이었다.

"그 덩어리는 아이들이 물속에 발을 담갔을 때에만 잡을 수 있어."

그가 다시 말을 이어나갔다.

"아니면 아이들의 머리카락이 물에 닿았을 때나. 그러니까 그애들이 자기들의 영역을 떠났을 때 그렇게 된다는 얘기야. 알겠어? 아이들은 어렸을 때 항상 물속에서 헤엄을 쳤어. 그때는 호수 전체가 신성한 영역의 일부였으니까. 온 세상이 다 그랬으니까. 그러니까 그 덩어리는 어린 시절을 존중하고 있어. 그 덩어리가 존중하지 않는 건, 어린 시절을 즐기기에는 너무 나이가 들어버렸으면서도 계속 그리로 돌아가려는 사람들이야. 무슨 말인지 알겠어?"

나는 그의 말을 완벽하게 이해했으므로 그렇다고 대답했다.

윌보다 나이가 어린 몇몇 아이들은 마지막으로 살아남은 십 대 두 명의 절박한 상황에 깊은 인상을 받았다. 그 덩어리는 두 아이의 친구들을 집어삼켰다. 사방에서 메스껍고 치명적인 위험이 다가오고 있었다. 유일한 방법은 물속으로 뛰어들어서 해안을 향해 헤엄치는 것이지만, 그랬다가는 사지가 갈기갈기 찢겨 죽게 될 것이다. 또 하나의 방법은 뗏목 위에 웅크리고 있는 것이다.

"멍청이! 물에 안 들어가면 되잖아! 구해줄 사람이 올 때까지 얌전히 기다리면 돼."

스티브가 말했다.

"맞아! 아직은 조금 안전한 편이지. 호수에 빛이 아직 조금 남아 있으니까. 그냥 웅크리고 있으면 돼. 맞지?"

내가 말했다.

마이크는 그것으로 사태를 해결할 수 없다고 생각하는 모양이었다.

"도망칠 길이 없어요."

그는 이런 결론을 내렸다.

"무슨 소리야? 다시 한 번 말해 볼래?"

내가 물었다. 스티브가 소설을 복사한 종이로 탁자를 내리쳤다.

"도망칠 길이 없다고요. 도망칠 길이 없단 말이야."

"알았어. 하지만 내 생각은 달라. 이 곤경에서 빠져나갈 길이 있어. 문자 그대로 뗏목에서 벗어날 길은 없을지도 모르지. 하지만 우리가 지금 다루고 있는 소설은 아이가 어른이 되는 과정을 그리고 있어."

내가 대답했다. 나는 학생들에게 소설의 주제를 일깨워주었다.

"그러니까 우리는 지금 성장하는 방법을 얘기하고 있는 거예요. 어린 시절을 벗어나는 과정을 은유적으로 얘기하고 있는 겁니다. 그게 이 소설의 주제예요."

"젠장, 도망칠 길이 없어."

스티브가 다시 말했다. 마치 그런 생각을 지금 처음으로 떠올린 사람처럼. 잠시 침묵이 흘렀다.

"사내 녀석이 뗏목 위에서 계집애를 먹어버리진 않나?"

슬래시가 물었다.

"나라면 그랬을 텐데."

이때부터 학생들의 대화가 곁길로 새기 시작하더니 결국 비행기를 타고 가다가 5분 후에 추락할 거라는 사실을 알게 된다면 어떻게 할 것인지에 대한 토론이 벌어졌다. 또 자신이 암에 걸려서 2주일 후에 죽게 된다면 어떻게 할 것인지에 대해서도 얘기를 나눴다. 십 대 아이들은, 술을 잔뜩 마시고 가능한 한 많은 은행을 털어서 라스베이거스로 가겠다고 했다. 30대 후반으로 특히 죽음을 철학적으로 생각하는 토빈은 조용히 침묵을 지켰다. 그는 십 대 아이들이 의견을 내놓을 때마다 진지한 표정으로 귀를 기울였다. 그들 의견이 나름대로 임기응변과 활기를 보여주고 있다고 평가하는 것 같았다. 나와 마찬가지로 그도 아이들 중 대부분이 오랫동안 감옥에 머물게 될 것이며, 한때의 잘못으로 인생 최고의 시기를 잃어버렸다는 생각을 했을 것이다. 그러나 아이들은 그 사실을 모르는 것 같았다. 아니면 알면서도 내색을 하지 않거나.

하지만 해가 지고 이제 할 일도 할 말도 별로 남지 않았을 때, 몇몇 사람들의 표정에 앞으로 다가올 운명이 서서히 드리워지는 것을 보았던 것 같다. 그들은 소설 속에 묘사되어 있는 것처럼 죽음과 섹스가 어우러진 극적인 절정을 맞이할 수 없다. 그들을 기다리고 있는 것은 감옥이라는 세계, 잔뜩 흥분해서 설쳐대는 아이들의 생기를 서서히 빼앗아가는 어른들의 세계였다. 내가 그런 생각을 한 것은 그들이 평소와 다르게 꼼짝도 하지 않고 종이만 뚫어지게 바라보고 있었기 때문이다.

한동안 침묵 속에 조용히 앉아 있다가 월이 말했다.

"스티븐 킹한테 진짜로 그 짓을 하고 싶어."

5. 우드스턱

아름다운 개울, 상쾌한 계곡, 꼭대기에 숲이 있는 산들 예루살렘의 산들처럼 우리를 둘러싸고 있는 이것들이 우드스턱의 자랑이자 영광이다. 그것들을 보며 이렇게 말할 수도 있을 것이다.

"우리는 기분 좋은 곳에서 생명을 얻었다. 우리는 훌륭한 유산을 받았다."

—헨리 스원 데이나Henry Swan Dana, 『버몬트 주 우드스턱의 역사*History of Woodstock, Vermont*』, 1889년.

앤디 하디Andy Hardy 영화의 촬영 세트 같았다.

—윌리엄 리스트 히트 문William Least Heat Moon(우드스턱을 언급하면서 한 말), 『블루 하이웨이*Blue Highways*』, 1982년.

스티븐 킹 수업을 하면서 긍정적인 반응을 얻었기 때문에 20일짜리 강의계획표를 새로 만들었다. 이번 강의계획표의 절반은 19세기의 미국 고딕 작가들로 채워졌다. 나는 매트에게 포의 소설을 읽을 수 있도록 기회를 줄 생각이었다. 그리고 열흘 동안은 미국이 지금도 고딕 소설의 영향을 얼마나 많이 받고 있는지를 보여주고 싶었다. 물론 스티븐 킹의 작품도 다시 읽을 예정이었다.

이 강의계획표에 따라 새로운 강의를 시작하기로 되어 있던 1999년 12월 20일 월요일에 나는 작은 산山만 한 책더미를 안고 출근해서 시사 문제 수업 때 쓰이는 탁자 위에 책더미를 올려놓았다.

"안녕하세요."

짐이 말했다. 그는 인사를 하면서도 나를 바라보지 않았다. 그는 여느 때처럼 신문에 빠져 있었다. 복사할 것이 조금 있었으므로 나는 재소자들이 오기 전에 일을 마치려고 한쪽 구석으로 갔다. 재소자들이 안에 있을 때 무엇이든―책, 외투, 장갑―탁자 위에 그냥 놓아두고 자리를 비우는 것은 결코 현명한 짓이 아니었으므로 재소자들이 오기 전에 돌아와 〈밸리 뉴스〉 한 부를 들고 의자에 앉았다. 1면의 접힌 자국 위에 '살인으로 추정되는 사건 조사'라는 제목이 눈에 띄었다.

51세의 여성이 지난 주말 웨스트 윈저에서 살인으로 추정되는 죽음을 맞이했다고 버몬트 주 경찰이 말했다. 총격에 의한 살인으로 보이는 이 사건이 경찰에 신고된 것은 어제 새벽 2시경이었다. 짤막한 보도자료에서 경찰은 사건이 일어난 장소와 피해자가 51세의 여성이라는 사실만을 밝혔다. 경찰은 피해자의 사인이 무엇인지, 용의자가 있는지, 체포된 사람이 있는지를 밝힐 수 없다고 말했다.

짐 크루즈 형사는 사건 현장에서 "사망 경위에 의심이 간다"고 말했다.

사건에 대한 추가 정보는 오늘 정오에 발표될 것으로 보인다.

1999년 버몬트에서는 열일곱 건의 살인 사건이 발생했다. 버몬트 주의 평균 살인 사건 수를 약간 웃도는 숫자였다. 살인 사건이 발생하면 신문에 하루 이틀 정도 관련 기사가 실리다가 자취를 감춰버렸다. 살인 사건이 계속 신문의 헤드라인을 장식하려면 어떤 사람이 홧김에 상대를 쏘거나, 찌르거나, 때려서 죽였다는 평범한 시나리오를 뛰어넘는 놀라운 특징이 있어야 했다. 섹스와 관련된 사건, 피해자가 여러 명인 경우, 은행 비밀계좌가 관련되어 있다는 의혹 등등.

스태너드 부부 사건에는 이런 요소 중 적어도 한 가지, 즉 돈이 관련되어 있다는 것을 직감할 수 있었다. 블러드 힐 일대에는 대도시 출신의 부자들이 모여 살고 있었다. 그들은 다른 사람들과 멀리 떨어진 곳에서 자기들끼리 화려하고 목가적인 생활을 했다.

전직 세무공무원이며 학교 문제를 다루는 운동가인 폴라 스태너드는 이 집의 소유주이기도 하다. 그녀의 남편인 빌 스태너드는 보트 마니아이며 와일더의 로직 어소시에츠에서 근무하고 있다. 아직 십 대인 두 사람의 아들 레어드는 메인 주 베델에 있는 굴드 아카데미에 다니다가 휴일을 맞아 집에 와 있다.

스태너드 부부와 같은 거리에서 살고 있는 릭 팰런은 어제 새벽 1시 30분에 자신의 딸이 전화를 걸어왔는데 "아주 불안해하고 있었다"면서 "딸이 총소리를 들었다고 했다. 딸은 총소리가 난 쪽에 아직 사람이 있을까 봐 걱정하고 있었다"고 말했다.

팰런은 브라운즈빌 잡화점으로 차를 몰고 가서 파티에 참석하러 그곳에 갔던 딸을 차에 태워 현장에서 떨어진 친구 집에 데려다준 후 집으로 돌아왔다. 팰런에 따르면, 경찰이 이 일대는 안전하다고 말했다고 한다.

살인으로 추정되는 사건이 일어났다는 소식이 어제 윈저와 웨스트 윈저 지역에 빠른 속도로 퍼져 나갔다. 오후에는 텔레비전 방송국 취재진도 현장에 모습을 드러냈다.

살해당한 부인은 전에는 마을 학교와 관련해서 활발하게 활동했지만 지금은 아무 일도 하지 않고 있었다. 그녀의 남편은 직장에 다녔고, 아들은 멀리 떨어진 사립학교에 다녔다. 높은 곳에 위치한 집에서 부부가 고립된 생활을 하다가 뭔가 아주 심각하게 잘못됐을 수도 있겠다는 생각이 들었다.

하지만 십 대들이 이 사건과 관련되어 있었다. 그래서 남편이 아내를 죽였을 거라는 내 추측이 조금 복잡해졌다. 총소리를 들었다는 신고가 경찰에 접수된 것은 '새벽 2시경'이었는데, 팰런의 딸이 파티장에 있다가 부모에게 전화를 건 시각은 새벽 1시 30분이었다. 십 대들은 어떻게 경찰보다 먼저 상황을 알고 있었을까? 그들은 왜 좀더 일찍 전화하지 않았을까? 경찰은 아마 파티에 참가한 십 대들부터 조사할 것이다.

나는 신문을 접어 무릎 위에 놓고 탁자 건너편의 짐을 바라보았다.

"준비됐어요?"

그가 물었다. 나는 고개를 끄덕였다. 그가 무전기 단추를 누르고 감방에 있는 재소자들을 호출했다. 주말에 잠을 너무 많이 잤거나, 텔레비전을 너무 많이 보았거나, 감방 동료와 말다툼을 너무 많이 해서 얼굴이 일그러진 재소자 열네 명이 줄지어 들어왔다. 한 명은 한마디 말도 없이 도서실로 곧장 줄행랑을 쳤고, 두 명은 컴퓨터 앞에 자리를 잡았다. 다른 사람들은 수업에 참여하기 위해 자리에 앉았다. 짐은 여느 때처럼 재소자들에게 10분간 시간을 주고 신문을 훑어보게 했다.

"오늘 기사들 중에 관심이 가는 게 뭐죠?"

그가 물었다.

"새로운 천 년이 다가오고 있다는 기사가 있어. 감옥에 가면 기본적으로 인생이 끝장난 거나 다름없다는 기사도 있고."

조가 의견을 내놓았다. 짐은 그에게 두 번째로 언급한 기사를 요약해서 말해달라고 했다. 죄수들의 권리를 옹호하는 사람들이 재소자들을 버지니아 주립교도소로 보내려는 버몬트 교정국의 방침에 반대하고 있다는 내용이었다. 가족들이 재소자들을 방문하는 것이 사실상 불가능해지고 전화비도 비싸기 때문에 너무 가혹한 처사라는 것이었다. 우리는 40분 동안 버몬트 교정국에 대한 불평을 늘어놓았다. 슬래시는 교정국을 맹렬히 비난했다.

"교정국은 현금을 강탈해가는 개 같은 기관이야."

그는 교정국이 지저분한 사기행각을 벌이고 있다며 자세한 설명을 늘어놓았다. 주정부가 감옥에 처넣는 사람들의 혐의는 대부분 하찮은 것이다. 주정부는 이렇게 사람들을 가둔 후 연방정부에 그 비용을 청구한다. 관리들이 연방정부의 돈으로 자기들 주머니를 불리는 것이다. 그들은 감옥에 갇혀 있는 불운한 재소자들에게서도 돈을 사취한다. 그는 나와 짐을 겨냥해서 이런 설명을 하고 있었다. 우리가 범죄조직을 위해 일하고 있다는 사실을 알려주기 위해서.

"아주 지독한 놈들이야."

슬래시는 이 말을 세 번이나 반복했다. 짐이 다음 주제로 넘어가고 그를 설득했다. 포크송을 부르는 스티브가 얘기를 꺼냈다. 초등학교 때부터 자신과 제일 친하게 지내던 친구가 마리화나를 소지한 혐의로 감옥에 갇혔다. 경찰은 10파운드나 되는 마리화나를 죄다 훔쳐가 버렸다. 보고서에는 그런 내용이 빠져 있었다. 스티브의 친구는 1년간 감옥에 수감되었고, 출소할 때 그의 영치금 계좌에는 5백 달러가 있었지만, 교정국은 59센트밖에 돌려주지 않았다. 스티브가 짐을 노려보며 말했다.

"이래도 놈들이 돈 때문에 그러는 게 아닙니까?"

짐은 숨을 깊이 들이쉬었다. 스티브의 얼굴은 분노로 일그러졌다.

"놈들이 돈 때문에 그러는 게 아니라고 할 거죠?"

"놈들은 돈하고 아무 상관이 없다고 할걸."

슬래시가 화난 목소리로 말했다.

"짐은 원래 그런 새끼잖아."

나는 블러드 힐에서 죽은 여자에 대한 생각을 떨쳐버릴 수 없었다.

기사에는 그녀가 어떻게 살해당했는지 밝혀져 있지 않았다. 나는 그녀의 남편과 오늘 발표될 예정인 '추가 정보'에 대해 생각했다. 굴드 아카데미에 다니다가 크리스마스를 맞아 집으로 돌아온 아들은 어떻게 되는 거지? 그는 어머니가 살해당한 바로 그 시각에 집에 도착했을 것이다.

나는 자청해서 학생들의 주목을 받고 싶지는 않았지만, 짐이 웨스트 윈저의 살인 사건을 언급하지 않은 채 수업을 허비해버릴 것 같아 조바심이 났다. 그러나 이곳에도 지켜야 할 기본 규칙이 있었다. 재소자들에게 이 지역에서 일어난 잔인한 범죄 얘기를 들려주면서 토론하라고 하면 안 된다는 것. 이곳 재소자들과 아무 상관없는 범죄 얘기는 괜찮지만. 그래서 짐은 일부러 그 얘기를 꺼내지 않고 있었다.

나는 그 얘기를 그냥 지나칠 수 없었다. 여기 있는 재소자들은 그 사건을 기꺼이 토론하려고 할 것이다. 또한 그들이 뭔가를 알고 있을 수도 있었다. 특히 십 대들 중에는 그 토요일 밤에 열렸던 파티에 대해 뭔가 얘기해줄 사람이 있을 수도 있었다.

수업이 끝나기 5분 전, 나는 내 앞의 종이를 움직여 소리를 내면서 단순한 호기심 때문에 그러는 것처럼 기사 제목을 가리켰다.

"혹시 이거 읽은 사람 있어요?"

재소자들의 얼굴이 우울하게 바뀌었다. 짐이 나를 향해 천천히 시선을 돌렸다가 다시 천천히 나를 외면해버렸다. 불편한 침묵이 흘렀다.

"제기랄, 그래 읽었다."

몇 초가 흐른 후 머릿결이 비단처럼 매끄럽고 키가 큰 재소자가 우렁찬 목소리로 말했다. 그는 신문을 집어 들고 기사 내용을 훑어보았다. 얼마 전에 내 엉덩이에 단편 소설을 쑤셔 넣겠다고 말한 프레디 스톡웰이라는 그 재소자는 검은색 폭포처럼 우아하게 자신의 허리까

지 드리워져 있는 머릿결을 다듬는 일에 예술가처럼 공을 들이고 있
었다. 그가 고개를 들더니 어이없다는 시선으로 나를 한참 동안 바라
보았다.

"블러드 힐 같은 데서 살고 싶어 하는 사람이 어디 있어? 그런 빌어
먹을 동네에서?"

그가 거의 고함을 지르듯이 말했다.

슬래시가 기가 막힌다는 표정으로 조용히 중얼거렸다.

"그래, 알았어, 프레디. 가서 마리화나나 피우고 와, 이놈아."

다행히도 슬래시는 프레디가 아니라 나를 보며 중얼거리고 있었다.
프레디가 그 말을 들었더라도 그것 때문에 소란을 피우지는 않았을
것이다.

수업이 끝나고 재소자들이 방을 나간 후에 나는 특수교육 교사인
도티에게 다시 그 기사를 보여주었다.

"이거 읽었어요?"

내가 물었다. 내가 보기에 그녀는 감옥 안의 일들을 많이 알고 있는 것
같았다. 도티는 시선을 내려 책상 위에 놓인 자신의 손을 바라보았다.

"읽었어요. 난 어떻게 된 사건인지 도통 모르겠던데요."

그녀가 부드럽게 말했다. 그리고 다시 시선을 들더니 어깨를 으쓱
했다.

"어쩌면 애들 짓인지도 모르죠. 어쩌면……."

일주일 동안 나는 〈밸리 뉴스〉에 실린 후속 기사들을 통해 어떤 차
량이 범죄 현장 부근의 우편함과 나무에 충돌했다는 사실을 알게 되
었다. 경찰은 현장에서 약 10킬로미터 떨어진 곳에서 그 차를 발견해
증거물로 압수했다. 수요일에 경찰은 근처 스프링필드 출신 자동차
도둑들을 조사했다. 경찰은 사건이 일어났던 날 밤에 파티에 참석했

던 사람들을 추적하고 있다고 했다. 나는 이 사건이 계급 갈등에서 비롯된 거라고 생각했다. 〈러틀랜드 헤럴드〉는 아직 용의자가 밝혀지지 않았기 때문에 웨스트 윈저 주민들이 두려워하고 있다고 보도했다. 무언가 정체를 알 수 없는 것이 마을을 위협하고 있었다.

6. 레어드

레어드는 1999년 12월 23일 목요일에 체포되었다. 크리스마스이브인 금요일 아침에 나는 브리지워터 밀에 들러 신문을 사고 서점 주인과 잡담을 나누었다. 신문 판매대에는 1면에 레어드의 컬러 사진이 실린 신문들이 차곡차곡 쌓여 있었다. 구불거리는 빨간 머리카락에 검은 양가죽 조끼를 입은 그는 시선을 돌려 카메라를 피하고 있었다. 기사 제목은 '어머니를 죽인 아들 체포'였다. 나는 기사 내용을 훑어보았다.

> ……17세의 레어드 H. 스태너드는 20구경 엽총으로 자기가 어머니를 죽인 경위와, 아버지에게도 총을 쏘았지만 겨우 몇 인치 차이로 총알이 빗나가는 바람에 실패한 경위를 설명했다. ……판사는 스태너드를 우드스턱 지방 구치소에 수감하도록 지시했으며, 보석은 허용되지 않을 거라고 말했다.

나는 〈밸리 뉴스〉를 계산대 위에 놓으면서 손가락으로 그 기사 제목을 가리켰다.

"세상에, 어떻게 이런 일이 있을 수 있죠?"

내가 말했다. 주인은 안경을 찾아 더듬거렸다.

"웨스트 윈저의 그 여자 얘기예요? 세상에! 그 사건 때문에 정말 걱정했는데."

그녀가 소리쳤다. 그녀는 잠시 나를 바라보다가 정말 놀랍다는 듯 고개를 절레절레 저었다. 마치 이것이 자기 아들의 일이라도 된다는 듯이.

신문들은 윈저 카운티 법원에 제출된 진술서를 바탕으로 레어드가 어머니의 신용카드를 훔쳐 5천 달러 이상을 썼다고 보도했다. 그는 부모에게 '일류' 기숙학교로 돌아가기 싫다고 말했고, 최근에는 자신이 양성애자임을 밝혔다. 그리고 부모가 이 사실을 받아들이기 힘들어하는 것 같다고 생각했다. 그러나 그의 아버지는 경찰에서 레어드의 말 때문에 고민한 적이 없으며, 레어드에게도 그렇게 말했다고 진술했다. 만약 성적인 억압으로 인한 광기가 살인 동기였다면, 레어드는 아버지 때문에 그렇게 된 것이 아니라 그런 아버지가 있는데도 그렇게 되었다고 보아야 할 것 같았다.

그러나 레어드는 다른 면에서도 안정을 찾지 못하고 있었다. 그는 굴드에서 수업을 빼먹었다는 이유로 곤경에 처한 적이 있었다. 초가을에는 자살 시도 — 아마도 자살 '시늉'에 더 가까웠겠지만 — 도 했다. 게다가 경찰 수사 과정에서 그와 같은 학교에 다니는 한 여학생은 레어드가 3주 전에 총으로 부모를 모두 죽여버릴지 모른다는 말을 했다고 진술했다. 이것은 그가 살인을 미리 계획했다는 뜻이었다.

경찰은 사건이 일어난 날 밤에 대해 사람들이 진술한 내용을 토대로 조각 그림을 맞추듯이 상황을 재구성했다. 신문기사에 따르면, 사건의 경위는 다음과 같았다. 12월 19일 토요일에 레어드는 집에 있었다. 그는 부모가 잠들 때까지 기다렸다가 한밤중에 부모의 차를 몰고 몰래 밖으로 나갔다. 그리고 15분 후 버몬트 주 애스커트니 5번가에 있는 나이트클럽에 나타났다. 12시 30분경, 그는 클럽을 나왔고 그곳에서 만난 친구 두 명을 마운틴 에지 콘도에서 열린 파티에 데려다주었다.

그는 1시가 지난 직후에 혼자 그곳에서 나왔다. 1시 24분, 잠에서 깨어난 윌리엄 스태너드는 아내가 레어드에게 '말썽을 부린다고 야단치는'—윌리엄의 표현—소리를 들었다. 〈밸리 뉴스〉의 기자는 경찰 진술서를 바탕으로 그 다음에 벌어진 일을 다음과 같이 설명했다.

> 잠시 후 아래층에서 '퍽' 하는 소리가 들려왔다. 그후로는 수화기를 잘못 놓았을 때 나는 삐 소리밖에 들리지 않았다. 유리문이 스르르 열리는 소리가 들린 것 같기도 했다. 스태너드는 아래층으로 내려갔다. 그가 문간을 지날 때 그의 면전에서 총이 발사되었다. 그는 자신의 눈높이쯤 되는 곳에서 약간 오른쪽, 아주 가까운 거리에 총구가 있었던 것이 기억난다고 말했다.

내가 법원에서 확인해본 경찰 진술서에는 이 일이 있은 직후에 레어드가 마운틴 에지 콘도로 돌아갔다고 적혀 있었다. 겁에 질린 그는 누군가가 차를 강탈하려 했다는 얘기를 만들어냈다. 어떤 남자가 도로에 누워 있어서 도와주려고 차를 멈췄는데 갑자기 그 남자가 자신을 붙들고 얼굴에 총을 들이댔다는 것이다. 트렌치코트를 입고 꾀죄죄하게 턱수염을 기른 남자는 레어드를 데리고 블러드 힐로 갔다. 레어드는 그후에 사고가 있었다면서 정확히 무슨 일이 벌어진 건지 잘 모르겠다고 친구들에게 말했다. "경찰에 전화해." 그가 파티장의 친구들에게 울먹이며 말했다. "엄마가 총에 맞은 것 같아."

레어드가 우드스턱 구치소에 나타났을 때 나는 교사로서 상황을 다른 시각에서 바라보았다. 그는 나와 아주 비슷한 녀석이었다. 아니, 나를 악몽 같은 버전으로 바꿔놓은 모습이었다. 실수투성이이면서도 허세를 부리며 철들기를 거부하는 꼴사나운 어린아이. 나는 당황했다. 내가 상관할 일이 아니라는 것을 알면서도 정말로 그 아이를 구원해주고 싶었다. 나는 가르치는 일에 신경을 쓰는 대신 레어드에게 집착했다. 그가 눈에 띌 때마다 뚫어지게 바라보며 저 아이의 정신은 여기 있지 않다고 혼잣말을 했다. 혹시 핏자국이 없는지 그의 옷을 조사하면서 어쩌면 그가 범인이 아닐지도 모른다는 몽상에 빠지기도 했다.

처음 며칠 동안 나는 모든 것을 그의 관점에서 보았다. 그는 끔찍한 범죄를 저질렀으며, 어쩌면 지금도 위험한 존재일 수 있다. 그런데도 그가 살인범으로 평생을 감옥에서 살아야 한다는 사실을 도무지 받아들일 수 없었다. 그의 사건에 대해 예외가 인정되어 이번 한 번만 그를 자유롭게 풀어주면 좋겠다는 생각이 들었다. 저 아이는 아직 어리잖아. 너무 어리고 너무 혼란에 빠져 있어서 그런 책임을 질 수 없다는 게 분명히 보이지 않나? 열일곱 살 때 나도 저 아이만큼 어리석었나? 그랬을 것이다. 나는 충동적인 응석받이였다. 다른 사람들이 나를 방해하는 것을 참지 못했다. 하지만 우리 집에는 총과 탄약이 없었다. 바로 그 점이 중요한 차이인 것 같았다.

1999년 크리스마스 무렵에는 레어드의 범죄가 확고한 사실로 느껴지지 않았다. 어쩌면 레어드가 자살을 하려고 총을 집어 들었다가 어머니와 몸싸움을 하는 과정에서 우연히 총이 발사된 것인지도 모른다. 만약 그렇다면 레어드의 형량은 줄어들 것이다. 하지만 이런 얘기로는 그가 아버지를 향해 총을 쏜 이유를 설명할 수 없었다.

나는 그가 감옥에서 새로 사귄 친구들에게 사실을 말할까 봐 전전긍긍했다. 자기가 어머니의 머리를 날려버렸고 아버지도 그렇게 할 작정이었다고. 그와 눈이 마주치면 나는 강한 눈빛으로 그를 바라보았다. 아마 남들이 보기에는 고뇌에 찬 강렬한 눈빛으로 보였을 것이다. 하지만 그것은 "제발 부탁이야, 레어드. 아무한테도 말하지 마!"였다.

교사가 이런 식으로 한 학생에게 집착하는 것은 적절하지 않았다. 하지만 상관없었다. 나는 레어드뿐만 아니라 최근에 산산조각 나버린 그의 가족에 대해서도 집착하고 있었다. 끔찍한 모습들이 계속 내 눈앞에 어른거렸다. 나는 그의 어머니를 자주 생각했다. 그녀는 그를 나무라다가 세상을 떠났다. 시사 문제 수업을 듣다가 따분해져서 멍한 기분이 들 때면 그녀의 모습을 떠올리려고 애썼다. 신문에 실린 사진 속 그녀는 말 앞에 서 있었지만, 내 머릿속에서는 손가락을 흔들어대며 아들을 혼내고 있었다. 그녀는 여전히 레어드에게 화를 내고 있었으며, 그의 교사들을 독수리 같은 눈으로 감시하고 있었다. 그녀는 그가 죄를 저질렀음에도 불구하고 아직 그를 포기하지 않았다. 오히려 전보다 더 분노해서 무자비한 사람으로 변해 있었다.

시사 문제 수업을 듣는 스물네 살의 마이크 포터는 지난여름, 먼지가 풀풀 날리는 길을 걷고 있던 예순여섯 살의 할머니에게 달려들었다. 그는 그녀의 목을 칼로 긋고 돌멩이로 그녀를 내리쳤다. 그리고 둑 아래로 그녀를 끌고 가서 성추행을 하다가 도랑 속에 버려두고 가버렸다. 할머니는 비틀거리며 도로까지 나와서 지나가는 차를 향해 손을 흔들었다. 그 자동차 운전자의 말에 의하면, 할머니의 머리부터 발끝까지 온통 피투성이였다고 한다. 밤에 차에 올라탈 때 나는 그 할머니와 레어드의 어머니가 함께 차창 밖에 서서 나를 지켜보고 있다는 상상을 했다. 두 사람은 몸을 떨며 서로 잡담을 나누고 있었다. 집에 도착할 때쯤, 나는 그 두 사람과 활발하게 대화를 나누고 있었다. 그들은 자기를 공격한 사람들에 대해 알고 싶어 했다. 감옥에 대해서도 호기심을 보였다. 또한 폭력을 휘둘렀던 그 정신 나간 아이들이 체포된 후에 어떻게 되었는지도 궁금해했다.

"그 녀석들도 지금은 두 분을 많이 생각하고 있을 겁니다."

나는 아무 근거도 없이 사과하듯 말했다.

"아마 그 녀석들도 그 일을 되돌리고 싶을 거예요."

그러나 내가 구치소에서 만난 사람들 중 단 한 명도 자신의 죄를 후회하는 것 같지 않았다. 나는 그들의 눈빛에서 그런 감정을 읽어 보려 했지만 소용없었다.

레어드가 수감된 후 처음 며칠 동안 나는 학생들을 가르치는 일에 전혀 관심을 둘 수 없었다. 책 같은 걸 읽어봤자 무슨 소용이람. 재소자들에 대해서 더 알고 싶었지만 내게는 그들의 일에 간섭할 권리가 없었다. 그렇게 시시콜콜 파고들었다가는 해고당할 수도 있었다. 학생들을 가르칠 마음도 없었고 학생들 일에 관여할 의욕도 없었으므로 나는 그냥 입을 다물어버렸다. 특히 레어드가 있을 때는 교사로서의 내 모습에서 바람이 빠져나가는 것 같았다. 거기에 바람을 불어넣으려고 해보았지만, 마치 어지럽게 흩어진 종이더미를 잡아끌고 있는 것 같았다. 내가 수업을 진행하는 모습이 아주 힘들어 보였는지 학생들이 나더러 너무 자신을 몰아붙이지 말라고 충고했다.

"긴장 풀어. 어쨌든 봉급은 나올 거 아냐."

라이노가 말했다. 나는 고개를 끄덕였다.

그렇다고 완전히 긴장을 푼 것은 아니었다. 그냥 바닥에 널브러져 있는 내 모습을 무시해버렸을 뿐이다. 그런데 그렇게 하고 보니 재소자들과 더 편안하고 즐거운 시간을 보낼 수 있었다. 비록 수업은 좀 엉망이었지만. 나는 강의 노트를 뒤적이거나 그 노트를 어디다 두었는지 찾아다니곤 했다. 하지만 강의 노트를 찾아도 항상 그 내용을 읽고 싶은 생각이 든 건 아니었다. 노트에 낙서를 하거나 그림을 그리거나 내 주위에서 진행되고 있는 대화 내용을 기록하는 데 더 관심을 두었다. 사람들이 나를 게으름뱅이나 생각이 다른 데 가 있는 교사로 오해하지 않도록 낙서를 할 때는 가능한 한 침착하고 엄격한 표정을 지었다.

낙서나 하며 시간을 보내는 내가 한심해 보였을 것이다. 하지만 재소자들에 비하면 그렇게 한심한 것도 아니었다. 그들은 연필로 자기 머리를 콕콕 찌르거나 지우개로 몸을 긁어대곤 했다. 나도 비슷한 짓을 했다. 재소자들은 탁자에 낙서를 하고, 신문 가장자리의 여백에 웃기는 그림들을 그렸다. 나도 그런 짓을 했다. 하지만 그랬더라도 내 행동이 유난히 눈에 띄지는 않았을 것이다. 재소자들이 재미있는 얘기를 하면 나는 그것을 적어두었다. 그들이 따분한 얘기를 해도 적어두었다. 한 번은 슬래시가 내게 화를 냈다.

"젠장, 그런 거 적지 좀 마, 테오."

나는 움찔해서 손으로 내 노트를 가리며 큰 소리로 웃음을 터뜨렸다.

"안 적어요!"

나는 이렇게 소리치고는 금방 오간 대화를 노트 한쪽 구석에 적었다.

집에 돌아오면 나는 녹초가 된 몸으로 컴퓨터 앞에 앉아 메모한 내용을 컴퓨터에 쏟아 넣었다. 잠시 잠을 자다가 일어나서 또다시 몇 줄을 더 썼다. 처음 이 글을 쓰기 시작했을 때는 그냥 나 혼자만 볼 생각이었다. 그러나 곧 싫증이 나서 친구에게 쓰는 글로 바꿔버렸다. 조금 주제넘는 짓이라는 생각도 들었지만, 나의 구치소 일기를 애머스트에 있을 때 내가 가르쳤던 에이미 미핸에게 이메일로 보내기 시작했다. 그녀가 답장을 보내왔다.

"재미있어요. 내 직장 일은 따분해요. 계속 보내주세요."

예전에 나는 그녀의 얘기를 잘 들어주었던가? 에이미는 정말 완벽한 자세로 내 얘기를 들어주었다. 비판하지 않고, 흥미를 보이면서, 너그러운 자세로.

나는 감방 바깥 복도에서 거의 매일 레어드를 보았다. 재소자들은 일정한 시간에 휴게실에서 전화를 걸 수 있었다. 레어드는 아직 십 대였으므로 전화기에서 떨어질 줄 몰랐다.

"잘 있었어, 사라?"

나는 그 옆을 지나다가 그가 전화하는 소리를 들었다.

"난 괜찮아. 그렇게 나쁘지 않아. 넌 어때?"

그와 같은 학교에 다니는 여학생들이 나와 똑같은 신문을 읽고 있는지 궁금했다.

나는 스크랩을 하기 시작했다. 구치소에 있는 사람들이 한 짓과 관련된 모든 인쇄물을 모으기 시작한 것이다. 그러면서 나도 모르게 레어드와 관련된 기사를 읽고 또 읽었다. 처음에는 기사를 열심히 읽으면 그가 범죄를 저지른 진짜 원인을 알게 될지도 모른다고 생각했다. 기자들이 진짜 원인을 알면서도 말할 수 없는 입장이라 자기들만의 암호로 그것을 밝혀놓았을 거라고 생각했다.

그래서 나는 문학 비평가처럼 기사 내용을 샅샅이 훑어보면서 생략된 내용이 없는지, 이중 의미를 가진 구절이 없는지, 기자가 자기도 모르게 진실을 밝힌 부분이 있는지 찾아보았다. 하지만 결국 기자들은 내 생각만큼 많은 것을 알고 있지 않았다. 물론, 잘생기고 전도유망한 중산층 아이가 부모를 죽이고 부모의 차를 훔쳐서 한밤중에 도망치려고 한 이유도 모르고 있었다.

집에 돌아와서 나는 레어드를 고려해 강의계획표를 수정했다. 우선 2층 침실 바닥에 책들을 흩어놓고 시선집들을 펼쳤다. 하지만 쓸모 있는 수업 계획을 짜겠다는 생각보다는 이번 사건을 진단하는 방법을 찾고 싶다는 충동이 더 컸다. 사람의 다양한 정신 상태를 지도처럼 그려놓은 책이 필요했다. 내 책꽂이에는 살인을 저지른 청소년들의 문제를 다룬 책이 하나도 없었다. 에밀리 디킨슨Emily Dickinson의 작품들만이 내가 원하는 것의 윤곽을 보여주었다. 나는 754번 시에서 눈을 뗄 수 없었다.

> 내 삶은 견뎌냈다 — 장전된 총을
> 구석에서 — 어느 날
> 주인이 지나가다 — 나를 알아보고 —
> 데려갈 때까지 —

　신문에 난 사진 — 등을 약간 구부리고 딱딱한 표정 — 은 레어드를 위험한 인물로 보이게 했다. 그의 구부러진 어깨와 지금까지 남아 있는 젖살을 보며 그가 학교에서 괴롭힘을 당했을지도 모른다는 생각이 들었다. 그는 아마 방구석에 처박혀 있었을 것이다. 그는 싸움꾼처럼 누군가를 때리기에는 키가 작았지만 — 168센티미터 정도 — 대단히 공격적인 성향을 갖고 있는 것이 분명했다.

　내가 이 시에서 눈을 뗄 수 없었던 것은 이 시가 운명적인 그 '어느 날' 이전에 일어났던 모든 일을 무심히 버려버렸기 때문이다. 이 시의 화자는 장전된 총 같은 인생을 견뎌냈다. 그러고는 단 한 줄의 문장으로 그 모든 세월을 처리해버린다. '주인이 지나가다 — 나를 알아보고 — 데려갈 때까지.'

　다음 연은 그날을 경계로 인생이 둘로 갈라져버린 사람에게 무슨 일이 벌어지는가를 묘사하고 있다.

> 이제 우리는 군주의 숲을 배회한다
> 이제 우리는 암사슴을 사냥한다
> 내가 그를 대신해 말할 때마다
> 산들이 곧장 대답한다

숲속에 두 사람이 함께 있다. 마침내 동무가 생긴 것이다. 평범한 세상, 즉 아무것도 표현할 수 없었던 답답한 과거는 찬란하고 자유로운 현재형으로 바뀐다. 이 새로운 환경 속에서 우리는 자신의 정체를 밝힌다. 자신의 진정한 자아를 표현하는 것이다. 그리고 그 소리에 응답하는 산의 메아리가 들판을 건너 우리에게 되돌아온다. 그러나 이 시를 강의계획표에 포함시킬 수 없었다. 레어드가 이해하기에는 너무 문학적이었다. 에밀리 디킨슨이 말하는 새로운 삶은 월과 스티브와 슬래시―특히 슬래시―가 가끔 중얼거리던 삶과 같은 모습이었다. 특히 감옥에서 나간 다음의 삶과 비슷했다. 그들은 애인과 함께 미개척지에서 소박하게 살 것이라고 했다. 총을 가지고 가서 대니얼 분 Daniel Boone(18세기 미국의 개척자-옮긴이)의 말년 같은 삶을 살고 싶다고도 했다.

시선집에 실린 에밀리 디킨슨의 다른 시는 자신에게 구애했던 죽음이라는 신사가 그녀를 데리고 가는 모습을 담았다.

> 우리는 학교를 지나갔다, 아이들이 싸우고 있었지
> 쉬는 시간에 ― 링에서
> 우리는 목초지를 지나갔다
> 우리는 석양을 지나갔다

레어드는 수업에 처음 나온 날 세상에서 가장 부드럽고 말랑말랑한 땅을 걷는 것처럼 지하의 복잡하게 얽혀 있는 방들을 돌아다녔다. 그는 음악 연습실 문턱에서 살짝 미소를 지었다. 자신을 안내해주는 사람들에게도 미소를 지으며 계속 하릴없이 돌아다녔다. 여기는 법학 도서실, 여기는 컴퓨터가 있는 곳. 봐, 저기에 학교 용품이 들어 있는 벽장이 있어. 사람들이 저기서 항상 물건을 훔쳐가지. 레어드를 안내해주던 사람이 말했다. 레어드는 그가 발을 뗄 때마다 새로 사귄 친구이자 안내자이며 성범죄자인 프렌치와 눈을 마주치려고 애썼다.

> 우리는 천천히 마차를 몰았다 ─ 그는 서두름을 몰랐다
> 나도 나의 노동과 여가를
> 멀리 치워버렸다
> 그의 정중함 때문에

하지만 습기 차고 곰팡이가 핀 구치소 지하에는 마차가 없었다. '목초지'와 비슷한 곳도 없었다. 곰팡내 나는 음악 연습실이 있을 뿐이었다. 접는 의자 두 개가 물웅덩이 속에 놓여 있는 창문 하나 없는 작은 방, 도서실 두 곳, 화장실, IBM 386 컴퓨터 여섯 대가 있었다. 그런데도 레어드는 기뻐하고 있는 것 같았다. 그는 양손을 주머니 속에 깊이 찔러 넣은 채 이리저리 두리번거렸다. 그는 교사들을 금방 알아보았다. 짐과 도티가 널찍한 교사용 책상에 앉아 있었으니까. 하지만 건방진 십 대들이 항상 그렇듯이 그들을 무시해버렸다.

그후 일주일 동안 레어드를 지켜본 결과 감옥 안을 둘러보고 싶다는 열의가 꺾인 것 같았다. 눈을 반짝이며 지극히 예의바르게 미소 짓는 모습이 서서히 사라졌다. 그는 재소자들이 도티에 대해 상스러운 말을 지껄이고, 바닥에 침을 뱉고, 도티가 등을 돌렸을 때 자기들 몸을 더듬는 모습을 혐오스럽게 바라보았다. 뭐 이런 데가 다 있어? 이런 생각을 하고 있는 것 같았다. 이 짐승 같은 놈들은 뭐야?

사흘, 나흘, 닷새, 시간이 지루하게 흘러갈수록 그는 자신의 정체성을 강화하려고 점점 더 볼썽사나운 태도를 보였다. 시사 문제 수업의 처음 5분은 레어드가 자신을 과시하는 시간이 되었다. 그는 자기 아버지가 책을 쓴 적이 있다는 사실을 난데없이 우리 모두에게 알렸다. 자

기가 굴드에서 스키 순찰 대원이었으며, 방학 동안에 애스커트니 산에서 스키를 가르쳤고, 이메일 주소가 일곱 개나 있으며, 자기 아버지는 '윈저 카운티의 전자우편 시스템을 혼자 만들어낸 거나 다름없는' 사람이라는 사실도 우리에게 알려주었다.

"아빠는 이 구치소 최초의 시스템 관리자나 다름없어요!"

레어드가 소리쳤다. 카메라가 있는 곳에서 얌전하게 행동하는 재소자들은 도저히 이해할 수 없다는 표정으로 그를 바라보았다. 짐과 나는 듣기 좋은 말을 해주었다.

"재미있군."

짐이 말했다.

"윈저 카운티 얘기는 몰랐어."

내가 중얼거렸다.

레어드는 감옥 안에서 무시당하는 것에 별로 개의치 않았지만 언론에서 무시당하는 것은 참지 못했다. 그는 자신의 얘기가 알려지기를 원했다. 방송사들도 관심을 보이고 있다고 생각했다.

"혹시 어젯밤에 CBS 저녁 뉴스 본 사람 있어요?"

그가 큰 소리로 말했다. 침묵이 흘렀다.

"망가진 포드 익스플로러 사진이 나왔어요. 혹시 그게 내 차 아닌가 싶은데. 뉴스에서 혹시 내 얘기를 하나 싶어서요."

그날 나는 그가 두앤에게 비밀을 털어놓는 것을 우연히 듣게 되었다. 자기가 저지른 살인 사건이 AP 통신에 보도되었다는 것이다. 텍사스의 어떤 여자애가 그의 사건을 본 딴 범죄를 저질렀다는 얘기도 했다. 그 여자 아이는 크리스마스 아침에 침대에서 자고 있던 부모에게 엽총을 쏘았다. 나중에 그녀는 버몬트의 어떤 애한테서 아이디어를 얻어 그런 짓을 저질렀다고 말했다. 두앤, 혹시 그 얘기 들었어요?

아니. 레어드가 그에게 다짐하듯이 말했다.

"오해하지 말아요. 나도 그 일을 생각하면 끔찍해요. 텍사스의 어떤 여자애가……."

그는 말을 멈췄다. 그의 눈이 점점 커졌다.

"아이고 세상에! 정말 끔찍한 일이에요."

하지만 나는 그의 목소리에서 진심을 느낄 수 없었다. 수업이 끝난 후 나는 정말로 그런 일이 있었는지 알아보려고 인터넷에 접속했다. 자료가 없었다. 며칠 후 레어드에게 그 사건에 대해 물어보았다.

"진짜예요! 진짜!"

그가 고집스럽게 말했다. 마치 내가 그에게 또 잘못을 저질렀다고 나무라기라도 하는 것처럼 그의 얼굴이 붉어졌다.

"정말로 그런 일이 있었단 말이에요!"

시사 문제 수업에서 레어드는 기자들이 자기를 인터뷰하려고 안달이 나 있다고 말했다. 자기한테 돈을 주겠다고 나선 프로그램도 있다고 했다. 하지만 변호사가 언론과의 접촉을 금하고 있기 때문에 한마디도 할 수 없다고 했다. 나는 그의 말을 믿지 않았다. 다른 재소자들은 그를 무시했다.

구치소 일기, 2000년 1월 9일

감옥에서는 방향감각을 잃어버린다. 언론이 만들어낸 존재들이 헤드라인에서 내려와 문학 수업을 듣기 위해 내 강의실로 오는 모습이 낯설다. 실제로 일어난 끔찍한 범죄와 우드스톡의 무미건조한 분위기가 묘하게 섞여 있는 것도 낯설다. 그 아이는 오래전부터 살인을 계획했던 것 같다. 그는 총을 훔쳐서 장전한 다음 그것을 들고 제 아버지의 뒤를 밟았다. 정신이 조금 이상해진 사춘기 아이가 아니고서는 그런 짓을 할 수 없을 것이다. 그러나 그는 공책에 낙서를 하고, 질문에 대답하려고 손을 들고, 양심적으로 숙제를 하는 정상적인 고등학생이기도 했다. 그 아이는 무죄를 주장하고 있다. 그와 인접한 감방에 있는 사람들에게서 들은 얘기다.

이제 내 학생들을 보면서 나는 의심이라는 프리즘을 들이댄다. 그들은 자신들의 죄를 어떻게 감춰야 하는지 알고 있지만 나는 속지 않을 것이다. 자신의 진정한 모습을 드러내는 사람은 아무도 없다. 그들은 이곳에 공부를 하러온 것이 아니다. 모두들 본심을 속인다. 거짓 표정을 짓고, 거짓 심장을 숨긴다.

거리의 아이들, 그리고 눈을 마주치려 하지 않는 중산층 출신의 아동 성추행범 ― 심지어 아내를 구타한 가정폭력범까지도 ― 은 아마 이런 생활에 익숙할 것이다. 그들은 오랫동안 남을 속이며 살았다. 남들의 눈을 속이며 죄 많은 삶을 살아온 것이다. 그러나 레어드는 전문적인 거짓말쟁이가 아니라 그저 아이일 뿐이다. 심각한 문제를 일으킨 열일곱 살짜리 아이. 나는 그가 진실을 말하고 싶어 하는 것을 느낀다. 그가 모든 심문관들을 속일 생각인 것 같지는 않다. 하지만 그가 누구에게 진실을 말할 수 있을까? 나는 오늘 그에게 이것을 물어보았다.

"아무도 없어요."

그가 말했다.

나는 우연히 짐의 책상에서 전화를 하고 있던 구치소 목사를 고갯짓으로 가리켰다.

"목사님한테 얘기하면 안 돼?"

"웃기는 소리 말아요."

그는 고개를 저었다.

"다른 재소자들한테는 아무 말도 하지 마."

내가 경고했다.

"알아요."

그가 고개를 끄덕였다. 금방 눈물을 터뜨릴 것 같은 눈빛이었다.

"아버지는 어때?"

"아무 연락 없어요. 지금 아빠가 어디 있는지도 몰라요."

레어드는 필요할 때 항상 부모와 연락이 되는 생활에 익숙해져 있었을 것이다. 그런데 어머니는 돌아가셨고, 아버지는 어딘가에서 충격에 빠져 있다. 이제 레어드는 혼자다. 시간이 점점 흘러가고 있다. 그는 쇼핑몰에서 길을 잃었지만 당황하지 않으려고 애쓰는 아이 같다. 이럴 때 엄마가 어떻게 하라고 했지? 그는 머리를 쥐어짠다. 그러나 그의 머릿속에는 이 질문의 답이 없다. 그의 부모도 이런 상황까지 미리 준비시키지는 못했다.

그가 자신을 설명할 수 있는 방법은 짜증이 날 정도로 애매한 말뿐이다.

"선생님도 내가 본 걸 봤다면."

그의 눈이 점점 커진다.

"이해했을 거예요."

7. 살인자들

재소자들은 날마다 깜짝 놀랄 만한 얘기들을 쏟아놓았다. 시사 문제 수업에서 레어드가 큰 소리로 말했다.

"개를 복제하는 법을 배우고 싶어요! 엄마가 얼마 전에 코기 종 강아지를 새로 샀는데, 그놈을 복제하고 싶어요. 내가 여기서 나갈 때쯤이면 그놈도 우리 엄마 강아지만큼 귀여워질 거야!"

내가 복사기 옆에 서 있을 때 조 에몬스가 한 말도 있다.

"우린 그 애송이를 혼내줄 수 없어. 그랬다간 교도관들이 우릴 못살게 굴 테니까. 하지만 내가 그놈한테 샤워할 때 우리가 널 강간할 거라고 했더니 그 녀석이 지금까지 샤워를 안 했어!"

다음날 레어드는 시사 문제 수업에서 또 느닷없는 말을 했다.

"난 예전에 폭력적인 영화를 좋아했어요! 그런데 이제는 그런 영화를 못 보겠어요! 지금 「터미네이터 2」를 본다면 아마 속이 메스꺼워질 거예요."

어설픈 사립학교 학생인 레어드는 자신에게 공감해주는 사람, 친구가 되어줄 사람을 진심으로 만나고 싶어 했다. 그는 특히 감옥에서 새로 만난 동료들, 즉 살인자들에 대해 많은 생각을 하고 있었다. 감옥에는 살인자들이 잔뜩 있었고, 신문에서는 그들을 더 자주 만날 수 있었다. 기사를 볼 때 그는 나이가 어린 살인자들이나 돈이 많은 살인자

"

들, 명성이 화려한 살인자들의 얘기에 집중했다.

1999년 크리스마스 직후에 우드스턱에서 북쪽으로 30마일 떨어진 툰브리지의 한 트레일러에서 총싸움이 벌어졌다. 지역 신문은 이 싸움에서 부상당한 사람과 죽은 사람들의 모습을 1면에 실었다. 여섯 명의 남자들이 반자동소총, 45구경 권총, 엽총 등 수많은 무기를 동원해 벌인 총싸움이었다. 최근 이 일대 교도소들을 들락거렸던 보잘것없는 범죄자 피터 스네이프라는 사람이 이 싸움 중에 목숨을 잃었다. 그를 쏘아 죽인 용의자로 지목된 스무 살의 로버트 제이크는 체포되지 않았다.

경찰이 제이크를 체포하기 위해 증거를 모으고 있던 며칠 동안 레어드는 항상 그 얘기만 했다. 다른 재소자들, 심지어 스네이프와 잘 아는 사이였던 재소자들조차 그 사건을 곧 잊어버렸지만 레어드는 달랐다.

"제이크는 어떻게 됐어요?"

레어드는 매일 시사 문제 수업이 시작될 때마다 이렇게 묻곤 했다. 대답하는 사람은 아무도 없었다. 이렇게 몇 분이 지나면, 그는 의자에서 불편한 듯 몸을 뒤척이며 다시 큰 소리로 말했다.

"툰브리지 사건에 대해 무슨 얘기 들은 사람 없어요?"

제이크가 마침내 시사 문제 수업에 직접 모습을 드러냈을 때, 레어드는 마치 형제를 만난 것처럼 친절한 태도로 그를 맞이했다. 제이크의 의자 옆에 자기 의자를 딱 붙이고 앉아서 그에게 신문을 건네주고, 착한 미소를 지어주었다. 마치 같은 비밀결사에 속해 있는 사람을 만난 것처럼. 제이크는 어리둥절해하는 것 같기도 했고, 그를 경계하는 것 같기도 했다. 어쨌든 그는 레어드처럼 신나지 않았기 때문에 결국 팔꿈치로 레어드를 밀어내버렸다.

레어드는 두앤 플레이시에게서 좀더 좋은 결과를 얻었다. 플레이시는 1996년 가을에 사이가 멀어진 자신의 아내가 새 남자 친구와 함께 자고 있던 자신의 옛집으로 쳐들어갔다. 플레이시는 당시 서른두 살의 목수이자, 농부이자, 아버지였다. 그는 아내의 남자 친구를 칼로 스물세 번 찔렀으며, 그 과정에서 뜻하지 않게 아내까지 찔렀다. 그리고 칼로 자해를 했다. 플레이시는 아내와 딸들이 지켜보는 가운데 아내의 남자 친구가 죽어가고 있던 침실에 불을 질렀다. 그 남자는 휘청거리며 간신히 불 속에서 나왔지만 병원에 도착하기 전에 숨을 거뒀다.

구치소에서 플레이시는 흠잡을 데 없이 얌전했다. 그가 그렇게 미쳐 날뛴 것이 벌써 3년 전 일이었다. 그는 구치소의 아침식사를 담당하는 수석 요리사가 됐으며, 새로 들어온 재소자들에게는 믿을 만한 조언자였고, 교도관들에게는 일종의 잡역부나 같은 존재였다. 모두들 그를 존중했다. 그는 특히 레어드를 반갑게 맞아주었고, 레어드는 그렇게 존경받는 사람을 친구로 두게 된 것을 자랑스러워했다. 시사 문제 수업 시간에 레어드는 경찰이 수집한 증거에 대해, 다양한 변호 전략에 대해 플레이시에게 중얼중얼 얘기를 늘어놓았다. 그러면 플레이시도 친절하게 대답을 해주었다. 아무도 두 사람의 대화를 방해하지 않았다. 레어드는 사람들이 자신과 플레이시의 대화를 엄숙하게 인정해주는 것을 좋아해서 대화를 오래 끌었다.

레어드가 체포된 후 얼마 되지 않아, 버몬트 주에서 어떤 여교사가 십 대 아이에게 살해당하는 사건이 또 일어났다. 양아들인 스콧 파브로가 식탁에서 학생들이 제출한 숙제를 채점하고 있던 그녀에게 총을 쏜 것이다. 의붓딸인 열네 살의 타샤 비어스는 알고 보니 스콧의 공범이었다. 두 아이는 아버지를 지하실에 가두고, 부모의 차를 훔쳐서 도망쳤다. 그러나 겨우 두 시간 만에 경찰이 그 차를 찾아냈다. 레어드는 이 기사를 보면서 유감과 단결심과 흥분을 동시에 드러냈다. 그는 즉시 의붓어머니가 타샤를 학대했을 거라는 결론을 내렸다. 두 아이가 자신의 범죄를 보고 자극을 받아서 모방범죄를 저질렀다는 얘기도 했다. 그는 기회가 되었더라면 그런 사악한 짓을 저지르지 않도록 타샤를 설득할 수 있었을 거라고 말했다. 하지만 그 의붓어머니가 앞으로 닥칠 일을 짐작할 수 있을 만큼 상식을 지닌 사람이었다면 더 좋았을 것 같다는 얘기도 했다. 그가 흥미와 진지함이 묘하게 뒤섞인 목소리로 말했다.

"왠지 내게 조금은 책임이 있는 것 같아요."

나는 딱히 대답할 말이 없었다. 그가 이런 말을 할 때면 대개 나는 너무 놀라서 그냥 그를 빤히 바라보기만 했다. 어떤 대답을 해야 하는지, 무엇을 해야 하는지 모르는 상태에서 그저 그 말을 종이에 끼적거렸다. 그리고 하루 일이 끝난 후 집에 가서 컴퓨터에 그 말들을 입력했다.

구치소 일기에 많은 이야기들을 쓰면 쓸수록, 계속 쓰고 싶다는 생각이 강해졌다. 내가 과거에 썼던 다른 글들─학위논문, 학회에서 발표할 논문, 논문을 논박하는 글─과는 달리 구치소 일기는 기본적으로 뭔가를 아는 척하는 글이 아니었다. 무엇보다도 단순하고, 솔직한 글이었다. 글쓰기가 아니라 사실상 받아쓰기였다. 글을 쓰기 위해 잠시라도 생각할 필요가 없었다. 나는 흥미로운 말들을 죽 입력한 후 처음부터 끝까지 한 번 읽어보고 에이미에게 보냈다. 그녀는 이렇게 답장을 썼다.

"우와! 계속 보내주세요. 슬래시는 언제 나가나요?"

결국 나는 미국의 고딕 소설들을 기본으로 한 강의계획표를 조금 수정했다. 도주 중인 아이들, 여행을 떠나고 싶어 안달이 난 아이들에게 가능한 한 초점을 맞추기로 했다. 나는 여행하는 아이들을 다룬 미국 소설 중에서 가장 신화적인 존재인 허클베리 핀을 강의계획표에 포함시킨 다음, 학생들의 반응을 살펴보기로 했다.

가족과 관련 있는 내용은 문제가 될 만한 소지가 있었다. 전에 이 주제를 다루었을 때, 재소자들이 일가친척들에 대해 너무나 강한 그리움과 자부심, 심지어 경의까지 드러내는 바람에 제대로 된 토론을 진행할 수 없었다. 어머니, 아버지, 아이에 대한 재소자들의 경의는 도저히 뚫을 수 없는 장벽 같았다. 그 장벽에 가까이 다가가기도 전에 "이건 나한테 신성한 거야"라는 메시지에 부딪혀 온몸을 뒤흔드는 충격을 받곤 했다. 그들은 아침부터 저녁까지 아내와 아이들 얘기를 했으며, 아내와 아이를 해친 사람에게는 누구든 경멸을 드러냈다. 만약 지구를 찾아온 화성인이 우연히 여기를 지나다가 우리 얘기를 들었다면, 아마 지구의 아내와 아이들은 엄청난 사랑과 존경을 받고 있다고 생각할 것이다.

나는 어떻게든 그런 감정을 이용하고 싶었다. 강의계획표에 있는 '가족'이라는 단어가 그들에게 책을 읽고 싶다는 의욕을 불어넣어 주기를 바랐다.

레어드가 수업에 처음 들어온 날 토론할 작품은 우연히도 포의 『아몬티야도 술통 *The Cask of Amontillado*』이었다. 내가 강의계획표에 이 작품을 포함시킨 것은 플로리다로 도망치려다 잡힌 마약 거래상 매트 때문이었다.

이 소설은 18세기 말의 이탈리아에서 사육제가 절정에 이르렀을 때를 배경으로 하고 있다. 카페와 거리에는 이 시기에만 볼 수 있는 광기가 터져 나온다. 화자인 몬트레소르는 평생의 원수인 포르투나토를 우연히 만나자마자 그를 죽이기로 결심한다. 아주 교묘하게, 서서히.

포르투나토는 아주 굉장한 아몬티야도(스페인산 셰리주-옮긴이)를 한 통 받게 될 거라는 기대에 부풀어 스스로 자기 무덤에 발을 들여놓는다. 범죄가 벌어질 곳은 살인을 하기에 완벽한 장소, 비밀스럽다 못해 신성하기까지 한 몬트레소르 가문의 저택 지하에 있는 묘지이다.

학생들에게 이 소설의 배경과 소설 속에 등장하는 용어들을 조금 설명해줄 필요가 있겠지만, 나는 지하묘지로 내려가는 이 여정에 심오한 상징적 의미가 숨어 있다는 것을 학생들이 스스로 알아내주기를 바랐다. 한 집안의 표면적인 삶 밑에 감히 발을 들여놓는 사람들이 과거라는 광대한 제국과 마주치게 된다는 사실을. 그곳은 무덤인데도 많은 것들이 아직 살아 있는 어둠의 영역이다. 고문 도구들이 걸려 있고, 층층이 쌓인 포도주통과 뼈다귀더미들도 있다. 다시 말해서, 가문의 보물들이 그 아래에서 자신들을 조사해줄 손길을 기다리고 있는 것이다.

마지막으로 나는 포의 은유를 학생들이 읽어내기를 바랐다. 가문이라는 것이 그토록 더러운 것인가? 가문의 지하묘지를 탐험하는 것은 정말로 목숨을 걸어야 하는 일인가? 포는 이런 탐험을 해보라고 권고하는 건가, 아닌가? 나는 그가 이런 탐험을 권고하고 있다는 의견을 밝힐 생각이었다. 포는 포르투나토처럼 지하묘지에 갇히는 신세가 되지 않으려면, 이런 탐험을 떠나되 모든 고삐를 자신이 쥐고 있어야 한다고 말한다.

물론 포르투나토는 결국 벽에 달린 족쇄에 묶이고, 몬트레소르는 그가 있는 곳에 벽을 쌓아 올려 그를 어두운 지하 감옥의 가장 깊숙한 곳에 영원히 가둬버린다. 가문이 때로는 감옥이 될 수 있고, 집안의 비밀들 속에서 살아가다 보면 서서히 죽음에 이를 수도 있다는 상징적인 의미를 학생들이 발현해낼지 궁금했다. 그러나 이 소설을 해석하는 방법은 이것만이 아니다. 포르투나토가 다른 가문의 과거 속으로 들어온 침입자라고 볼 수도 있다. 그는 그곳에서 결코 환영받는 존재가 아니다. 아니, 과거에 무모한 행동을 한 대가로 벌을 받아야 한다는 의미에서만 환영받을 뿐이다. 어쩌면 재소자들이 나더러 주뿔나게 참견한다며 한두 마디 싫은 소리를 할지도 모른다. 테오는 왜 감옥에 있지? 자꾸만 우리더러 가족에 대해 얘기하라고 다그치는데 도대체 그게 당신과 무슨 상관이지?

나는 이 소설 속에 들어 있는 이미지에 관한 이야기로 수업을 시작할 생각이었다. 몬트레소르 가문의 문장. 몬트레소르는 이 문장을 "담청색 들판을 배경으로 황금으로 만든 거대한 인간의 발"을 묘사한 것이라면서 "이 발이 자신의 발꿈치에 독니를 박아 넣은 사나운 뱀을 짓밟고 있다"고 말한다. 나는 이 이미지 속에 내포되어 있는 독기 서린 순환성이 마음에 들었다. 가문의 역사 탐험이라는 위험한 일을 표현하기에 딱 맞는 은유가 아닌가. 나는 여기서부터 수업을 시작하기로 했다.

하지만 내 수업은 불길하고 지루한 우스갯소리로 변해버렸다.

구치소 일기, 2000년 1월 5일 수요일

레어드는 시선을 잘 맞춘다. 그는 내 눈을 열심히 들여다보며 지시를 기다린다. 교사들이 귀여워할 만한 아이다. 내가 기숙학교의 교사라면 1킬로미터 밖에서도 그를 알아볼 것이다. 항상 매력적인 미소와 함께 약삭빠른 말을 하지만 절대 숙제를 해오는 법이 없는 멍청한 녀석이 저기 있다고. 빨간색으로 물들인 머리카락이 항상 앞으로 흘러내려 그의 눈을 가린다.

오늘 내 수업에는 평소보다 10여 명이나 더 많은 재소자들이 들어왔다. 그들은 파이프에 몸을 기대거나, 구석의 책꽂이 근처에서 빈둥거리거나, 탁자 주위에 몰려 앉아 있다.

그들은 레어드가 나타나기를 기다리고 있다. 다들 그가 나타나리라는 것을 알고 있는 모양이다. 나는 모르는데. 더 많은 재소자들이 줄지어 들어온다. 레어드가 문간에 나타나자 슬래시는 이가 다 드러나도록 입을 크게 벌리며 히죽 웃는다.

"야, 살인자! 네가 그 살인자지!"

슬래시가 소리친다.

"얘는 레어드야."

프렌치가 말한다. 레어드는 미소를 짓는다. 사람들이 키득거리며 탁자를 두드려댄다. 나는 그들을 노려보지만 무시당한다.

"드디어 오셨군."

누군가가 말한다.

레어드와 같은 구역에 있지 않은 사람들은 아직 그를 본 적이 없다.

"문 닫아, 문 닫아."

누군가가 소리친다. 문이 닫힌다. 재소자들은 감시 카메라를 피하기 위해 이곳을 찾곤 한다. 교실 문을 안에서 잠글 수 있다는 점도 그들에게 유리하다. 비록 짐과 교도관들이 열쇠를 갖고 있기는 하지만 말이다. 내가 잘 모르는 재소자 하나가 일어서서 문 손잡이의 배꼽을 누르더니 히죽히죽 웃으면서 자기 자리로 돌아온다. 이제 도티가 아무 생각 없이 이 방으로 들어올 위험은 없어졌다.

"영어 수업이잖아요, 맞죠?"

레어드가 묻는다.

"그래."

나는 내 오른쪽에 있는 재소자에게 시선을 돌린다.

"조금만 옆으로 가줄래요?"

그가 듣기 싫은 소리를 내며 자기 의자를 오른쪽으로 옮긴다. 나는 잠긴 문을 열고 시사 문제 교실로 들어가 의자 하나를 들고 돌아온다. 레어드가 내 옆에 앉는다. 그가 시선을 들어 내 눈을 들여다보며 다시 묻는다.

"영어 수업 맞죠?"

내가 재소자들에게 숙제를 해왔느냐고 묻자 다들 웃음을 터뜨린다. 수업에 사람들이 많이 오는 건 좋지만, 이런 사람들은 싫다.

"우린 당신 수업을 듣고 싶어."

누군가 시치미를 떼며 말한다.

"오늘은 정말로 나쁜 놈들이 수업에 들어왔군."

누군가가 레어드에게 미소를 지으며 말한다.

"개소리 하고 있네. 이 시간의 스타가 여기 와 있잖아."

레온이라는 재소자가 말한다.

"여기 있는 사람들 중 몇 명은 앞으로 아주 오랫동안 볼 수 없을걸."

또 다른 누군가가 말한다. 재소자들은 이 말이 마음에 드는지 어깨 뒤로 머리를 젖힌다.

"오랜만에 다시 들어온 사람도 있지."

누군가 말하자, 라이노가 미소를 짓더니 지금보다 더 나쁜 상황이 될 수도 있었다고 말한다. 그가 레어드에게 시선을 돌린다.

"너, 뉴햄프셔에 있는 감옥으로 갈 수도 있었어."

그는 실제로 뉴햄프셔에 있는 감옥에서 8년간 있었다고 한다.

"거긴 얼마나 형편없는데."

그가 허풍을 떤다.

라이노와 슬래시는 내 수업 시간을 쉽사리 장악해버릴 수 있다. 전에도 그런 적이 있었다. 하지만 내게는 그들을 막을 전략이 있다. 슬래시는 다른 사람들을 증오했지만 나를 좋아했다. 나는 그에게 수업을 진행할 수 있도록 라이노와 다른 재소자들을 조용히 시켜달라고 부탁했다.

"알았어."

그가 팔을 들어 올리며 말한다.

"조용히 해! 다들 입 닥쳐. 젠장, 테오가 말을 못하고 있잖아."

재소자들은 그를 바라보고 그는 나를 향해 미소 짓는다. 재소자들은 슬래시의 말에 귀를 기울이면서도 고분고분한 것처럼 보이고 싶어 하지 않는다. 그래서 재소자들이 조용해지는 데는 조금 시간이 걸린다. 슬래시와 내가 이 불한당들을 조용히 시키려고 애쓰고 있다는 것을 레어드가 알아차린다. 그는 나와 슬래시를 바라보며 환한 미소를 짓는다.

"좋아요, 선생님. 이제 수업해요."

레어드가 말한다.

"오늘 할 게 뭐죠?"

나는 다른 학생들 몇 명이 말싸움을 하고 있기 때문에 망설이고 있다. 그 사람들이 입을 다물든지 아니면 밖으로 나가줬으면 좋겠다.

"선생님, 저 사람들은 신경 쓰지 말아요. 그냥……."

레어드가 말한다. 레어드가 빨리 제대로 된 수업을 듣고 싶어서 눈을 빛내는 바람에 나는 그가 저지른 범죄를 잊어버린다. 나는 그가 뚱한 표정으로 성질을 부릴 거라고 생각했다. 그의 쾌활한 모습이 불안하다. 분명히 더 어둡고, 잔인하고, 피를 뚝뚝 떨어뜨리는 제2의 자아가 있을 것이다.

슬래시가 내게 빨리 수업을 시작하라고 말한다. 라이노와 어울리고 있는 녀석들은 무시해버리라는 것이다.

"저놈들은 수업을 들으러 온 게 아냐."

그가 말한다.

"나도 알아요."

나는 이렇게 말하고 고개를 끄덕한다. 슬래시가 일어서서 주먹으로 탁자를 두드리더니 옆방에서도 들릴 만큼 커다란 소리를 내지른다.

"이 새끼들, 입 닥치지 못해!"

그때 갑자기 모든 학생들이 정말로 조용해진다. 모두 슬래시를 바라본다. 그는 이 상황에서 무엇을 해야 하는지 정확하게 알고 있다. 그가 다시 팔을 들어 올리고 깊이 숨을 들이쉰다. 그리고 레어드를 똑바로 바라보며 거의 숨이 막힐 정도로 오랫동안 커다란 소리로 숨을 내쉰다. 그는 자식에게 실망한 부모 흉내를 내며 흐느끼는 듯한 목소리로 천천히 말한다.

"네 엄마 말인데, 네 놈 머리에는 도대체 뭐가 든 거냐?"

아무도 웃지 않는다. 꼼지락거리지도 않는다. 레어드는 이 순간을 계속 기다리고 있었는지 강렬한 시선으로 슬래시를 쏘아본다.

"내가 그런 게 아니에요. 내가 그런 게 아니라고요. 하느님한테 맹세할 수 있어요."

그의 붉게 상기된 얼굴이 나를 향한다.

"슬래시, 그만해요."

내가 말한다. 별로 도움이 안 될 것이다. 하지만 내가 할 수 있는 말은 이게 전부다.

"뭘 그만해?"

그가 내게 시선을 돌리며 다그치듯 묻는다.

"내가 무슨 짓을 저질렀는지 말해줄까? 여기 있는 사람들한테 다 말해주지. 공무집행방해야. 내가 저지른 짓이 그거라고. 난 유죄야. 알았어?"

그가 레어드에게 다시 시선을 돌린다.

"네가 한 짓이 아니라고?"

"네, 네. 내가 그런 게 아니에요. 더 이상은 말할 수 없어요. 내가 할 수 있는 말은 이것뿐이에요."

"그래. 당연히 말하면 안 되지. 그러면, 여기 있는 사람들은 다 무죄겠네. 그러고 보니 이 감옥에는 죄 없는 사람들밖에 없어."

슬래시가 시선을 돌려 다른 사람들을 바라본다. 그들이 미소를 짓는다.

"그러니까 넌 그냥 네 일을 하고 있었고, 모든 것이 네 뜻대로 돌아가고 있었는데, 경찰이 일급살인 혐의로 널 체포했다는 거야? 그렇게 된 거야? 그렇게 된 거지? 플레이시도 너랑 똑같은 일을 겪었거든."

탁자 끝에 앉아 있던 두앤 플레이시는 마치 판사처럼 무표정하게 얘기를 듣고 있다가 슬래시에게 살짝 목례를 한다.

레어드의 입장이 난처해졌다. 그는 슬래시의 질문에 대답할 말이 없다. 자신이 정말로 아무 잘못도 저지르지 않은 건지 판단하기가 어려운 모양이다. 그는 자기가 뭔가 중요한 것을 알고 있으며, 경찰이 자기보다 다른 용의자들을 더 많이 심문했다고 말한다. 양손으로 탁자 가장자리를 꽉 붙잡은 그는 짧게 딱딱 끊어지는 말투로 마구 말을 쏟아내다가 잠시 멈춘다. 도저히 믿을 수 없는 일이 벌어졌다는 듯 입을 쩍 벌린 채.

"신의 이름을 걸고 맹세해요! 난 안 그랬어요!"

잠시 침묵.

"그날 밤은 나한테 악몽이라고요."

잠시 침묵.

"지금도 그 일 때문에 악몽을 꿔요."

재소자들이 탁자에 바짝 다가앉으며 목을 쭉 뺀다. 머리를 팔에 기댄 자세로. 탁자 위에 놓인 그들의 근육질 팔이 마치 거대한 소시지 같다. 레어드는 자기도 어머니의 죽음 때문에 다른 사람 못지않게 괴롭다고 말한다. 사실 다른 사람들보다 훨씬 더 괴롭다. 그러니 그날 밤 일을 입에 담고 싶지 않다. 할 말이 아주 많지만, 법정에서 얘기할 것이다. 그러면 다른 사람들도 모두 알게 될 것이다. 증인석에 서서 스스로 변호를 하겠다. 그가 말을 멈추고 사람들을 강렬하게 쏘아본다. 이제 모두들 신중하게 귀를 기울이고 있으므로 그는 말을 계속한다. 그날 밤 도대체 무슨 일이 벌어진 건지 도무지 알 수가 없다. 하지만 그 일을 저지른 사람은 그가 아니다. 그건 확실하다. 그는 경찰이 이미 이런저런 거짓말을 하기 시작했다는 것을 알고 있다. 변호사들도 마찬가지다. 교도관들도. 그들은 제멋대로 성급하게 결론을 내리고 있다. 성급한 판단이다!

그의 머릿속에 아주 많은 얘기가 저장되어 있는 것 같다. 그 얘기를 다 쏟아놓아야만 끝낼 모양이다. 그러나 그가 문득 말을 멈춘다. 말문이 막힌 모양이다.

그가 나를 바라본다. 내가 어떻게든 도와주어야 한다는 걸 알지만 그럴듯한 방법이 생각나지 않는다. 나는 공책을 꺼내놓고 무심한 척 낙서를 하고 있다. 재소자들의 장난이 끝나기를 기다리면서.

자동차를 훔친 혐의로 체포된 십 대 소년 조이 버저론이 나를 바라보며 묻는다.

"나도 솔직하게 말해도 돼요?"

"어? 그래."

내가 말한다. 그가 중간에 끼어든 것이 고맙다.

"처음부터 그놈들은 내가 자동차를 훔쳤다고 생각했어요. 경찰들 말예요. 경찰이 나한테……."

그가 탁자 건너편의 레어드와 눈을 마주치며 말한다.

"그 일을 물어보려고 왔을 때요."

버저론은 놀라울 정도로 예의바른 것 같다. 그는 레어드와 나를 존중하고 있다는 듯이 공손한 미소를 짓는다. 하지만 레어드는 알아차리지 못한다.

"봤죠?"

레어드가 말한다.

"놈들이 잡아들인 사람은 나말고도 많아요. 그, 그건 누가 봐도 알 수 있어요. 정말이에요. 신에게 맹세해요."

그는 말을 더듬고 있다. 그의 변호사가 그에게 곧 나갈 수 있을 거라고 말했다고 한다. 검찰이 공소유지를 할 수 없을 거라고.

나는 그의 말을 믿지 않는다. 다른 사람들도 믿지 않는 것 같다.

슬래시가 끼어든다.

"그러니까…… 버저론, 내가 뭐 좀 물어봐도 돼?"

그는 마치 티타임 모임에 참석한 사람처럼 터무니없이 정중하고 부드러운 목소리로 말하고 있다. 상냥한 척하면서 비아냥거리는 것이다.

"보자……, 내 생각엔 말이야……. 아, 이런."

그가 자기 턱을 쓰다듬는다.

"음…… 어떻게 말하면 좋을까? 음…… 네가 한 짓이지?"

버저론이 살짝 미소를 지으며 말한다.

"아뇨."

슬래시가 일어서서 고개를 쭉 빼고 사방을 둘러본다.

"이 중에 뭔 일 저지른 사람이 있나?"

그가 묻는다. 그리고 대답을 들으려고 귀를 쫑긋 세운다. 대부분 히죽거리기만 할 뿐, 아무 말이 없다.

"잠깐!"

슬래시가 말한다. 갑자기 굉장히 좋은 생각이 떠오른 것처럼. 그는 뭔가 아이디어를 얻으려고 방 안을 둘러보다가 레어드에게 시선을 돌린다.

"가슴에 성호를 긋고 네 어머니께 맹세……."

그가 말을 멈춘다. 그러고는 손바닥으로 자신의 이마를 찰싹 때린다.

"아이고, 미안해. 그냥 못 들은 걸로 해줄래? 농담이었어. 농담이었다고."

레어드는 전에도 조롱당한 적이 있었는지 아무 말도 하지 않는다. 심하게 당황하지도 않고, 내게 도와달라고 하지도 않는다. 혼자 감당해낼 작정이다.

크지소 일기, 2000년 1월 6일

레어드가 내 옆에 앉자 슬래시가 미소를 짓는다. 어제 그런 시련을 겪었는데도 레어드는 다시 나왔다. 정말 놀라운 일이다. 하지만 그가 다시 온 것은 나 때문이 아니다. 근사한 사람들이 이곳에 모이기 때문이다. 라이노, 슬래시, 조이 B, 프렌치, 스티브. 레어드가 의자에 앉자마자 슬래시가 어제 했던 얘기를 다시 시작한다.

"그 사람은 네 어머니야, 이 자식아. 난 그게 도무지 이해가 안 돼. 그 사람은 네 놈 어머니잖아. 너 이제 어떡할래? '안녕, 엄마' 이러면서 빵빵? 말 좀 해봐! 빵빵!"

슬래시는 도저히 믿을 수 없다는 듯이 웃음을 터뜨리며 다양한 총소리를 만들어낸다. 핑핑! 뱅뱅! 이거나 먹어라, 이 년아! 다른 사람들이 웃는다. 나도 웃는다.

이제 그는 눈썹을 둥글게 구부리며 화난 표정을 짓는다.

"요즘 애들은 도대체 어떻게 된 거야. 젠장!"

레어드는 이미 부인하는 단계를 지났다. 그의 턱은 굳어 있다. 그가 참아내지 못한다면 내가 끼어들 것이다. 다행히 짐이 문틈으로 얼굴을 내민다. 그의 무전기가 이층에서 교도관들 사이에 오가는 대화를 중계하고 있다. 짐은 칠판 뒤에 있는 어린이용 책들을 뒤져볼 일이 생겼다고 말한다. 그의 교실은 비어 있다. 그는 자기 학생들이 모두 도서실로 몰려와 레어드를 괴롭히고 있다는 것을 알고 있다. 하지만 그는 상황을 장악하려 하지 않는다. 그저 어린이용 책을 훑어보고 있을 뿐이다. 그는 침묵으로 내게 말한다. 슬래시가 학생들에게 던지는 농담에 선웃음이나 지으며 맞장구를 치지 말고 수업을 하라고.

"지금은 미국 문학 수업 시간입니다."

내가 말한다.

"수업을 들으러온 사람이 아니면 나가주세요."

"예, 선생님."

슬래시가 나를 향해 경쾌하게 경례를 붙이며 미소 짓는다.

나는 탁자 위에 팔꿈치를 고이고 강의계획표에 적혀 있는 소설을 혹시 읽은 사람이 있느냐고 허공을 향해 묻는다. 항상 내 수업에 들어오는 학생들이 손을 든다. 얼마나 고마운지.

"난 예전에 읽었어."

새로 수업에 들어온 사람이 말한다.

"고등학교 때였나. 주인공이 지하실에 갇히던가, 뭐 그런 거지……. 맞아?"

"맞아요, 좋습니다."

내가 말한다.

"그럼 다른 분들은 최선을 다해 수업을 따라와주세요, 알겠죠?"

새로 수업에 들어온 열두 명의 재소자들은 나의 시선을 피한다.

"어쨌든 제가 얘기하고 싶었던 주제는 우선 가문의 문장입니다……. 그 다음에는 고딕 소설가들의 습관 몇 가지에 대해 얘기할 겁니다."

내가 지금 무슨 소리를 하고 있는 거지? 이 재소자들은 고딕 소설 작법에 아무 관심이 없는데. 그들 앞에는 그저 훌륭한 고딕 소설 한 편이 놓여 있을 뿐인데.

"문장이 뭐야?"

누군가가 묻는다.

"문장이 뭔지 알아요!"

레어드가 소리친다.

"우리 집에도 문장이 있어요. 그건 가문의 상징이죠. 난 스코틀랜드계예요. 하지만 우리 집 문장이 어떻게 생겼는지는 잊어버렸어요."

그의 말은 그냥 묻혀버린다. 사람들은 옆 사람에게 고개를 돌리거나 나를 쳐다보고 있다. 이제 놀이가 끝났기 때문이다.

"『아몬티야도 술통』을 다 읽을 겁니다, 알았죠? 소설을 읽은 사람들은 몬트레소르 가문의 저택이 지하묘지 위에 세워졌다는 걸 알 겁니다. 고대 로마 사람들은 죽은 사람을 지하묘지에 묻었습니다. 그러니까 여러분의 조상이 묻힌 곳도 어쩌면……"

학생들이 짐을 싸고 있다. 마치 그들이 보고 있던 방송 프로그램이 끝나서 더 이상 볼 것이 없다는 듯이. 그들은 실망하고 있다. 내가 수업의 주도권을 쥐었기 때문에. 그들은 이제 감옥의 규칙에 복종해야 한다는 것을 알고 있다. 내가 수업을 진행할 수 있게 해주어야 한다는 것이 감옥의 규칙이다. 하지만 나는 수업을 제대로 진행할 수 없다. 슬래시가 입 모양으로 레어드에게 뭐라고 말을 하는 모습이 계속 눈에 들어오기 때문이다. 나는 곁눈질로 레어드를 계속 바라본다. 그는 슬래시와 함께 웃어야 하는지, 화를 내야 하는지, 자리를 떠야 하는지 판단을 내리지 못하고 있다. 나는 포의 생애를 두서없이 얘기하면서 경련하듯 춤을 추는 레어드의 표정을 지켜본다. 미소, 찌푸린 표정, 하얗게 질린 표정. 재소자들을 데려갈 교도관이 마침내 나타났을 때, 나는 방을 나가는 레어드의 팔을 잡는다.

"수업이 이렇게 돼서 미안해."

내가 말한다.

"괜찮아요."

"난 정말로 수업다운 수업을 해보고 싶었어. 알지? 네가 계속 기대할 만한 수업을 하고 싶었는데."

"아, 이 수업이 마음에 들 것 같아요. 선생님이 수업을 제대로 이끌기만 한다면."

"뭐 읽을 건 있니?"

"아빠가 『앙티곤*Antigone*』(소포클레스의 비극 『안티고네』를 바탕으로 한 희곡-옮긴이)을 주셨어요. 『앙티곤』 아세요?"

"그 책 읽어봤어?"

"그럼요. 훌륭한 희곡이에요. 제가 갖고 있는 건 장 아누이Jean Anouilh 거예요."

하지만 그의 말이 진실인 것 같지는 않다. 그가 그 책을 읽었다 해도 그 내용을 다 이해하지는 못했을 것이다. 나도 그 나이 때 그 책을 어쩔 수 없이 읽어야 했지만 아무것도 이해하지 못했다. 아무것도. 나는 레어드에게 그 책을 조금이라도 이해했느냐고 묻는다.

"아뇨, 솔직히 말해서 이해 못했어요."

그가 밝은 목소리로 말한다. 나는 그에게 이제 아버지와 사이가 좋아졌느냐고, 어떻게 아버지와의 관계를 수습할 수 있었느냐고 묻는다.

"저는 아버지의 유일한 혈육이에요. 아버지는 절 사랑하세요. 아마 우리 둘이서 함께 노력해야 되겠죠. 충격이 컸으니까요."

그는 미래를 낙관하는 것 같다. 아무 근거도 없이. 떠도는 소문에 의하면 빌 스태너드는 그의 아들이 유죄 판결을 받는 데 필요한 모든 정보를 경찰에 제공했다고 한다.

8. 가르치기

그후 4주 동안 내 수업은 마치 폐쇄적인 공간에서 벌어지는 소규모 사육제 같았다. 나는 매일 건성으로 수업 준비를 했고, 재소자들은 한바탕 놀아볼 기대를 가지고 나타났다. 그들은 문을 닫고 발을 탁자 위에 올려놓은 채 레어드를 기다렸다. 묘하게도 그는 매일 미소를 지으며 불굴의 자세로 수업에 나왔다. 하지만 재소자들이 겨냥한 것은 레어드가 아니었다. 그들은 누구든 '예의'를 배워야 할 필요가 있는 사람, 즉 어린 신참들에게 수업에 나오라고 부추겼고, 그들이 수업에 나오면 요란하게 환영해주었다.

버몬트의 여러 감옥에 있는 재소자들에게 재소자 사회가 어떻게 조직되는지 물어본다면 —아마 어느 교도소나 마찬가지일 것이다—그들은 적자생존에 대해 흰소리를 늘어놓을 것이다. 매가 참새를 먹고, 고양이가 쥐를 먹고, 상어가 피라미를 먹는 법이라면서. 우드스턱 구치소는 이런 위계질서에 의해 다스려지는 것 같았다. 이 질서를 강요하기 위해 물리력이 동원되는 경우는 한 번도 보지 못했다. 그러나 재소자들이 장황하게 늘어놓는 말을 들은 적이 있었다. 특히 그해 1월의 내 수업에서. 재소자들의 주장에 따르면, 몸집이 큰 동물들은 위계 구조의 꼭대기에서 잠을 자거나 꾸벅꾸벅 졸며 대부분의 시간을 보낸다. 그러나 마땅한 자기 몫이 돌아오지 않으면 그들은 무섭게 화를 내며 일어서서 자신이 직접 혹은 다른 녀석들을 시켜 지위가 낮은 동물들의 몸을 찢어발긴다.

나는 졸고 있는 짐승들을 깨우지 않기로 했다. 그들을 방해하거나, 불쾌하게 만들거나, 어떤 식으로든 무례하게 굴지 않겠다는 뜻이다. 라이노나 슬래시처럼 구치소 내의 '짱'들이 근처에 있을 때 나는 쥐처럼 겁에 질려서 그들에게 공손하게 굴었다. 그런 짓을 하는 나 자신이 미웠지만 상황을 역전시킬 방법이 없었다.

어쩌면 수업 시간에 못된 장난을 치는 녀석들을 그냥 쫓아버리는 편이 나았을지도 모른다. 하지만 내가 그렇게 하지 않는 데에는 이유가 있었다. 첫째, 나는 수업에 나오는 사람들을 모두 가르치고 싶었다. 사육제가 벌어지고 있는 이 정글에서 내 마음에 드는 소수의 사람들만 골라내고 나머지 사람들의 접근을 차단한다면 내가 실패했음을 인정하는 꼴이 될 것 같았다. 둘째, 나는 슬래시나 라이노에게서 많은 것을 배우고 있었다. 애당초 내가 감옥으로 온 것은 거친 사람들을 알고 싶어서였는데, 그들이 바로 그런 사람들이었다. 나는 그들의 거친 행동을 미리 예상하고 있었으므로 별로 놀라지 않았다. 나는 그들을 좋아했고, 포기할 생각이 없었다.

그래서 1월의 내 수업 시간은 약간 혼돈스러운 상태가 되었다. 나는 도무지 수업을 진행할 수 없었다. 학생들은 10분 정도 내 말을 듣다가 이제 그만 입 닥치라고 내게 말하곤 했다. 나는 몇 마디 항의를 해보다가 그냥 입을 다물었다. 아마도 내가 이렇게 입을 다물어버려서인지 내 수업은 보기 드물게 인기를 누렸다. 수업 시간은 여러 구역의 재소자들이 한자리에 모여 서로 의견을 나누는 곳이 되었다. 교도관들은 교실에 직접 들어오거나 수시로 창문과 화장실을 검사하면서 우리를 주시했다. 짐도 수업 중에 한두 번씩 얼굴을 들이밀어 자신이 언제라도 달려올 수 있음을 학생들에게 알렸다. 수업 시간에 사람이 죽어나가지 않는 한, 구치소 당국은 우리가 대체로 잘 해나가고 있다고 생각했다.

재소자들은 사실 잘 해나가고 있었다. 나도 재소자들을 닮고 싶어 하는 역할을 잘 해나가고 있었다. 그러나 수업은 점점 엉망이 되었다. 학생들 중에는 강의계획표라는 것이 있다는 사실조차 모르는 사람이 부지기수였다. 그걸 아는 학생들도 우리가 애기를 하는 동안 강의계획표를 갈기갈기 찢어 마치 야자수 이파리나 건초나 축제 때 쓰는 리본처럼 바닥에 늘어놓았다. 나는 짐이 보기 전에 그 종잇조각들을 모아 쓰레기통 밑바닥에 숨겼다.

2월 초에 레어드 가족의 기사가 〈밸리 뉴스〉에 이틀 동안 연재되었다. 기사를 쓴 사람은 〈밸리 뉴스〉의 스타 기자이자 칼럼니스트인 짐 케넌이었다. 나는 그 기사를 세심하게 읽으면서 몇 가지 흥미로운 사실을 알게 되었다.

'살인 용의자의 아버지이자 피해자의 남편, 아들에게 문제가 있지만 대부분 전형적인 십 대들의 문제라고 발언'이라는 제목의 기사에서 나는 레어드를 굴드의 학교에 보내는 데 1년에 2만 6천 달러가 들었다는 사실을 알 수 있었다. 레어드가 전에 다녔던 학교의 수업료는 2만 3천 달러였다. 또한 1984년에 스태너드 일가는 로드아일랜드에 있던 말 사육장을 30만 달러에 팔았다.

추수감사절 휴가 때 레어드는 부모에게 굴드를 그만두고 싶다고 말했다. 그는 우드스턱에 있는 공립 고등학교에서 학교를 마치고 싶어했다. 그는 부모에게 만약 자기 계획이 마음에 들지 않는다면 뉴햄프셔 주 경계선 너머에 있는 사립학교에 들어가겠다고 말했다. 빌과 폴라는 그의 뜻을 받아들이지 않았다. 빌은 열여덟 살―6월이면 그도 열여덟 살이 된다—이 되면 무엇이든 마음대로 할 수 있을 거라며 레어드를 달랬다고 한다. 레어드의 부모에게는 아직 열여덟 살이 되지 않은 아들의 법적 보호자로서 자신들이 가장 좋다고 생각하는 길로 그를 이끌 도덕적 책임—단순히 법적인 의무만 있는 것이 아니었다—이 있었다. 부모가 보기에는 굴드에서 학교를 마치는 편이 그에게 이로웠다. 레어드는 부모의 결정을 예의바르게 받아들였던 것 같다. 그는 다시는 그 얘기를 꺼내지 않았다.

레어드가 이처럼 냉정하게 부모의 뜻을 받아들인 것이 어쩌면 문제가 있다는 신호였는지도 모른다. 나중에 나는 굴드에서 그가 쉽게 성질을 내는 아이, 조그만 일에도 사납게 날뛰는 아이로 알려져 있었다는 사실을 알게 되었다.

굴드에서 레어드를 가르쳤던 교사에게서 이런 얘기를 들었다. 레어드가 굴드에 막 입학했을 때 학교에서 캠핑을 갔는데, 어떤 학생이 레어드의 캠핑 장비에 대해 비꼬는 말을 했다고 한다. 그때 학생들은 식사를 준비하려고 모닥불 주위에 모여 있었다. 레어드는 자신의 컵을 비꼬는 말을 듣고 다른 사람들이 모두 있는 자리에서 벌컥 화를 내더니 숲속으로 들어가서 나오려고 하지 않았다. 그 교사는 금방 파르르 화를 내던 레어드의 모습을 떨쳐버릴 수 없었다. 그는 레어드가 너무 쉽게 상처를 받고 도저히 예측할 수 없는 행동을 하는 아이라서 혼란스러운 십 대들의 세계에서 버티기 힘들 거라고 생각했다.

레어드는 교사들에게서 피난처를 구했던 것 같다. 그는 아무 때나 교사들을 붙들고 자기가 만든 웹사이트에 대한 얘기, 자기가 시작할 예정인 온라인 사업—이 얘기를 했을 때가 1999년 9월이었다—얘기, 자기가 가봤던 다른 나라들에 대한 얘기 등을 들려주었다. 그의 얘기대로라면, 그는 혼자 힘으로 뛰어난 사회인이 되기 위한 길을 만들어가고 있었다. 그의 부모와 친구들은 모르는 얘기였다. 그의 얘기를 들어보면, 그들은 신경조차 쓰지 않은 것 같았다.

자신의 상황을 극적으로 과장하며 고독을 느끼고, 다른 사람들 앞에서 분노를 참지 못하는 레어드의 성격은 케년의 기사에 묘사되지 않았다. 4천 단어 분량의 이 기사에서 레어드는 누군가의 이상한 아들이자 길을 잃어버린 아이, 지하로 사라져버린 하찮은 존재였다.

2회분 기사에는 '오래된 부자 가문'에 대해 더 많은 소식들이 실려 있었다. 기자는 빌 스태너드가 프린스턴의 가장 역사가 길고, 가장 값비싸며, 가장 귀족적인 아이비클럽 회원이었다고 밝혔다. 폴라의 부모가 1980년대 초에 뉴햄프셔 주에 있는 9백 에이커 규모의 농장을 60만 달러에 팔았다는 내용도 있었다.

일부 주민들에 따르면, 스태너드 일가가 페니워스에 살던 15년 동안 그 집에는 항상 뭔가가 빠져 있는 것 같았다고 한다. 잔디밭에 자전거가 세워져 있지도 않았고, 나무에 그네가 매어져 있지도 않았으며, 창문에 크레용으로 그린 그림이 붙은 적도 없었다.

내가 보기에는 케년이 이틀 동안 연재한 기사에서 기자답게 객관적으로 여기저기 흩뿌려놓은 힌트들을 모으면 일요일 아침 예배의 설교 한 편이 나올 것 같았다.

"계곡 위쪽의 사람들은 제가 판단할 수 있는 범위 밖에 있습니다. 하지만 이런 생각이 들더군요. 그 사람들한테 돈이 너무 많았다는 생각. 스태너드 일가가 버몬트 토박이들처럼 상식을 갖고 있었다면 좋았을 텐데. 아니면 따스한 마음이라도. 여러분도 아시겠지만, 사람들은 부유하게 살면서도 가난해질 수 있습니다. 그래서 자신의 외동아들 손에 벌을 받은 겁니다. 항상 뿌린 대로 거두기 마련이니까요."

나는 그 기사를 읽고 나서 빌 스태너드에 대해 많은 생각을 했다.

신문에 실린 사진에서 그는 빛이 들어오는 창가의 커다란 책꽂이 앞에 앉아 있었다. 그는 털실로 짠 두툼한 스웨터를 입고 있었는데, 아내가 떠준 옷 같았다. 기사에 따르면, 의자 옆의 바구니에 반쯤 짜다 만 스웨터가 들어 있었다고 한다. 내가 보기에는 그도 아들처럼 먼 여행을 하고 있는 것 같았다. 목적지를 알 수 없는 여행을. 기자는 이렇게 썼다.

> 스태너드는 아내의 죽음으로 제기된 의문에 답이 있다면, 19세기식 저택의 책꽂이에서 그 답을 찾을 수 있다고 생각하는지도 모른다. 셰익스피어나 유진 오닐의 글에서. 어쩌면 스님의 글에서.
> 스태너드는 "가끔 답을 얻은 것 같은 생각이 드는데, 10분쯤 후에는 그 답이 사라져버린다"면서 "나는 여러 종교들이 약속한 해답들을 모두 시도해보았다. 심리학자들이 감정이 없는 사람들, 우리가 보기에 끔찍한 짓을 저지를 수 있는 사람들에 관해 얘기하면서 제시해놓은 해답도 시도해보았다"고 말했다. 그런 사람들이 끔찍한 짓을 저지를 수 있는 것은 작은 문제에도 과민반응을 보이기 때문이다. 그러나 "그 해답 역시 우리 상황에 맞지 않았다."

나는 신문을 볼 때마다 빌의 사진을 자세히 살펴보았다. 일요일자 신문에 실린 사진에서 그는 의자에 앉은 채 몸을 돌리며 사진에 나타나지 않은 누군가에게 몸짓으로 뭔가 얘기하고 있었다. 눈을 크게 뜨고, 팔을 쭉 뻗은 모습으로. 내가 보기에는 여기에 진짜 얘기가 숨어 있는 것 같았다. 이제 그에게는 아내도 자식도 없다. 가족이라고는 그 둘뿐이었는데 말이다. 그는 혼자서 유령들로 가득한 자신의 집과 언쟁을 벌이고 있었다. 우리 눈에는 유령들이 보이지 않지만, 그의 눈에는 보이는지도 모른다.

이 기사를 읽으며 우리가 인정한 것은 레어드의 교육이 계속되고 있다는 대목뿐이었다. 물론 그에게 진정한 교훈을 가르쳐주고 있는 사람들, 슬래시와 라이노, 그리고 프레디의 이름은 기사에 언급되지 않았다. 하지만 레어드가 감옥에서 미국 문학과 '고급 컴퓨터 기술'을 배우고 있다는 내용은 분명 있었다. 월과 레어드와 나는 이 대목을 보며 한참 키득거렸다. 고급 컴퓨터 기술은 구치소 학교 과정에 포함되어 있지 않았다. 만약 그런 과정이 개설된다면, 레어드가 교사로 강단에 서야 할 것이다. 하지만 미국 문학을 배우고 있다는 대목에는 조금이나마 진실이 들어 있었다. 어쨌든 거기에 뭔가가 있는 것은 분명했다. 한 달 동안 혼돈 속에서 수업을 진행한 나는 이제 그 진실의 싹을 가꿔서 결실을 맺고 싶었다.

9. 달링

오늘 『허클베리 핀의 모험』을 시작했다. 수업에 들어온 재소자는 여덟 명. 자리에 앉은 그들 중 절반이 옷 속에서 신문을 꺼냈다. 옆방에서 열린 시사 문제 수업에서 몰래 가져온 것이다. 그들이 〈러틀랜드 헤럴드〉를 뚫어져라 들여다보는 것은 '날 건드리지 말라'는 나름의 의사 표현이었다. 나는 그들을 건드리지 않았다. 적어도 잠시 동안은. 나머지 학생들은 수업에 관심이 없더라도 예의는 지켜주었다. 그들은 내가 탁자 중앙에 쌓아놓은 낡은 『허클베리 핀의 모험』을 집어 들고 잠시 훑어보다가 다시 탁자 위에 올려놓았다. 대개 재소자들은 수업이 시작되면 내 장단에 맞춰주는 편이다. 감방을 벗어난 것에 안도감을 느끼고, 나 같은 외부인과 얘기하게 된 것이 기쁘기 때문이다. 하지만 오늘은 달랐다. 재소자들의 얼굴을 보고 판단하건대, 어젯밤 감방에서 무슨 일이 있었던 것 같다. 조 에몬스는 분명 싸움을 했다. 눈가에 주먹으로 얻어맞은 자국이 있었다. 그의 눈은 공포물 가게에서 파는 눈알처럼 무시무시하면서도 코믹했다. 수업 시간 전에 복도에서 마주쳤을 때 그는 문제가 좀 있어서 독방에서 밤을 지냈다고 말해주었다.

오늘 내 목표는 학생들에게 『허클베리 핀의 모험』을 읽는 데 필요한 약간의 배경 지식—소설의 배경과 저자에 대한 설명—을 알려주고 그들을 구슬려 소설 첫 부분을 큰 소리로 읽게 하는 것이었다. 수업 시간을 장악해야겠다는 더 큰 목표도 있었다. 슬래시와 라이노의 장단에 놀아나는 것을 이제는 더 이상 참을 수 없었다. 그들이 모든 것을 용서해주는 내 성격을 이용하는 것도 지긋지긋했다. 나는 변화를 원했다.

수업 시간에 책에 관한 지적인 토론을 제대로 한 적이 몇 번 있었는데, 내가 학생들을 상냥하게 대하지 않겠다고 단단히 결심을 했을 때이다. 미소를 짓지 않고, 학생들의 말을 중간에서 끊어버리고, 책이나 주먹이나 발로 탁자를 두드려대면 학생들에게서 더 바람직한 결과를 이끌어낼 수 있었다. 이것이 오늘 나의 작전이었다. 농담 한마디 없이 딱딱하고 신경질적인 태도.

나는 기분 나쁜 척을 하면서 교실로 들어갔다. 그리고 수업을 빨리 진행시키려고 엄청나게 서두르는 척했다. 내가 부산을 떠는 것을 보며 다들 재미있어 했다. 소도시의 감옥에서는 서두를 일이 없다. 이곳은 사람의 육체가 쌓여 있는 창고 같은 곳이다. 우리 모두 그것을 알고 있었지만 나는 개의치 않았다. 하지만 무뚝뚝하게 교사 티를 내는 내 모습에 속아 넘어간 사람은 나뿐이었던 것 같다. 바쁜 척하는 것도 오래 가지 못했다.

『허클베리 핀의 모험』 같은 장편소설은 처음이었다. 방언을 다루고, 19세기를 한참 동안 살펴본 것도 이번이 처음이었다. 이런 작품은 처음부터 몇몇 사람들의 기를 꺾어버리기 마련이지만 상관없었다. 나는 학생들의 기를 꺾어놓고 싶었다. 특별한 목적이 있는 것 같은 분위기, 선택된 엘리트들의 분위기로 교실을 채우고 싶었다. 그것이 누군가의 마음에 상처가 된다 해도. 사실 그 편이 더 좋았다. 그래서 나는 감옥의 불한당들이 특별한 존재로 대접받고 싶을 때 하는 짓을 그대로 따라했다. 약한 사람을 괴롭히는 것. 재소자들은 이 방법을 이용해서 감옥 내의 서열이라는 사다리를 조금씩 기어 올라간다. 나 대신 웃음거리가 되고 남들에게 짓밟힐 사람을 찾아내기만 한다면 나는 그 자리를 벗어날 수 있다. 내가 찾아낸 사람은 리처드 달링이다.

항상 데님으로 만든 똑같은 옷만 입는 재소자가 지난주 내내 수업에 들어와서 수업 시간에 벌어지는 일들을 빤히 구경하곤 했다. 그의 크고 푸른 눈이 엷은 파란색의 진 재킷과 잘 어울렸다. 키가 크고 깡마른 아이인 그를 다른 재소자들은 '달링', 혹은 '터틀'이라고 불렀다. 그가 화살로 거북을 쏜 죄로 체포된 적이 있었기 때문이다. 그는 윈저의 코네티컷 강둑에서 노숙생활을 했다. 들리는 얘기에 따르면 배가 고팠던 그는 화살로 거북을 쏜 다음, 화살에 맞아 꼼짝 못하고 있는 그 짐승을 자기 머리 위에 올렸다. 그리고 "이 녀석을 먹을 거야"라고 소리치면서 강가의 주택가를 걸어 내려갔다. 누군가가 경찰을 불렀다. 이건 몇 년 전에 일어난 일이었다. 이제 그는 그때보다 나이를 먹어 적어도 열아홉 살은 되었을 것이다.

달링은 가련한 녀석이라 내가 제대로 해낼 수 있을지 확신이 없다. 다른 재소자들 얘기를 들어보면, 그는 처음부터 가족이 없었으며, 열세 살 때부터 여러 기관을 전전했다고 한다. 열세 살이 되기 전에는 여러 가정에서 입양과 파양을 거듭했다. 다른 재소자들은 가끔, 아주 가끔 그에게 잘해주려고 노력한다. 하지만 그들은 원래 상냥함이라고는 전혀 없었으므로 잠시 노력하다가 좀 어긋나는 것이 있으면 그냥 포기해버린다. 게다가 달링은 그렇게 호감 가는 아이도 아니다. 그가 구치소 내에서 밀고자로 활동하고 있다는 소문이 있다. 이 소문이 거짓이라 해도 그의 입장이 곤란한 것은 사실이다. 그가 있는 곳에서는 아무도 말을 하지 않는다. 달링이 성욕이 강한 아이라서 수업 중에도 바지 속에 손을 집어넣은 채 일부러 사람들과 시선을 맞춘다는 점도 문제다. 게다가 그에게 그만두라고 하면 그는 그 말에서 큰 쾌감을 느꼈다.

오늘 나는 그를 수업 시간의 웃음거리로 삼기로 했다. 죄책감은 조금밖에 느껴지지 않았다. 수업을 시작하기 전에 내가 말했다.

"달링. 내가 못되게 구는 거 같아서 미안한데, 여기 이 사람들은 전부 입학시험을 통과했거든. 그런데 넌 시험을 안 봤어. 수업에 들어오려면 그 시험에 합격해야 돼."

"말도 안 돼요. 여긴 그런 시험 없어요."

그가 말했다.

"시험이 없긴 왜 없어? 있어. 미안하지만, 시험이 생긴 지 좀 됐어."

나는 다른 학생들을 바라보았다. 그들은 잘하고 있다는 시선으로 나를 바라보았다.

"이 사람들은 전부 다 합격했어."

"으흠. 우린 다 합격했어, 달링."

마약 거래상인 팀이 말했다. 그는 원래 잘난 척이 심했으며, 40대인데도 여전히 수업 시간에 광대 노릇을 하고 있었다. 그는 자신이 하마터면 시험에 떨어질 뻔했다는 사실을 설명하기 위해 손을 눈높이로 올리고 엄지와 집게손가락을 구부려 '아주 간신히'라는 뜻을 표현했다. 그리고 눈을 가늘게 뜨며 손가락 사이로 달링을 바라보았다.

"진짜…… 진짜 간신히 통과했다니까. 테오가 문제를 얼마나 지랄같이 어렵게 냈는데. 테오는 가끔 진짜 무서워. 네가 혹시 모를까 봐 하는 얘기지만."

"그래. 내가 얼마나 어려운 문제를 냈는지 다들 답을 거의 쓰지 못했어."

내가 달링을 빤히 바라보며 말했다.

"맞아. 첫 번째 문제가 뭐였는지 알아? '거북을 죽여본 적이 있습니까?' 이 질문에 틀린 답을 대면 곧바로 쫓겨났지."

윌이 끼어들었다.

"다음 문제는 이거였어. '거북을 죽여본 적이 있다면, 그런 죄로 체포되다니 정말 멍청한 사람이군요. 그렇지 않습니까?' 이 문제에 뭐라고 답을 썼다면, 그건 문제를 이해하지 못했다는 거지. 그래도 너라면 아마 대답을 했을걸."

나는 윌과 팀의 말을 무시하고 시험 얘기를 계속했다.

"여기 있는 사람들은 모두 어느 정도의 글을 읽을 수 있는 수준이고, 수업 중에 다루는 주제, 그러니까 미국 문학에 대해서도 어느 정도 알고 있어. 몇 주 후에 다시 시험을 실시할 거야. 넌 그 시험을 치러야 돼. 먼저 공부부터 좀 하는 게 어때?"

나는 그에게 『허클베리 핀의 모험』을 내밀었다. 달링은 꼼짝도 하지 않았다. 그는 내 말이 농담이라고 생각하는 모양이었다. 그는 의자를 뒤로 기울이더니 고개를 들어 천장의 형광등을 바라보았다. 그의 목에 무수히 나 있는 여드름이 옷 속까지 이어져 있었다. 나는 그의 무릎에 책을 던졌다.

"누가 달링더러 나가라고 좀 해줄래요?"

내가 학생들에게 부탁했다. 내가 한 사람을 찍어서 괴롭히고 있으니 재소자들은 기다렸다는 듯이 나와 장단을 맞췄다. 이제 그 사람을 괴롭혀도 좋다고 공식적으로 승인을 받은 거나 마찬가지였으니까.

"당장 꺼져, 달링."

슬래시가 말했다.

흠, 약한 사람을 괴롭히는 느낌이 괜찮은데. 확실히 효과가 있어. 나는 속으로 생각했다.

달링이 앉은 채 몸을 똑바로 곤추세웠다. 슬래시가 그에게 다시 나가라고 하자 그는 무릎에 놓인 책을 향해 손을 뻗었다. 그가 다리의 힘을 모아 일어설 때까지 영겁의 시간이 흐른 것 같았다. 그는 힘없이 걸어가 문을 열더니 성난 표정으로 나를 바라보았다.

"당신이 사람을 잘 씹는다는 애긴 나도 들었어. 그래서 여기까지 온 거야?"

전세를 역전시키려고 애를 쓰는 건가? 소용없어, 달링. 나는 아무 말도 하지 않았다.

"뭐야, 지난번 직장에서도 학생들을 괴롭혔나 보지? 어린애를 씹어댔지? 그래서 이리로 끌려온 거지?"

"어서 가라, 달링."

내가 딱딱한 목소리로 말했다.

"나가."

그는 차마 스스로 문을 닫지 못했다. 그렇게 얌전히 나가주는 것은 그답지 않은 짓이었다. 그는 다른 학생들을 둘러보았다. 모두들 조용했다. 윌과 팀은 『허클베리 핀의 모험』의 책장을 넘기고 있었다. 슬래시는 이제 달링에게 관심이 없는 모양이었다. 아마 수업에도 관심이 없을 것이다.

달링의 이마에 주름이 잡혔다. 그리고 배를 긁적거리며 말했다.

"시험 같은 건 없지? 여기 들어오려면 정말 시험을 치러야 하는 거야?"

그는 정직한 답변을 원하는 것 같았다. 달링은 일주일 동안 매일 내 수업에 들어오고 있었다. 그는 시간을 잘 지켰으며, 읽어오라고 내준 과제물을 적어도 감방까지 가져가기는 했다. 다른 학생들에 비하면 기특한 일이다. 게다가 달링은 허크의 진정한 후계자였다. 학대당하고 멸시당해서 구제불능이 된 아이. 허크의 목소리에 몇 시간 동안 귀를 기울이며 책을 읽다 보면 마음 붙일 곳을 찾을 수 있을지도 몰랐다. 한 번도 사귀어본 적이 없는 새로운 종류의 친구를 갖게 될지도 몰랐다.

"그래, 시험을 쳐야 돼. 그런데 넌 시험을 안 쳤어. 그러니까 잘 가. 됐지?"

나는 거짓말을 했다. 그가 문을 닫는 순간 나는 양심의 가책이 뒤섞인 흥분을 느꼈다. 다른 재소자들은 눈 하나 깜짝하지 않았다. 또 하나의 낙오자가 낙오자다운 대접을 받은 것이다. 미소를 지으며 그를 무시하고 경멸하는 사람들. 그들은 방금 일어난 일에 신경도 쓰지 않는 것 같았다. 하지만 나는 기분이 좋았다. 내가 그 일을 해냈다는 것을 믿을 수가 없었다. 달링이 정말로 나갔다니 믿을 수가 없어! 그가 마침내 딸깍 소리를 내며 문을 닫았을 때, 나는 자리에서 일어나 문을 잠가버렸다.

그가 다시 나타나면, 다시 쫓아낼 것이다.

✳ ✳ ✳

이때부터 나의 전성기가 시작되었다. 내 손에는 학생들의 삶과 조금이나마 연결된 것처럼 보이는 작품이 있었고, 교실에는 괜찮은 학생들이 있었다. 그들과는 마음을 터놓고 얘기해도 될 것 같았다. 학생들은 꾸준히 책을 읽고, 그 과정에서 뭔가를 배우고 있는 것 같았다. 그래, 뭔가를. 슬래시, 윌, 레어드, 토빈이 내 학생들이었다. 가끔 프렌치나 에몬스가 수업에 들어오기도 했다. 이들은 내 수업의 뼈대, 내가 세우고자 하는 구조물의 청사진이었다.

내가 달링을 쫓아낸 날, 남은 학생들 사이에 학문적이고 진지한 분위기가 새로이 자리를 잡았다. 레어드는 전에 『허클베리 핀의 모험』을 읽은 적이 있으며, 사립학교에 다닐 때 이 작품을 공부한 적도 있다고 말했다. 다른 학생들─팀, 윌, 슬래시─은 레어드에게 지기 싫어서 자기들도 이 작품을 잘 알고 있다고 말했다. 나는 재소자들이 『허클베리 핀의 모험』을 반드시 알고 있어야 한다는 책임감을 느낀다는 사실이 항상 놀라웠다. 그들은 자신이 저지른 살인이나 강도짓에 대해서는 책임감을 느끼지 않으면서 이 책에 대해서는 도덕적 의무감까지 느끼고 있었다. 그들의 주장을 믿지 않았지만 그래도 그 거짓말들이 반가웠다.

수업은 마크 트웨인Mark Twain이 이 작품의 배경으로 설정해놓은 시대와 장소를 학생들에게 이해시키는 것으로 시작되었다. 나는 이 작품이 1880년대에 코네티컷에서 쓰였지만, 소설 속의 배경은 그보다 약 40년 전이라서 남북전쟁도 아직 일어나지 않았고, 미국 대륙을 가로지르는 철도도 건설되지 않았으며, 산업화로 인한 문제들도 아직 생겨나지 않았다고 설명했다. 또한 저자가 미시시피 강 유역에서 보낸 자신의 어린 시절을 이 소설의 모델로 삼았지만, 자신의 어린 시절 이후 40년 동안 이 나라가 무엇을 잃어버렸는지 확실히 알고 있는 상태에서 소설을 집필했다고 말했다. 그 40년 동안 이 나라는 신대륙이라는 신비감, 초창기의 희망, 순수함 등을 일부 잃어버렸다. 마크 트웨인이 이 소설을 쓸 당시 사회는 과거의 황금기를 그리워하는 분위기에 젖어 있었다.

그러나 트웨인이 그려낸 낙원 같은 어린 시절 역시 위협으로 가득 차 있었다. 나는 재소자들에게 미시시피 강 유역이 지극히 원시적인 황무지였으며, 그곳에 정착한 사람들은 오랫동안 그 힘에 휘둘렸다는 사실을 깊이 심어주고 싶었다. 허크 핀이 오랫동안 미국인들의 상상력을 지배해왔을 뿐만 아니라 개인적으로도 강인했던 것은 그가 광대하고 신비롭고 영원한 강물이 흐르는 그 땅과 밀접하게 관련되어 있기 때문이라고 말하고 싶었다.

나는 월에게 소설의 처음 두 페이지를 읽어보라고 했다. 허크는 이 소설의 첫 문장에서 자신을 소개한 다음『톰 소여의 모험*The Adventures of Tom Sawyer*』이 어떻게 끝났는지 간단히 설명하고, 미스 왓슨과 과부 더글러스가 지배하는 문명화된 생활을 설명하기 시작한다. 우리가 수업 중에 집중적으로 다룬 것이 바로 이 부분이었다.

나는 재소자들이 150년 동안 근본적으로 변한 것이 없는 문명화 과정을 우드스턱 감옥에서 억지로 밟고 있다는 사실을 깨닫고 이 점에 가장 먼저 관심을 보일 거라고 생각했다.

소설의 배경인 세인트피터즈버그와 우드스턱 사이에는 내가 토론할 가치가 있다고 생각하는 주제들이 몇 가지 더 있었다. 모든 걸 다 때려치우고 나쁜 놈이 되고 싶다는 충동, 여기만 아니라면 어디로든 도망쳐버리고 싶다는 충동. 내가 이 점을 지적했지만 재소자들은 말이 없었다. 몇 명이 코고는 소리와 기침 소리를 냈을 뿐이다.

"허크의 문명화 교육이 어떤 결과를 낳았지요?"

내가 물었다.

"누가 대답해 볼래요? 슬래시?"

슬래시는 버몬트 교정국의 빌어먹을 교육 프로그램이 사람들의 삶을 망치고 있다고 말했다. 실패로 돌아간 심리조작, 순진하고 멍청한 심리 치료사들, 분노한 재소자들에 대한 그의 기나긴 분노 때문에 내 수업은 잠시 방향을 잃었다. 슬래시는 수업 시간에 내 동지가 되기도 하고 적이 되기도 했다. 내가 그에게 그만 입 다물라고 하면 그는 내가 자기를 무시한다고 생각해서 가만히 있지 않을 터였다. 싸움을 피하기 위해서 나는 여느 때처럼 그가 말을 계속하도록 내버려두었다.

팀은 〈밸리 뉴스〉를 펼쳐놓고 레어드의 아버지에 관한 기사를 열심히 읽고 있었다. 레어드가 감옥에 들어온 지 거의 6주가 되었다. 악명을 떨쳤던 그의 전성기가 이미 끝나버렸는지 이제 신문에는 자질구레한 후속 기사들뿐이었다. 나는 학생들이 그런 소식에 정신을 빼앗기는 것이 싫었으므로 팀에게 신문을 치우라고 했다.

"허크는 교육을 받으면서 심한 권태를 느꼈습니다. 시간이 흐르면서 이 권태는 우울증 비슷한 것으로 악화되었죠. 여러분도 그런 기분에 대해 아십니까?"

나는 허크가 어느 저녁에 미스 왓슨과 함께 철자법을 공부하고 나서 자기 방으로 돌아가 너무 "외로워서 죽어버렸으면 좋겠다"고 말하는 부분을 재소자들에게 읽어주었다.

『허클베리 핀의 모험』에서 문명화된 죽음의 해독제로 제시된 것은 야생의 자연이었다. 나는 팀에게 이 부분부터 읽으라고 했다. 방 안에 있는 사람들이 모두 들을 수 있게 큰 소리로. 그는 헛기침을 하더니 느리지만 꽤 커다란 목소리로 책을 읽기 시작했다.

나뭇잎들이 숲속에서 쓸쓸하게 부스럭거렸다. 저 멀리서 올빼미가 죽은 사람이 누구냐고 묻듯이 부엉부엉 울어대는 소리, 쏙독새와 개가 죽어가는 사람에 관해 울어대는 소리가 들려왔다. 바람이 내게 뭐라고 속삭이려 애쓰고 있었지만 나는 무슨 소리인지 알 수가 없었다. 그래서 바람은 내 몸을 휘감아 추위에 부르르 떨게 만들었다. 저 멀리 숲속에서 유령의 소리가 들려왔다. 뭔가를 얘기해도 사람들이 알아듣지 못해서 무덤에서 편히 쉬지 못하고 밤마다 슬퍼하며 돌아다니는 소리였다.

나는 학생들에게 소설 속에 묘사된 것과 같은 숲을 실제로 본 적이 있느냐고 물었다. 나무들이 알아들을 수 없는 말을 하며 부스럭거리던가요? 시끄럽게 울어대는 올빼미 소리가 정말로 어떤 의미가 있는 것처럼 들릴 수 있을까요? 경찰을 피해 다니고 마리화나 밭을 가꾸느라 숲속에서 많은 시간을 보낸 팀은, 숲에서 어느 정도 지내다 보면, 특히 경찰들이 자신을 찾으려고 왔다는 느낌이 들 때는 아주 작은 소리까지 듣게 된다고 말했다.

"허크가 그런 것처럼 숲이 하는 말을 정말로 해석할 수 있을 것 같던가요?"

"숲은 많은 얘기를 해. 엄청나게 많은 얘기를."

팀이 말했다. 슬래시가 고개를 끄덕이는 것을 보니 그도 같은 생각인 것 같았다.

나는 『허클베리 핀의 모험』 안에 사물을 재생시키고 활기를 불어넣는 힘이 돌아다니는 또 다른 세계가 존재한다는 것을 학생들에게 전달하고 싶었다. 트웨인과 허크는 '문명'이 강요하는 느린 죽음을 전복시키기 위해 영혼을 구원해주는 미시시피 강에 뛰어들라고 권고한다. 나는 노력한다면 재소자들도 비슷한 일을 해낼 수 있다고 말해줄 작정이었다. 물론 그들이 구치소 근처의 오타퀘치 강으로 달려갈 수 없지만 뭔가 다른 것을 시도해볼 수는 있다. 그들이 자신들의 생각처럼 세상과 완전히 단절된 것은 아니니까. 나는 감옥의 무기력한 일상—

먹고, 자고, 먹고, 자고―을 되뇐 다음 책 속에 푹 빠진 사람의 예측할 수 없는 삶과 대비시킬 작정이었다. 책이 아니라 예술 작업에 푹 빠지거나, 감옥 안에서 일상의 세세한 점을 관찰하며 새로운 생각을 얻는 데 푹 빠지는 것도 괜찮다. 이 모든 것이 인생을 풍요롭게 해줄 수 있다. 이 모든 것이 항상 똑같은 감옥 생활을 바꿔놓을 수 있다.

"책을 통해 미시시피 강을 여행하는 것과 실제로 여행하는 것이 크게 다르다는 건 나도 압니다."

내가 말을 시작했다.

"여러분이 저 망할 놈의 퀘치 강에도 나갈 수 없는 처지라는 것도 압니다. 나도 유감으로 생각하고 있습니다. 하지만 여기 있는 모든 사람들이 이곳이 아닌 다른 곳에 있었으면 하고 바라는……."

"난 허크 핀이 정말 좋아요."

레어드가 큰 소리로 말했다.

낮에는 원래 쿨쿨 자는 습관―이 습관 때문에 그는 저녁 일찍 감방 안에 갇히는 벌을 받았지만, 그래봤자 잠만 더 잘 뿐이었다―이 있었는데도 레어드는 이 날 왠지 더 생기가 넘치는 것 같았다. 그도 한때는 학교를 좋아했을 것이다. 그는 그때의 느낌을 되살리고 싶어 하는 것 같았다. 그가 원래부터 형편없는 녀석이었던 것은 아니다. 착하고 인정받는 학생이었던 사춘기 초기의 모습이 다시 표면으로 떠오르고 있는 것 같았다. 수업 시간에 그는 착하고, 얌전하고, 호감 가는 학생이었다. 그의 안경이 빛을 받아 반짝였고, 가슴에 스키 팀 로고가 자수로 새겨져 있는 양털 조끼를 입고 있었다. 지난 6주 동안 그는 그 조끼를 벗은 적이 거의 없었다. 스키를 타면서 태운 뺨은 아직도 사과처럼 발그레했고, 여전히 진심 어린 미소와 적극적인 태도의 효력을 굳게 믿고 있었다.

나는 내가 말하고자 했던 요점을 잃어버리고 싶지 않았다. 올빼미, 쏙독새, 개 울음소리는 바깥세상에서 허크를 기다리고 있는 불행한 운명을 암시한다는 것.

"우리 주인공의 운명, 충동, 그리고 정신은 왓슨 부인이 일찍이 철자법 책을 이용해서 그에게 했던 일, 즉 그에게 방향을 정해주고 어느 정도 그를 밀어붙이는 역할을 하고 있습니다. 허크가 할 일은 귀를 기울이는 것이죠. 그렇게 귀를 기울인다면 그는 세상으로 나갈 수 있게 될 겁니다. 세인트피터즈버그의 갑갑한 집을 초월하게 되는 겁니다."

나는 대학에서 이 책을 강의한 적이 있었는데, 이번에는 감옥에 맞게 강의 내용을 조금 바꿨다. 대부분의 재소자들은 법을 어김으로써, 법을 찢어발김으로써 자신들의 자유를 표현했다. 허크의 자유는 종류가 달랐다. 그의 자유는 영적인 여행, 탐험, 흐르는 물이었다. 그는 강에서 자신만의 세계를 발견했다. 어쩌면 재소자들이 그런 자유를 생각해보게 될지도 모르는 일이었다. 허크의 자유는 그들의 자유를 거꾸로 뒤집어놓은 것이나 마찬가지였다. 그들이 그 점에서 흥미로운 대비를 느끼는 것 같았다.

하지만 나는 곧 기가 꺾이고 말았다. 강의를 계속할수록 학생들은 점점 내 얘기를 불신하면서 지루하다는 표정을 지었다. '내면의 자유? 자유로운 영혼? 그럴 수도 있겠지. 하지만 나하고는 안 맞아.' 슬래시의 표정은 이렇게 말하고 있었다. 에몬스와 윌은 그저 멍하니 앉아 있을 뿐이었다. 슬래시의 생각에 일리가 있었다. 영적인 여행이든 그렇지 않은 여행이든, 실제로 여행을 할 수 있는 사람이 아무도 없었으니까.

"여기서 나가면 난 서부로 갈 거예요. 예전부터 가보고 싶었어요. 지금의 내 처지가 기회를 만들어준 거예요, 그렇죠? 내 말은 내가 여기서 나갔을 때 말예요."

레어드가 말했다.

"웃기고 있네."

슬래시가 빈정거렸다.

"무슨 처지?"

누군가가 물었다.

"음, 난 굴드로 돌아갈 수 없잖아요. 집으로 곧장 갈 수도 없고. 보석이 허가됐을 때 말예요. 내가 집으로 가는 것을 아버지가 바라고 있는지 모르겠어요."

"그래서 거친 서부로 가겠다? 너한테 딱 맞는다."

월이 말했다.

"그래, 총잡이, 서부로 가라."

슬래시가 말하자 레어드가 미소를 지었다.

"어쩌면, 스키를 타고 서부로 갈지도 몰라요. 난 스키광이거든요."

나는 강의를 다시 제자리로 돌려놓으려고 했지만 팀은 노래를 불러 댔고, 레어드는 갑자기 웃음을 터뜨렸다. 곧 모든 사람들이 따라 웃기 시작했다. 강의는 이제 뒷전으로 밀려나버렸다.

잠시 후 교도관이 와서 문을 두드렸다. 하지만 아무도 움직이지 않았다. 다들 아주 즐거운 시간을 보내고 있었으므로 묘하게도 오늘만은 교실을 쏜살같이 빠져나가지 않았다. 그들은 교도관이 다시 문을 두드릴 때까지 꾸물거리며 농담을 주고받았다.

10. 허크 핀

수업 시간에 우리는 5, 6장을 공부했다. 황야에서 수수께끼처럼 자취를 감추었던 허크의 아버지 팹이 세인트피터즈버그에 다시 나타나 허크를 납치해 강 건너 오두막으로 데려가는 내용이다. 그 오두막에서 두 사람은 자기들 나름의 가정생활을 다시 시작한다. 숲속에서 잠을 자고 낚시를 하며 빈둥거리는 생활. 허크는 아버지와의 생활이 몇 달 동안은 즐거웠다. 하지만 "곧 팹이 회초리를 너무 능숙하게 다루게 되었다. 나는 참을 수 없었다. 내 몸은 온통 회초리 자국투성이였다"고 말한다.

오늘 수업에서 나는 오두막에서 일어난 일 — 여러 가지 가정폭력 사례들 — 허크의 탈출 — 이것도 폭력적이다 — 그리고 허크가 마침내 그곳을 벗어났을 때 소설의 문장이 차분하게 세상을 평가하는 듯한 분위기로 바뀌는 것 등을 토론할 계획이었다. 특히 이 마지막 주제를 학생들에게 분명히 알리고 싶었다. 허크는 가정생활이 끝나자마자 잠에 빠지고, 잠에서 깬 후에는 강물의 흐름에 몸을 맡긴다. 이렇게 해서 이 소설의 내용 중 더 위험하고 심각한 부분이 새로 시작되는 것이다.

항상 그렇듯이 오늘도 나는 수업을 진행하기 위해 학생들을 조금 밀어붙였고, 늘 그렇듯이 학생들은 나의 방식을 받아들일 기분이 아니었다. 슬래시는 가석방 청문회가 점점 가까워지고 있었기 때문에 슬슬 발작 상태로 빠져들고 있었다. 가석방 담당관이 그에게 위험한 존재라는 말을 했다고 한다. 그는 자신이 사회에 혜택을 주는 존재라고 생각하는데 말이다. 이제 가석방위원회가 결정을 내릴 것이다. 그들이 가석방 담당관의 말을 무시해버릴 수도 있고, 슬래시를 다시 버지니아의 감옥으로 돌려보낼 수도 있다. 그를 1년 동안 붙들어둘 수도 있고, 내일 당장 풀어줄 수도 있다. 그는 안절부절못하고 있었다.

내가 막 자리에 앉는 순간 슬래시가 바로 옆자리에 앉으면서 분노로 가득 찬 눈으로 나를 태워버릴 듯이 쏘아보았다.

"가석방 담당관이 나더러 다시 사고 칠 가능성이 있대."

그가 씩씩거리며 말했다.

"그 뚱보 화냥년이 나더러 위험한 존재라는 거야. 그게 말이 되는 소리야?"

나는 말이 된다고 생각했지만 아무 말도 하지 않았다.

슬래시가 단 1분도 여기에 더 있고 싶지 않다며 화를 내기 시작하자 조가 히죽 웃었다. 슬래시가 화를 내면 조는 기분이 좋아진다. 슬래시는 조가 자신의 비참한 상황을 즐기고 있다는 것을 눈치 채고는 그를 공격하기 시작했다.

"야, 이 뚱보 새끼야. 마누라 아파트에 가지 말라는데도 간 멍청한 놈. 너무 뚱뚱해서 손목도 그을 수 없는 놈. 더 열심히 해봐! 면도칼로 계속 긁고 긁고, 또 긁어보라고."

그가 퉁명스럽게 말했다. 조는 슬래시의 수에 넘어가지 않았다. 눈썹을 치켜 올리면서 두고 보자고 말했을 뿐이다.

"여러분이 모두 알고 있듯이,"

내가 중간에 끼어들었다.

"최근 허크의 상황이 계속 나빠지고 있습니다. 맞죠? 모두 알고 있죠?"

나는 그의 아버지가 그를 숲속 더 깊은 또 다른 오두막으로 데려가겠다고 협박했다는 것, 과부가 허크를 문명세계로 다시 데려가려고 사람들을 풀어 찾고 있다는 것 등을 설명해주었다. 허크에게 위험이 끈질기게 다가오고 있다는 것을 모두 느낄 수 있도록 나는 윌에게 책을 큰 소리로 읽으라고 말했다. 정신착란에 빠진 팹이 뱀들이 자기 몸을 휘감고 있다고 상상하는 장면이다.

팹은 광기 어린 모습으로 사방을 뛰어다니며 뱀이 있다고 고함을 질렀다. 뱀들이 자기 다리 위로 기어 올라오고 있다는 것이다. 그러더니 펄쩍 뛰고 비명을 지르며 뱀이 자기 뺨을 물었다고 말했다.

이 망상이 가라앉자 이번에는 죽음이 그의 뒤를 쫓는다. 그가 또 다른 망상 속에서 본 모습이 그러했다. 그는 술에 잔뜩 취한 상태에서 복수에 나선다. 허크를 죽음의 신으로 착각하고 어두운 오두막 안에서 허크의 뒤를 덮친 것이다.

그가 나에게 달려들었다. 칼을 쥔 그는 나를 죽음의 사자라 부르며 쫓아다녔고 우리는 오두막 안을 뱅글뱅글 돌았다. 그는 나를 죽이겠다면서, 그래야 내가 더 이상 자신을 쫓아오지 못할 거라고 했다. 나는 죽음의 사자가 아니라 허크라고 간청했지만, 그는 소름 끼치게 웃어대고 고함을 지르고 욕설을 퍼부으며 계속 내 뒤를 쫓았다. 그의 팔을 피해 몸을 숙였을 때 한순간 방향을 잘못 돌리는 바람에 그가 내 등의 옷자락을 붙들었다. 나는 이제 끝장이라고 생각했다. 그러나 나는 번개처럼 겉옷에서 미끄러져 나와 목숨을 구했다.

나는 이 책의 어디에나 죽음이 있다고 말했다. 죽음이 사람들의 마음속에 낙인처럼 찍혀 있다고. 심지어 허크의 마음속에도. 이 장면에서 팹은 죽음을 머리에서 떨쳐낼 수 없었기 때문에 살인을 하려 한다.

"내 생각에는 작가가 독자들에게 이 파이크 카운티에 대해 판결을 내려보라고 말하고 있는 것 같습니다. 그래요, 미시시피 강변의 사회, 미국 사회가 아이들을 대하는 태도를 바탕으로 판결을 내려보라는 거죠."

내가 말했다.

"내 생각에 작가는 이 책을 포괄적인 고발장으로 만들 생각이었던 것 같습니다. 또한 대안을 제시할 생각도 있었던 것 같아요. 무슨 말인지 알겠습니까?"

슬래시는 턱을 문지르고 있었다. 마침내 라이노가 입을 열었다.

"난 여기 이 부분을 읽어보고 싶어. 아주 굉장해."

그는 그 페이지 아래쪽을 가리켰다.

"이걸 읽으면 생각나는 사람이 있거든."

나는 이제부터 무슨 일이 벌어질지 짐작할 수 있었으므로 그에게 그만두라고 했다.

"그냥 이것만 읽을 거야."

그가 말했다.

"안 돼요."

내가 고집스럽게 말했다. 물론 그는 내 말을 듣지 않았다.

"난 이 부분이 맘에 들어. 잘 보라고, 팹이 잠든 뒤에 말이야. 그래, 이걸 읽으면 누가 생각나?"

"슬래시, 다들 조용히 하라고 좀 해줘요."

내가 말했다.

"싫어. 저놈이 당신이 내준 숙제를 읽겠다고 하잖아."

라이노가 책을 읽었다.

"곧 나는 바닥이 갈라진 낡은 의자를 가져다놓고 소리 나지 않도록 가능한 한 침착하게 올라가 총을 꺼냈다."

그는 터져 나오는 웃음을 억지로 참아가며 책을 읽었다.

"나는 꼬챙이를 꽂아 장전이 되어 있는지 확인한 다음 순무를 담은 통에 올려놓고 총구가 팹을 향하게 했다. 그리고 그 뒤에 앉아 팹이 몸을 뒤척이기를 기다렸다……. 그리고 나는 망할 놈의 방아쇠를 당겼다. 빵! 그 빌어먹을 놈의 머리가 산산조각 나 흩어졌다. 곧 나는 혼잣말을 했다. 이런 젠장! …… 이게 무슨 뜻인지 알겠어?"

그는 레어드에게 시선을 돌렸다.

"아, 잠깐."

그가 짐짓 슬퍼하는 척하면서 부드러운 목소리로 사과하듯 말했다.

"이 책 내용이 원래 이랬나? 이건 〈러틀랜드 헤럴드〉에서나 읽을 수 있는 거잖아."

레어드는 입을 굳게 다물고 나만 바라보았다. 모두 당혹스러워했다. 잠시 침묵이 내려앉았다. 라이노조차도 당황해했다. 사람들이 레어드를 쿡쿡 찔러댈 때 정말이지 무슨 말을 해야 할지 모르겠다. 레어드는 그럴 때 아무런 반응을 보이지 않는다. 화를 내지도, 복수를 하지도 않는다. 그냥 겁먹고 상처받은 얼굴로 가만히 앉아 있을 뿐이다.

레어드는 내 가슴 한가운데를 못 박힌 듯 바라보고 있었다. 그러니 내가 뭔가 말을 해야 했다. 하지만 그때 다행스럽게도 수업 시간이 끝났다. 나는 교도관들이 문을 두드리는 소리를 들으며 크게 안도의 한숨을 내쉬었다. 다른 사람들도 나와 같은 기분이었을 것이다.

극지소 일기, 2000년 2월 17일

어렸을 때 나는 허크가 팹의 오두막에서 탈출하는 부분을 두려운 마음으로 읽었다. 그것은 죽음의 사자 장면 다음에 이어지는 악몽의 연속이었다. 비록 이번에는 허크가 상황을 장악하고 있지만 말이다. 허크는 아버지의 소지품도 가지고 있다. 총, 도끼, 취사 도구, 낚싯줄, 성냥, '한 푼이라도 가치가 있는 것이라면 모두' 가져온 것이다. 허크가 처한 상황을 생각하면 현명한 도둑질이다. 이제 허크는 경제적으로 여유 있는 사람이 될 것이고, 팹은 사방에서 위험한 것들에게 쫓기는 빈털터리 도망자가 될 것이다.

허크가 박해받는 아이로 살면서 오랫동안 꿈꿔왔던 탈출을 마무리하는 장면을 읽기로 했다. 그는 돼지 한 마리를 총으로 쏴서 자신이 야영하는 곳까지 끌고 간다.

나는 도끼로 문을 후려쳤다. 문을 부수는 데 상당한 힘이 들었다. 안으로 들어가 돼지를 탁자 가까이 끌고 간 다음 도끼로 녀석의 목을 내리쳤다. 그리고 피를 흘리는 녀석을 땅바닥에 내버려두었다. 내가 땅바닥이라고 한 것은 그것이 정말로 땅바닥이었기 때문이다. 판자 같은 것으로 덮이지 않은, 단단하게 다져진 땅바닥. 나는 낡은 배낭을 꺼내서 커다란 돌멩이를 잔뜩 집어넣었다. 끌고 갈 수 있을 만큼. 그리고 문까지 배낭을 끌고 갔고,

숲을 지나 강가로 내려갔다. 그리고 그것을 던져 넣었다…….

허크는 마치 깊은 명상에 잠긴 사람처럼 단 한 가지에 집중하고 있다. 그의 이런 모습이 어디서 나왔을까? 수업 중에 우리는 아직 이처럼 자기 목적을 위해 엄숙하게 움직이는 허크를 만난 적이 없었다. 내가 글을 읽는 동안 학생들은 조용했다. 나는 이 글의 느리고, 기묘하고, 잔인한 리듬을 살리려고 애썼다. 문장 몇 개를 더 읽어 내려가자 허크가 자기 머리카락을 뽑아 돼지 피를 묻혀 도끼 등에 붙이는 장면이 나왔다. 다들 한마디 한마디에 귀를 기울이고 있었다. 바로 얼마 전에 자제력을 잃어버렸던 사람들, 내면의 목소리에 굴복해버렸던 사람들이 지금 이 방 안에 있기 때문에 이 구절들이 더욱 그럴듯해 보인다는 생각이 들었다.

"지금 상황을 장악하고 있는 게 누구죠? 허크가 왜 이런 짓을 하고 있을까요? 목적이 뭐죠?"

나는 어떻게 대답해야 할지 구체적인 생각도 해보지 않고 학생들에게 물었다.

"다른 사람이 자기를 죽인 것처럼 보이게 하려고 그러는 건가요? 강도나 뭐 그런 사람한테 당한 것처럼 보이게 하려고?"

레어드가 되물었다.

"그래, 그거야. 하지만 그게 다가 아냐."

"허크가 아주 의도적으로 그런 행동을 하고 있다는 거죠? 그거예요?"

나는 어떻게 대답해야 할지 알 수 없었다. 레어드는 정답을 내놓으려고 안달하고 있었다. 아니 정답을 '알고' 싶어서 안달하는 것 같았다.

"허크가 전에도 그런 일을 해 본 적이 있다는 거죠? 그거예요?
그래서 어떻게 해야 하는지 정확하게 알고 있다는 거죠?"

레어드가 다시 물었다. 다들 나를 바라보며 나의 판결을 기다리
고 있었다. 허크는 도끼로 돼지를 죽인다는 계획을 어떻게 생각해
냈을까? 그 계획의 진짜 목적은 무엇일까? 바닥에 피를 묻힌 이유
는? 돌멩이를 배낭에 담은 이유는? 그것을 미시시피 강에 던진 이
유는?

허크는 팹과 함께한 삶을 어떻게 하면 우아하게, 의도적으로 끝
낼 수 있는지 본능적으로 알고 있었다. 사제처럼, 죽음의 의식을
치르는 것. 그러나 재소자들 앞에서 이 말을 꺼내기가 어려웠다.
학생들은 나를 빤히 바라보았다. 두앤의 얼굴에는 표정이 없었다.
텔레비전을 볼 때의 표정 같기도 했고, 식당에서 메뉴판을 바라볼
때의 표정 같기도 했다. 레어드는 빨리 답을 알고 싶어서 안달이
나 있었다.

나는 학생들에게 설명을 하려고 했지만 말이 엉망이 되어버렸
다. 레어드의 표정을 보니 무슨 생각을 하고 있는지 알 것 같았다.
'허크가 사제라고? 허크가 의식을 거행하고 있어? 무슨 의식? 혹
시 선생님은 저렇게 말을 하면서 자기도 그 뜻을 모르는 게 아닐
까? 나는 더 자세히 설명하려고 애썼다. 허크는 지금 스스로 새로
운 삶으로 옮겨가는 중이다. 허크의 행동에는 의식을 연상케 하는
뭔가가 분명히 있다고.

"이건 힘든 일입니다."

내가 말했다.

"평상시 이 아이는 빈질거리며 게으름을 피웠어요. 그런데 갑자
기 그가 진지하게 굴기 시작합니다. 알겠어요?"

나는 생존을 위한 신비한 충동이 허크를 사로잡고 있음을 학생
들이 깨달아주기 바랐다. 내 말에 담긴 진실 때문에 당황해서인지,
아니면 내가 말을 너무 많이 하니까 당황해서인지 학생들은 말이
없었다. 이맛살을 찌푸린 윌과 눈을 가늘게 뜬 슬래시의 표정을 보
니 학생들 중 일부―똑똑한 학생들―는 내 말을 어느 정도 이해
하는 것 같았다. 재앙을 견디고 살아남는 것에 대해 뭔가 틀림없이
알고 있을 레어드는 게임 같은 이 수업이 계속되기를 바라고 있었
다. 그는 더 많은 설명, 더 많은 얘기를 원했다. 그의 표정은 이렇
게 말하고 있었다. 이대로 계속 가자고요. 마음에 들어요.

오늘 내 강의 계획의 핵심은 허크와 팹 사이의 폭력적인 사건 이
후에 시작된 새로운 삶을 묘사한 부분이었다. 오두막 바닥에 피를
적당히 묻힌 후 허크는 자신의 물건들을 카누에 싣는다. 팹은 아
직 오두막에 돌아오지 않았다. 카누는 강둑에서 자라는 버드나무
에 매어져 있다. 허크는 카누에 타자마자 잠들어버린다. 그는 날
이 어두워진 후 잠에서 깨어 잠시 겁에 질려 사방을 둘러본다. 나
는 다음 부분을 두앤에게 읽으라고 했다.

강의 폭이 몇 마일은 되는 것 같았다. 달빛이 하도 밝아서 물 위를 떠가
는 통나무의 숫자를 셀 수 있을 정도였다. 강가에서 수백 미터나 떨어진 이
곳은 밝고 고요했다. 모든 것이 쥐 죽은 듯 고요했다. 늦은 시간인 것 같았
다. 그런 냄새가 났다. 여러분은 이 말이 무슨 뜻인지 알 것이다. 나는 이것
을 어떻게 표현해야 할지 잘 모르겠다.

두앤은 책을 그리 잘 읽는 편이 아니다. 그러나 그가 더듬더듬
읽어가는 바람에 느릿하면서도 고뇌가 적당히 섞인 분위기가 만
들어졌다. 나는 그에게 책을 아주 잘 읽었다고 칭찬해주고 싶었지

만 팀이 갑자기 끼어들었다.

"봐, 이 녀석이 돼지한테서 얻은 게 있잖아. 녀석은 킁킁거리는 돼지의 코를 물려받았어. 돼지들이 얼마나 냄새를 잘 맡는지 알아?"

우리는 한동안 죽은 돼지와 돼지의 코에 관한 농담을 주고받아야 했다. 팀이 다른 얘기를 도무지 진지하게 받아들이려 하지 않았으므로. 몇 분 후 나는 다시 책에 주의를 돌리도록 학생들을 밀어붙였다. 레어드가 나를 도우려고 나섰다.

"그러니까, 요점이 뭐예요, 선생님? 새로운 시작, 에덴동산 같은 걸 말하는 거예요?"

"그 얘기는 곧 나올 거야. 하지만 먼저 허크의 내부에서 변화가 일어나지. 뭐가 변했을까? 레어드, 네 생각에는 그게 뭔 거 같아?"

"강 건너편을 볼 수 있다는 거요? 더 멀리 보게 됐다는 거요? 그는 이제 오두막 안에 갇혀 있지 않으니까 더 자유로워졌어요."

"그건 뻔한 얘기잖아. 그래서 뭐가 어쨌다고?"

윌이 말했다.

나는 학생들이 이 장면을 나처럼 해석하기를 바랐다. 밤에도 잘 볼 수 있는 허크의 저 유명한 능력이 깨어나는 장면으로, 어둠을 뚫고 나아갈 수 있는 레이더 같은 능력이 깨어나는 장면으로. 학생들에게는 이런 능력이 절실히 필요하다. 비록 소설 속의 인물일지언정, 누군가가 그런 능력을 사용하는 모습을 본다면 학생들에게 도움이 될 것 같다. 눈을 뜨고 나서 얼마 되지 않았을 때 허크는 강둑의 버드나무에 매어져 있던 줄을 푼다. "다음 순간 나는 강둑의 그림자 속에서 부드럽지만 빠른 물살을 따라 빙글빙글 돌면서 내려가고 있었다……." 몇 마일을 내려간 후 배는 강의 중심을 향해 흐르는 깊은 물살을 만난다.

나는 배에서 내려 강 위에 떠 있는 통나무 위에 누워 물살에 몸을 맡겼다. 그리고 편안히 쉬면서 파이프 담배를 피우며 멀리 하늘을 바라보았다. 하늘에는 구름 한 점 없었다. 달빛 아래 드러누워 하늘을 바라보면 하늘이 몹시 깊어 보인다. 전에는 결코 알지 못했다. 게다가 그런 밤에는 멀리서 나는 소리가 얼마나 잘 들리는지!

연락선 선착장에서 두런거리는 사람들의 목소리가 물 위로 들려온다. 그는 그 촌뜨기들의 대화를 모두 알아듣고, 기억 속에 조용히 저장해놓는다. 말소리가 중얼거리는 소리로 잦아들더니 웃음소리가 들려온다. 그는 물살 속으로 더 깊숙이 떠내려간다. 냄비와 도끼와 낚싯줄과 함께. 이 장면은 허크가 현실을 초월하는 모습을 아름답게 묘사하고 있다. 이 책에 나오는 모든 탈출 장면 중에서도 가장 생생한 부분이다. 이 장면은 어둠이 세상을 지배하고 있다는 것을 묘사하면서도, 그 어둠에 맞서는 밝은 점들—별빛, 달빛, 멀리 마을의 불빛들— 을 계속해서 강조하고 있다. 나는 학생들이 이 장면을 조심스럽게 따라오다가 허크가 잭슨 섬에 닿는 모습을 보아주기를 바랐다. 학생들은 이 부분에서 이야기를 압도하는 새로움과 기회를 경험하고, 허크가 자기 내면의 신비한 레이더와 접속한 것이 여기에 부분적으로나마 영향을 미쳤음을 깨달아야 했다. 그가 그 능력을 개발한 것이 어쩌면 불가피한 일이었는지도 모른다. 그 능력이 주위 환경 때문에 발달한 것인지도 모른다.

"여기서 내 감각을 일깨워야 한다는 얘기는 하지 마, 테오."

메모지를 뒤적거리며 강의를 듣고 있던 슬래시가 말했다.

"여기서 똥 냄새를 더 맡으려고 애쓰면, 정말로 똥 냄새를 더 맡을 수 있어, 틀림없이. 밤에 침대에 누워 있어도 밤이 늦었다는 냄새는 안 나, 똥 냄새만 나지."

"그래요, 그렇겠죠."

내가 맞장구를 쳤다.

나는 레어드에게 다음 장을 읽게 했다. 잭슨 섬에 도착한 후 처음 며칠 동안 허크의 행적을 묘사한 부분이었다. 그는 세인트피터즈버그에서 온 연락선이 자신의 시체를 찾아다니는 모습을 지켜본다. 그 배는 그가 실종되었다는 결론을 내리고 돌아가 버린다. 그는 천막을 세우고 강 위를 떠가는 통나무와 별들을 세기 시작한다. 허크는 "그렇게 3일 밤낮이 지났다"고 말한다.

달라진 건 하나도 없고, 다 똑같았다. 하지만 다음날 나는 섬 탐험을 시작했다. 내가 이 섬의 대장이었다. 이 모든 것이 내 것이나 다름없었다. 이 섬에 대해 모든 것을 알고 싶었다. 하지만 내가 가장 원한 것은 시간을 보내는 것이었다. 나는 딸기를 많이 찾아냈다. 잘 익은 놈들이었다. 청포도와 설익은 나무딸기도 있었다. 검은딸기 열매가 이제 막 초록색으로 맺히고 있었다. 이것들은 나중에 아주 쓸모가 있을 것 같았다.

이것은 허크를 아담처럼 묘사한 부분이다. 이 부분에서 미국은 에덴동산이고 허크는 하느님의 들판에서 노는 신화적인 최초의 아이임을 금방 알아차릴 수 있다.

허크는 초월적인 경험을 통해 시간을 거슬러 올라갔다. 일상의 하찮음과 어리석음—팹, 키득거리는 촌뜨기들—이 쓸려가 버리자, 그는 자신만의 세상에서 태초의 순간으로 돌아왔다. 허크는 시간을 어떻게 보내야 할까? 섬에 있는 다른 생물들에게 어떻게 접근해야 할까? 이런 질문들로 토론을 이끌기 위해 나는 '시간을 보내고 싶었다'는 허크의 말이 무슨 의미인 것 같으냐고 학생들에게 물었다.

"이 녀석은 기본적으로 자기가 하고 싶은 일을 하려고 해."

두앤이 말했다.

"시간이 너무 많아서 죽이고 싶은 거지. 내가 보기에는 합리적인 것 같아. 모든 걸 감옥식으로 바라보지만 않는다면 말이지."

"그럼 허크는 이것도 저것도 아닌 중간지대에 있는 건가요? 무엇이 될지 모르지만, 어쨌든 다음에 일어날 일을 기다리면서?"

내가 물었다. 두앤이 고개를 끄덕였다.

"이 녀석은 집에서 도망치는 중이야. 영원히 말이야. 징역을 살고 있는 게 아니라구. 그냥 살고 있는 거야. 정말 지독하게 운 좋은 녀석이지."

조가 말했다. 조는 버몬트를 벗어나고 싶어 했다. 그리고 다시는 돌아오지 않을 생각이었다. 나는 조의 의견에 동의했다. 잭슨 섬에서 허크는 자신의 상상력과 판단을 기준으로 움직였다. 그의 감각은 그에게 단순한 것들을 일러주었다. 이 섬의 길이 어떻게 나 있는지 배우라는 것. 이 섬에 자기말고 누가 있는지 알아내라는 것. 훗날을 위해 식량을 모으고 물자를 비축해야 한다는 것.

"맞는 말이에요."

레어드가 맞장구를 쳤다.

"가끔 내가 느끼는 기분하고 완전히 똑같아요. 나도 지금 시간이 엄청 많거든요. 예전에는 이렇지 않았는데. 그게 좋을 때도 있고 싫을 때도 있어요. 이 시간을 어떻게 보낼지는 나한테 달려 있어요. 나도 가끔은 아니, 그런 기분을 느낄 때가 많아요."

그는 자기 의견에 맞장구를 치는 사람이 있는지 보려고 주위를 둘러보았다. 그런 사람은 없었다.

"그렇다면 '시간을 보낸다'는 것은 그냥 시간이 흘러가게 내버려둔다는 의미인가?"

내가 물었다.

"맞아요! 그거예요!"

레어드가 미소를 지으며 소리쳤다. 그를 믿어야 할지 말아야 할지 판단할 수가 없었다. 그의 발언은 왠지 선생님에게 잘 보이려고 하는 말처럼 들렸다. 그는 법정에서 선고를 내리는 판사에게도 그런 식으로 말할 것 같았다. 하지만 만약 그가 나한테 듣기 좋은 소리를 하려고 애쓰는 거라면, 그것은 착하게 행동하도록 스스로를 설득하는 노력이기도 했다. 긍정적이고 희망적인 징조였다. 소설 속에서는 폭력적인 사건이 마법 같은 각성으로 이어진다. 이 장면에 대해 학생들 중 어느 누구도, 심지어 슬래시조차도 눈썹을 치켜올리지 않았다. 어쩌면 그리 낯선 얘기가 아니었는지도 모른다.

구치소 일기, 2000년 2월 21일

우리는 나무딸기와 청포도가 나오는 부분에서 앞으로 더 나아가 섬에 있는 허크의 집에 대해 얘기하고 있었다. 사실 집이라기보다는 불을 피우려고 파놓은 구덩이 옆에 담요로 만든 천막에 불과했지만. 우리는 허크가 이 '집'을 만든 후 섬을 더 자세히 살펴보려고 나무 위로 올라가는 장면에 대해 얘기했다.

"어떤 의미에서 이것은 허크에게 내세와 같습니다."

내가 지적했다.

"허크는 자신이 과거에 살았던 문명세계를 벗어났어요. 세인트 피터즈버그의 사람들은 그가 살해당했다고 생각합니다. 그는 나무

위에 올라가서 두 시간 동안 머무르며 주위의 소리에 귀를 기울이고, 섬의 지형을 살펴봅니다. 여긴 완전히 새로운 세상이에요."

"아, 무슨 말인지 알겠어요. 여긴 단순히 새롭기만 한 게 아니에요. 기본적으로 세상의 시작과 같은 곳이죠. 허크는 그 안에 살고 있는 유일한 사람이기 때문에 이 세상을 자기 마음대로 휘두를 수 있는 거죠? 최초의 인간, 뭐 그런 거니까."

레어드가 말했다.

"그래 맞아. 세상의 시작이야."

무엇이 진실일까? 레어드가 자신의 생각을 말하기 시작했다. 이야기의 요점은 세상이 돌고 돈다는 것이었다. 노인들이 주도권을 쥐다가 젊은이들이 주도권을 쥔다. 지금 우리는 노인들이 주도권을 쥐고 있는 시대를 통과하고 있다. 하지만 상황이 바뀔 것이다. 노인들이 자기 뒤를 따라오는 사람들을 너무 심하게 억누른다면 전투가 벌어질 것이다. 내전이다. 그러면 과거의 질서가 새로운 질서에 자리를 내주고 물러난다. 그리고 새로운 종류의 사람들이 점점 모든 주도권을 쥐는 모습을 보게 될 것이다. 그건 모두 좋은 일이다.

"이런 말 알아요? 불새는 항상 재 속에서 더 강한 모습으로 솟아오른다."

레어드가 물었다.

"이건 진실이에요. 난 예전부터 이 말이 맞다고 생각했어요."

월도 같은 생각이라고 했다. 그는 이 책이 마음에 든다면서, 지금 같은 느낌을 받게 될 거라고는 생각하지 못했다고 말했다. 잘된 일이다. 그는 이어 전국적인 혁명이 필요하다고 선언했다.

"혁명이 일어날 거야."

그가 중얼거렸다. 조금 확신이 없는 목소리 같기도 했다. 월이 정치에 대해 얘기할 때는 남의 말을 기계적으로 외운 것 같은 느낌, 깊이가 없는 것 같은 느낌이 들었다. 그는 사회적 격변이 임박했다며 일장연설을 늘어놓았다. 언젠가 혁명이 일어나서 도덕이 등장하기 전의 순진무구함과 자유를 우리 모두에게 돌려줄 것이라고 했다. 그는 십 대 소년처럼 유치한 생각 속으로 우리를 끌어들였다. 현실 세계에서 쏟아져 들어오는 자료들을 훑는 데 놀라운 능력을 발휘하는 월이 그런 생각을 바꾸지 않는 것이 의아했다. 월뿐 아니라 모든 학생들이 이런 기회를 늘 엿보고 있다. 마침내 기다리던 순간이 오면 그들은 교실의 분위기를 자신의 철학으로 두껍게 색칠한다. 수업은 죽어버린다. 책과 책 속에 담긴 사상들은 질식한다.

마침내 슬래시가 월의 말을 잘랐다.

"너한테 불가피한 일은 네가 10년 형을 받게 될 거라는 사실뿐이야, 멍청아. 그리고 폐소공포증 하고. 그게 다야. 가서 샤워나 하지 그래?"

월은 아침에 샤워를 했다고 말했다. 지금 기분이 매우 좋다고. 슬래시 당신은 어때요?

수업이 끝나가고 있었다. 나는 안도감을 느꼈다. 학생들이 책과 좋은 관계를 맺어가고 있는 것을 망가뜨리고 싶지 않았다. 나와의 관계도. 그래서 나는 한동안 그들의 주장에 귀를 기울이며 교도관이 오기를 기다렸다.

국치소 일기, 2000년 2월 24일

학생들이 모두 도서실에서 나간 뒤 나는 교실로 가서 출석부를 훑어보고 있었다. 레어드가 내 옆에 있던 재소자들 사이로 밀고 들어와 내 어깨를 잡아당겼다. 우리는 사람들에게서 벗어나 컴퓨터 옆으로 갔다.

"제 사건에 대해 드릴 말씀이 있어요."

그가 속삭이듯 말했다.

"하지만 지금은 말할 수 없어요. 주위에 사람이 너무 많아요."

나는 알았다고 대답했다. 내가 조금 놀란 표정을 지었던 모양이다. 교실 건너편에서 짐이 나를 흘긋 바라보는 것이 보였다. 교도관도 나를 바라보고 있었다. 그리고 감옥의 폐쇄회로 텔레비전이 우리 모두를 바라보고 있었다.

레어드의 사건은 특히 잘 알려져 있으므로 그와 속삭이며 얘기를 나누다가는 오해를 살 우려가 있었다. 교사들이 가장 먼저 지켜야 할 규칙은 학생들의 개인사에 관여하지 않는 것이다. 그들의 개인사는 특별한 정보이며, 그 정보의 소유자는 검사이다. 교사가 학생들의 일에 괜히 끼어들었다가는 자기 입장마저 곤란해지기 십상이다. 소환장을 받게 될 수도 있고, 해고당할 수도 있다. 나도 이것을 알고 있었지만 레어드를 외면하기 어려웠다. 레어드도 그 점을 눈치 챈 것 같았다.

"아빠가 선생님을 만나고 싶어 하세요."

그가 속삭였다.

아버지가 그의 삶에서 점점 큰 비중을 차지하게 된 거 같다. 좋은 징조다. 그는 수요일 저녁의 면회 시간에 레어드를 만나러온다. 레어드에 따르면, 구치소 학교에 중고 매킨토시 컴퓨터 몇 대를 기증하겠다는 약속도 했다고 한다. 그가 동성애자의 회고록, 폴 모넷Paul Monettes의 『남자 되기: 반평생의 이야기Becoming a

Man: Half a Life Story』를 선물한 것을 보면, 레어드가 자신의 성적 취향을 받아들이도록 도와주려는 것 같다. 내가 보기에 레어드는 이미 그 문제를 편안하게 받아들이고 있었다. 레어드는 이곳에 들어온 후 처음 일주일 동안 시사 문제 수업에서 동성애자 권리 운동을 지지하는 발언을 했다. 그러나 사람들이 그에게 눈살을 찌푸리자 그는 분위기를 파악하고 순식간에 자유주의적인 견해를 버렸다. 우드스턱 구치소의 재소자들은 동성애자들을 극도로 혐오했다. 레어드도 그들과 보조를 맞췄다. 이제 그는 굴드에서 만났던 여학생을 자기 '여자'로 지칭한다. 그런데 그가 이런 말을 할 때면 우스꽝스러울 정도로 사내다움을 강조하는 것처럼 들린다.

"내 여자는, 자기가 원하는 것은 장소를 가리지 않고 항상 손에 넣어요."

이건 그의 말이지만 다른 재소자들이 여자에게 얼마나 잘해주는지를 설명할 때 정해진 공식처럼 입에 담는 말이기도 하다. 물론 레어드는 자신이 부모의 돈으로 사람들에게 마구 선물을 뿌렸다는 것을 자랑하고 있다. 선물을 받은 친구들이 그의 등 뒤에서 킥킥거리며 그를 비웃는 모습이 눈에 보이는 듯하다.

구치소 일기, 2000년 3월 1일

레어드와 조금 더 가까워졌다. 그는 최근 양어머니를 쏘아 죽인 웨스트 버크의 스콧 파브로에게 집착하고 있다. 스콧의 범죄는 레어드의 범죄를 그대로 재현한 듯하다. 집에 있던 총, 부모의 차, 방아쇠를 당기기도 전에 어긋나기 시작한 무모한 계획. 물론 엄마 노릇을 하려고 애쓰다가 총에 맞아 죽은 어머니도 공통점이다. 이처럼 눈에 띄는 사실들이 레어드에게 강한 연대감을 느끼게 하는

것 같다. 그는 스콧의 범죄를 색다르게 해석했다. 나로서는 생각
지도 못한 해석이었다. 양아들에게 살해당한 마흔네 살의 빅토리
아 캠벨 비어가 폭군이었다는 것이다. 레어드는 그녀가 스콧과 그
의 이복 여동생을 학대했다고 주장했다. 그래서 두 아이가 더 이
상 참지 못하고 상황을 끝장냈다는 것이다.

그는 자기 '약혼녀'와 친구들과의 관계에 대해 말해주었다. 그는
자기 친구들이 마술숭배자, 레즈비언, 마녀들이라고 주장했다. 레
어드를 제외하고는 그들 모두가 막연히 대학에 가야 한다는 생각
을 하고 있었다. 레어드는 아직 고등학교 2학년이었으므로 대학보
다는 친구들과 어울리는 데 더 관심이 많았다.

그는 자기 어머니에 대해서도 잠깐 언급했다. 배우가 되는 것이
꿈이라는 얘기도 했다. 우리는 지루한 시사 문제 수업 시간과 10
분간의 쉬는 시간 내내 몰래몰래 얘기를 나눈다. 우리의 대화는
은밀하며 조금은 사적이기도 하다. 마치 학교 운동장에서 나누는
밀회처럼.

우리 대화에는 서로 얽혀 있는 두 가지 주제가 있다. 그의 집 금
고에 돈이 넘쳐난다는 것과 그가 무죄라는 것. 하지만 그는 무죄
가 아니다. 그도 그런 거짓말이 통하지 않는다는 것을 안다. 그럼
돈은? 스태너드 일가가 아들을 감옥에 보낸 다른 집들보다 부자일
지는 몰라도, 거기에 의미가 없기는 마찬가지이다. 〈밸리 뉴스〉는
스태너드 일가가 1985년에 웨스트 윈저의 집을 2만 7천5백 달러
에 샀다고 보도했다. 15년 전임을 감안해도 그리 큰돈은 아니다.
지금 레어드의 보석금은 150만 달러이다.

"아빠는 75만 달러를 현금으로 갖고 계세요."

레어드가 텔레비전에 나오는 주식중개인처럼 이런 액수 정도야

별것 아니라는 듯이 손을 흔들며 말했다.

"채권 몇 개만 팔면 나머지 금액을 채울 수 있어요. 돈은 절대로, 절대로 문제가 아니에요."

그는 다른 학생들에게도 이렇게 말했다. 하지만 그는 아직 보석으로 석방되지 않았다. 그의 가족은 레어드가 도망치지 않을 거라고 믿지 못하는 모양이다. 어쩌면 그가 자유의 몸이 되는 것을 원하지 않거나.

어쨌든 레어드는 법정에서 자신이 별로 고생하지 않을 거라고 말한다. 이유를 물으면 그는, "아주 뛰어난 변호사를 구했으니까요. 돈으로 최고의 변호사를 구했어요"라고 대답한다. 그는 자기 집에 돈이 많다는 사실이 결국 자신에게 유리하게 작용할 거라고 생각한다.

하지만 돈은 그에게 짐이 되기도 하는 것 같다. 그는 엘리자베스가 순전히 돈 때문에, 그가 어머니의 지갑에서 꺼낸 신용카드의 편리함 때문에 자신에게 관심을 보인 것은 아닌지 생각하기 시작했다. 돈이 너무 많아서 자신의 부모가 망가졌다고도 생각한다. 그들이 레어드를 기숙학교로 보낸 것은 그의 문제를 돈으로 해결하려고 했다는 뜻이다.

"하지만 돈으로 문제를 해결할 수는 없어요."

그가 말했다. 옳은 말이다.

그는 돈 때문에 자신도 망가진 것은 아닌지 가끔 생각한다. 어머니가 죽던 날 그의 주머니에 현금 2백 달러가 있었다. 집에 있던 지갑에서 꺼내온 돈이다. 물론 그의 지갑은 아니다. 신용카드도 있었다. 그는 엘리자베스를 만나러 메인 주로 갈 작정이었으므로 돈이 필요했다. 하지만 메인 주에 도착한 다음에는 어디로 갈 건지 생각해두지 않았다. 그는 부모의 유산을 손에 넣는 데 시간이 조금 필요할 거라고 생각했다.

어제 레어드는 비밀을 말하고 싶다며 나를 재촉했다. 엘리자베스에 관한 얘기였다. 굴드에서 가끔 그의 여자 친구였고, 그가 여자 친구로 삼고 싶어 하는 아이. 알고 보니 그가 내내 생각하고 있던 것은 자신이 저지른 살인 사건이 아니라 엘리자베스였던 모양이다. 우리는 칠판 뒤에 서 있었다. 그는 분노 때문에 벌겋게 달아오른 얼굴로 정신없이 말을 쏟아냈다.

"난 그애를 위해서라면 무슨 짓이든 다 했어요! 그애는 나한테 최고의 친구였다고요. 우린 결혼하기로 되어 있었어요. 대학도 같은 데로 가기로 했어요!"

그는 지금까지 그녀만큼 깊은 대화를 나눠본 상대가 없다고 했다. 그는 그녀의 숙제를 도와주려고 자기 숙제를 포기했다. 건너편 기숙사에 있는 그녀와 메신저로 대화를 하느라 매일 밤늦게까지 깨어 있었다. 그들은 함께 미래를 설계할 만큼 가까운 사이였다. 그런데 그녀는 지금 경찰에게 정보를 주고 있다. 그는 믿을 수가 없다. 그녀가 왜 그런 짓을 하는 걸까? 그는 넋이 나갈 지경이다. 그녀는 권위를 내세우는 윗사람이나 기관을 싫어했다. 그와 마찬가지로 삶의 방향을 스스로 정하는 사람이었다. 그런 그녀가 왜 경찰 따위와 얘기를 하는 걸까?

내가 그 답을 알 리 없다. 그는 내가 대답을 갖고 있기라도 한 것처럼 잠시 나를 빤히 바라보다가 결혼이라는 더 행복한 주제로 화제를 돌렸다. 나는 그가 신랑이 된 모습을 상상하기 어려웠지만, 대학생이 된 모습을 상상하기는 어렵지 않았다. 하지만 이제는 신랑이 된 모습도 대학생이 된 모습도 무죄라는 그의 주장만큼 허황한 것이 돼버렸다.

어쨌든 그는 엘리자베스가 자신을 만나러 와주기를 바라고 있다. 그는 항상 그녀를 생각한다고 말했다. 나는 상황이 이렇게 됐으니 그녀가 자신의 삶을 살 수 있도록 놓아주는 편이 좋지 않겠느냐고 물어보았다. 그도 그럴 필요가 있다고 했다. 하지만 그는 곧 "그애가 정말로 날 만나러 와줬으면 좋겠어요. 너무 보고 싶어요. 정말로 많이"라고 말했다.

사랑에 빠진 남학생들이 대개 그렇듯이, 레어드도 엘리자베스에 관해 이런저런 공상을 수없이 하는 듯했다. 어쩌면 두 사람의 관계가 애당초 존재하지 않았는지도 모른다. 레어드와 얘기를 하면서 내 머릿속에는 학교에 갓 입학해서 외롭게 친구들을 찾아 헤매는 그의 모습이 떠올랐다. 그는 상급반 여학생들 속에서 친구를 찾았다. 굴드의 아이들은 대개 밖에서 노는 것을 좋아했고, 눈이 반짝반짝 빛났으며, 주체할 수 없을 만큼 건강했지만 레어드의 친구들은 숲속으로 몰래 들어가서 담배 피우는 것을 좋아했다. 스키나 축구, 라크로스 실력도 뛰어나지 않았다. 좋은 대학에 들어갈 수 있는 아이들도 아니었다. 그는 애정 어린 목소리로 그들이 학교의 '괴짜들'이었다고 말했다. 그들은 검은 옷을 입고 전투용 장화를 신었다. 그들 중에는 레즈비언도 있었다. 적어도 그들이 주위 사람들에게 떠들고 다니는 얘기에 의하면 그랬다. 그는 상관하지 않았다. 레어드에게 레즈비언이라는 말은 남과 다른 것, 시끄러운 일상과 차별되는 것을 의미했다. 그는 자신도 동성애자라면 좋았을 거라고 생각했다. 그랬더라면 보기 드문 취향과 태도와 욕망을 갖고 있는 그 여학생 선배들이 그를 훨씬 더 빨리 받아들여주었을 것이다. 하지만 그는 그저 비참함과 좌절감 속에서 친구들을 부러워하는 아이에 지나지 않았다. 그들이 데리고 노는 남자아이라기보다는 심부름꾼에 지나지 않는 아이.

집에서는 그도 자신을 더 대담하게 드러낼 수 있었다. 지난해 가을에 그는 무슨 수단을 동원했는지 부모를 설득해서 자신이 '양성애자'라고 믿게 만들었다. 내 짐작에 그는 부모가 그 말을 듣고도 충격을 받거나 실망하지 않는 것을 보고 자신이 오히려 충격과 실망을 느꼈던 것 같다.

레어드가 좋아하는 엘리자베스의 특징들은 이것말고도 또 있었다. 그녀는 어른들을 무서워하지 않았으며, 변덕스러웠다. 친구와의 의리를 중요시했으며 어머니와 아주 가까운 관계를 유지하고 있었다. 그녀는 정말로 강했다. 차가운 눈으로 강철 같은 의지를 발휘하는 모습에 그는 진정으로 감동했다.

두 사람은 순간적인 충동에 이끌려 도발적인 일을 벌였다. 레어드는 그녀의 충동질에 호응하며 즐거워했다. 자신이 그녀가 상상 속에 그리는 남자 못지않다는 것을 증명하기 위해서. 그는 상점에서 과감하게 물건을 훔치기도 하고, 카운터 앞에서 농담을 하기도 하고, 실수인 척하면서 일부러 선반의 물건들을 바닥으로 떨어뜨리기도 했다. 스키장에서는 바지를 무릎까지 내리고 엉덩이를 드러낸 채 코스를 내려오기도 했다.

나는 혹시 그녀가 부모에게 못된 짓을 하라고 충동질한 적이 있느냐고 물었다.

"없어요! 없다고요! 그런 뜻으로 말한 게 아니에요!"

신문기사에 따르면, 그가 체포된 직후 엘리자베스는 부모를 죽일 계획이라는 레어드의 말을 들었다고 진술했다.

"그애가 왜 그런 말을 했을까?"

내가 물었다. 그는 어깨를 으쓱했다. 그는 이미 경찰과 변호사 앞에서 이 질문에 답한 적이 있는 것 같았다.

"난 몰라요. 정말 몰라요."

그가 부드럽게 말했다. 그러고는 더 조용한 목소리로 이렇게 말했다.

"나한테 화가 났었나 봐요. 뭣 때문인지 모르지만……. 정말로 화가 나서 그랬을 거예요. 그애한테 물어보세요."

만약 그가 재판에 회부된다면, 범죄를 저지르기 전에 정확히 얼마나 준비를 했는가에 따라 재판 결과가 크게 달라질 것이다. 엘리자베스의 말대로 그가 3주 전부터 준비를 했다면 보통 일이 아니다.

구치소 일기, 2000년 3월 3일

놀랍게도 레어드가 어머니에 대한 자신의 감정을 내게 얘기하고 싶다고 했다. 그는 자기가 어머니를 아주 많이 사랑했다고, 아버지보다 어머니를 훨씬 더 사랑했다고 말했다.

"그런데 내가 왜 엄마를 다치게 하겠어요? 문제가 있다면 그건 우리 아빠……."

그는 잠시 침묵했다.

"아빠가 뭐?"

"그냥 농담이었어요."

그가 미소를 지었다.

"아, 그래?"

그는 어머니가 살아 있었다면 자신을 구해주었을 거라고 말했다. 무슨 수를 써서라도. 예전에도 항상 그랬으니까.

"난 엄마를 사랑했어요."

도서실의 이동식 칠판 뒤에서 그가 말했다.

"엄마는 항상 날 걱정해주는 유일한 사람이었어요. 나를 위해 모든 일을 해줬어요. 나도 엄마를 위해 많은 일을 했고요."

그의 가족과 친하게 지냈던 사람이 죽었을 때 그는 어머니를 위로해주었다. 아버지와의 관계 때문에 고통받는 어머니를 도와준 사람도 그였다.

"엄마는 아마 애당초 결혼할 생각이 없었을 거예요. 돈이 엄청 많았으니까요."

레어드는 가족과 친하게 지냈던 사람이 죽은 후 어머니가 의지할 사람은 아들인 자기밖에 없었다고 말했다. 그러니 자신이 엄마를 죽일 이유가 없다고.

"하지만 어쩌면 엘리자베스한테 그런 비슷한 말을 했는지도 몰라요. 부모한테 화가 나면 애들은 다 그런 소리를 하잖아요."

그가 고백했다.

그는 자신이 연기를 포기한 것이 지금 감옥에 들어와 있는 이유 중의 하나라고 말했다. 그는 모든 것이 다 완벽한 것처럼 연기를 할 생각이 없었다. 아버지처럼 순수한 척하며 돌아다니고 싶지 않았다.

"아빠가 지금 너무나 슬픈 척, 순수한 척하지만, 난 분명히 말할 수 있어요. 아빠는 이번 일 때문에 눈물 한 방울 흘리지 않았어요. 게다가 나를 감옥에 집어넣은 사람이 아빠잖아요! 내가 그 일을 저질렀다고 말한 사람은 아빠밖에 없어요! 이번 일 전부, 이번 사건 전부가 오로지 아빠 말만 믿고 진행되고 있다고요! 아빠가 왜 그랬을 것 같아요?"

빌이 왜 그런 짓을 했는지 내가 어떻게 알겠는가.

"왜냐하면…… 왜냐하면……!"

레어드가 말을 더듬었다. 그는 너무 흥분해 있었다. 그래서 말을 멈추고 생각을 되돌려야 했다. 현장 감식에서 나온 증거들로. 그는 그날 밤 경찰서에서 실시한 테스트 결과에서 아무것도 밝혀지지 않았다고 말했다. 그의 옷에는 총을 쏜 흔적이 남아 있지 않았다. 손톱 밑에서 채취한 시료도 그의 범행을 입증하지 못했다.

"그러니까 증거를 보면 다 아는 거 아니에요? 그러니 내가 더 이상 연기를 할 필요가 없는 거죠. 경찰이 마음대로 쇼를 하게 내버려둘 거예요. 아빠도 마음대로 쇼를 하게 내버려둘 거고. 난 이제 더 이상 거짓 연기는 안 할 거예요."

하지만 그가 이런 결정을 쉽게 내린 것은 아니었다. 그는 연기야말로 자신이 가장 잘하는 것 중 하나라며 자신이 무대에 섰던 경험들을 늘어놓기 시작했다. 그는 학교 연극에 많이 참여했으며 무대 감독도 여러 번 했다. 인디언 마운틴 학교에서는 사실상 극장에서 살다시피 했다. 그는 연극반 선생님이 가장 귀여워한 학생이었다. 그에게 여름 캠프의 일자리를 주선해준 사람도 그 선생님이었다. 그는 연기를 사랑했으며, 재능을 알아볼 수 있는 사람들에게 자신의 재능을 과시하는 것을 좋아했다. 그는 언젠가 브로드웨이에서 일하고 싶다고 했다.

그가 엘리자베스를 사랑한 이유 중에는 그녀가 그의 연기를 긍정적으로 평가해주었다는 점도 있다. 그녀는 원래 쉽게 감탄하는 성격이 아닌데도 그의 연기를 보고 감탄했다. 그것은 그에게 정말로 큰 의미가 있는 일이었다. 그가 그녀와 점점 더 가까워지고 있다는 뜻이었으니까.

레어드는 이 말을 한 후 입을 다물고 줄지어 꽂혀 있는 도서실 책들을 뚫어져라 바라보았다.

"저는 지금까지 이렇게 커다란 문제에 휘말린 적이 없어요. 아주 유명한 변호사가 필요해요. 내 목숨이 걸린 재판을 받아야 하잖아요! 누가 날 법정에 세울 거라고는 생각도 못했어요. 내가 한 짓이라고 쳐도, 내가 범인이라 해도……. 만약 다른 사람들이 범인이라면 나는 그냥 그 사람들을 바라보면서 말했을 거예요……. 무슨 말이든지! 이건 말도 안 돼요!"

내가 열일곱 살 때 범죄를 저지르지 않은 것은 나중에 잡힐까 봐 너무 무서웠기 때문이다. 나는 그에게 이 얘기를 해주었다.

"난 내가 잡힐 거라고는 생각하지 않았어요."

그가 항변했다.

"경찰이 내 등을 두드려주면서 '자자, 진정해라, 꼬마야' 이럴 줄 알았단 말예요."

도서실 문을 향해 다가오는 교도관의 발걸음 소리가 들려왔다.

"게다가 내 친구들은 한 명도 나를 보러 오지 않아요. 엘리자베스가 와주면 정말 좋을 텐데. 난 그냥 감방에 앉아 있기만 해요. 바보처럼 앉아 있기만 한다고요. 밤에는 그냥 누워 있기만 하고."

규치스 일기, 2000년 3월 7일

재소자들이 모일 때마다 과거의 그림자 같은 사람들이 몇 명씩 끼어 있다. 바스티유나 앨커트래즈처럼 오래전에 존재했던 감옥에서 다른 곳으로 이송되는 도중에 잠시 이곳에 머무르는 것 같은 사람들. 우드스틱에서 그런 사람들은 대개 늙은 주정뱅이들이다. 평생 동안 감옥을 들락날락한 그들 대부분은 밖에서 보낸 시간보다 감옥 안에서 보낸 시간이 더 많다. 그들이 교실에 갈 준비를 하는 모습을 보면, 그들이 갇혀 사는 생활에 얼마나 익숙해져 있는지 분명히 알 수 있다. 그들은 플라스틱 커피 잔, 서류철, 사탕, 연필, 접은 신문 등을 챙겨서 교실로 가져간다. 손목에는 무거운 시계를 차고, 목에 걸린 인식표는 옷 속으로 깊이 들어가 있다. 오늘 수업 시간에 그런 사람 두 명이 느릿느릿 교실로 들어와 자리를 잡았다.

이 두 사람처럼 나이가 많은 사람들은 어디서든 사람들 위에 죽음의 장막을 드리운다. 아직 찾아오지 않은 크리스마스의 유령처럼 그들이 한들한들 방으로 들어오면 모두 위축된다. 특히 십 대들이.

오늘은 앞으로 수십 년을 철창 속에서 살게 될지도 모르는 젊은 이들이 교실을 가득 채우고 있었다. 성폭행 혐의로 기소된 프렌치. 열아홉 살로 얼마 전 러틀랜드에서 우드스턱으로 이감된 짐 밴드리엘은 일급살인 혐의를 받고 있다. 그는 문신 기술자를 칼로 찔러 죽였다. 월 에머슨은 편의점에서 강도짓을 했을 뿐이지만, 이번이 벌써 세 번째이다. 야구에서도 투수가 타자에게 던질 수 있는 스트라이크의 개수는 한정되어 있다. 특히 월의 경우처럼 세 번째 범죄에 총이 사용되었다면 문제가 심각하다. 자동차 도둑 조이 버저론은 감옥에 들어올 일을 저지르지 않고는 못 배기는 인간 같다. 석방될 때마다 그는 가석방 조건을 어기거나 도망쳤다.

나는 십 대와 이십 대 재소자들이 과거의 그림자들과 눈을 마주치지 않으려고 애쓰는 모습을 지켜보았다. 늙은 재소자들은 그저 심술을 부리고 있을 뿐이었다. 그들은 면도를 하고 커피를 마실 수 있는 장소를 찾고 있었다. 그들은 문과 가장 가까운 의자에 털썩 주저앉더니 기침을 해댔다. 그리곤 자기들끼리만 있는 것처럼 신문을 펼치고 커피 잔을 꺼내놓았다. 그래도 나는 그들이 수업에 들어온 것이 기뻤다.

늙은 재소자들이 공개적으로 발언을 하면 십 대들은 대개 입을 다문다. 미래를 미리 보고 싶어 안달하는 십 대들은 이 늙은 재소자들이 미래의 문을 조금만 열어주어도 그 문 안으로 고개를 들이밀었다. 두 늙은 재소자 중에서 몸이 더 약한 리처드가 나이가 더 많다는 점을 이용해 의자에 편안히 늘어졌다. 그의 가슴 깊숙한 곳에서 부글거리는 소리가 들려왔다. 그는 플란넬 셔츠를 겹겹이 껴입고 낡은 사냥용 재킷으로 자신의 몸을 덮었다. 그는 자신이 벨로우즈 폴즈 출신이라고 말했다. 플란넬 셔츠에 역시 씨근거리는 소리를 내는 다른 늙은 재소자는 뉴햄프셔의 알코올중독자 치료 시설에 빈자리가 나기를 기다리고 있었다. 그런 그가 집이 아니라 감옥에 있는 것은 검사와 맺은 협정 때문이었다.

오늘은 『허클베리 핀의 모험』이 끝나는 날이었다. 나는 소설 중간의 시간의 흐름을 묘사한 부분을 얘기하면서 우리의 토론을 끝내기로 했다. 학생들에게 오늘 수업의 목표를 설명하고는 모두 19장을 펼치라고 말했다. 학생들이 수업 분위기에 적응하는 동안 나는 19장을 처음부터 읽기 시작했다. 허크는 그레인저포드와 셰퍼드슨의 무시무시한 싸움에서 도망쳐 나와 다시 강으로 왔다.

우리는 시간을 이렇게 보냈다. 저 아래에 있는 것은 거대한 강이었다. 어떤 곳의 강폭은 2킬로미터가 넘었다. 밤에는 열심히 달리고 낮에는 숨죽이고 누워 있었다. 어둠이 걷히자마자 우리는 항해를 멈추고 모래톱 근처의 물이 고여 있는 곳에 뗏목을 묶었다.

오늘 수업의 주제는 부드럽지만 도저히 멈출 수 없는 시간의 흐름이었다. 나는 이곳에 있는 많은 아이들이 신세를 망쳤다는 사실을 깨달은 후 깊은 우울증에 빠진다는 것을 알고 있다. 신문에서는 그들을 비난하고, 재판은 코앞으로 다가오고, 피해자들이 응분의 처벌을 요구하는 상황에서 그들은 갈피를 잡지 못한다. 레어드도 최근 침상에서 잔뜩 웅크리고 있다고 한다. 그는 학교를 몹시 그리워하고 있는 것 같다.

나는 거대한 강의 남쪽에서 허크가 보낸 밤과 낮을 묘사한 부분을 큰 소리로 읽었다. 책을 읽다가 가끔 멈추고 학생들에게 질문을 던지기도 했다. 학생들은 얌전하고 예의바르게 질문에 대답했다. 허크와 짐은 강변에서 낮이 밤으로 변하고 밤이 낮으로 변하는 광경을 지켜본다. 매일 하던 대로 그들은 밤새 배를 타고 움직이다가 새벽 일찍 뗏목을 묶어놓고 낚싯줄을 드리운다.

우리는 강으로 들어가 헤엄을 치면서 기운을 차리고 몸을 식혔다. 그러고 나서 모래가 쌓인 강바닥에 앉았다. 물이 무릎 높이까지 올라오는 곳이었다. 그곳에서 날이 밝아오는 것을 지켜보았다. 아무 소리도 들려오지 않았다. 마치 온 세상이 잠들어 있는 것 같은 완벽한 정적. 가끔 개구리가 울어대는 소리만 들려왔다.

조금 더 낚시를 하고, 아침식사를 한 후에 허크와 짐은 숲속으로 들어가 빈둥거리다가 잠이 든다. 이곳에서 트웨인은 습관대로 과거형 동사를 사용했다.

"우리는 물고기 몇 마리를 낚아 올리곤 했다. ……그리고 나중에 우리는 쓸쓸한 강을 바라보곤 했다. ……때로는 강 어디를 둘러봐도 우리밖에 없었다."

재소자들에게 나는 이 일정 같지 않은 일정이 이 세상의 일상과 도덕적으로 반대되는 지점에 서 있다고 말했다. 세상이 깨어날 때 그는 잠이 든다. 세상이 움직일 때 그는 가만히 있다. 세상이 일할 때 그는 빈둥거린다……. 레어드와 윌이 계속 나를 바라보는 것으로 보아 적어도 몇몇 학생들은 책의 내용을 이해하고 있는 것 같았다.

"세상과 정반대인 자신의 영역에 살면서 허크는 깊은 고독과 한밤의 위험을 수없이 경험했습니다."

나는 몇 가지 예를 제시했다. 그가 물 위를 떠다니는 나무, 소용돌이, 모래톱, 증기선과 마주쳤던 것. 앞으로도 물 위를 떠다니는 위험한 물건들과 호전적인 사람들을 많이 만나리라는 것.

"세상과 다른 리듬으로 사는 것은 저주가 아닙니다. 비극도 아니고요. 일종의 망명 생활이라고 할 수 있습니다. 허크의 경우 이 생활 덕분에 뭔가 중요한 일이 일어나죠. 허크와 세상 사이에 반드시 필요한 거리가 생겨나기도 합니다. 허크가 지금까지 겪은 일 중에서 세상과 거리를 두게 된 것이 가장 좋은 일이었습니다. 그 덕분에 그는 자아와 자신의 운명을 찾아가게 되었으니까요."

이 말을 좀더 자세히 설명하기 위해 나는 다시 책을 읽었다.

불을 바라보다 가장 먼저 눈에 띤 것은 흐릿한 선 같은 것이었다. 그 선은 건너편의 숲이었는데, 그것말고는 아무것도 뚜렷이 보이지 않았다. 잠시 후 하늘 한 부분이 창백해지더니 점점 더 넓어졌다. 그리고 저 멀리에서부터 강이 점점 연한 색을 띠기 시작했다. 강은 이제 검은색이 아니라 회색이었다. 아주 먼 곳에서 작은 검은색 점들이 물 위에 떠 있는 것이 보였다. 상인들의 배 같았다. 긴 검은색 줄무늬 같은 것은 뗏목이었다……. 물 위로 안개가 스멀스멀 올라오고 동쪽 하늘이 붉게 변했다. 강이, 그리고 강

건너편 숲 가장자리에 서 있는 통나무집이 모습을 드러냈다.

"속도를 늦추면 더 많은 것을 보게 된다는 말을 하고 싶은 것 같은데, 맞아?"

월이 물었다.

"비슷해."

내가 말했다. 다른 사람들은 전혀 입을 열지 않았다. 그래서 내가 세상을 그저 지켜보기만 하면 모든 것이 더 선명해진다고 말했다. 그리고 물살의 지속적인 힘을 언급했다. 물살은 살아 있는 것과 죽은 것을 모두 휩쓸어 끌어안고 미래를 향해 나아간다. 트웨인은 자연이 스스로를 돌볼 줄 안다고 생각했다.

학생들이 내 말을 제대로 따라오고 있는지 확신할 수 없었다. 결국 나는 늙은 재소자에게 도움을 요청했다.

"강둑 같은 곳에서 야영을 하거나 보트에서 잠을 잔 적이 있습니까?"

"낚시할 때."

리처드는 이렇게 말하고 나서 걷잡을 수 없이 기침을 해댔다. 기침이 멈춘 후 그가 말했다.

"내가 아는 건 이거야. 하느님은 자신의 목적을 스스로 이룩한다는 거."

모두 조용했다.

"찬송가야."

리처드가 설명하듯 덧붙였다.

십 대들은 의자에서 몸을 들썩이고 있었다. 버저론이 미소를 짓자 프렌치도 함께 미소를 지었다.

"하느님은 자신의 목적을 스스로 이룩하신다. 내가 부르는 찬송가 구절이라고."

리처드가 설명했다.

"그래요. 하느님 얘기는 잠시 뒤로 미루면 안 될까요?"

그가 턱수염 사이로 뭐라고 중얼거렸다.

"감옥에서 보낸 시간이 항상 헛되기만 한 건 아니라고 이 사람들한테 말해주실래요? 그 시간을 이용할 수도 있다고요."

내가 말했다. 그는 고개를 저었다. 그리고 소매로 입을 가린 채 계속 기침을 했다. 그의 가슴에서 그륵그륵 소리가 났다. 예언자가 우리 교실을 찾아준 것은 좋은 일이었지만, 이 예언자는 애매하고 수상쩍었다. 그는 자신이 감옥에서 보낸 시간을 이용했노라고 말하지 않겠다고 했다. 하지만 자신의 삶이 여행이었다는 데에는 동의했다. 그럼 그 여행 끝에 도착한 곳이 어디죠? 내가 묻자, 그는 모르겠다고 했다. 그가 내 눈을 응시하더니 가슴이 뒤집힐 정도로 기침을 했다. 그리고 소매로 입가를 닦았다. 그러고 나서 다시 여느 때처럼 슬픔에 잠겨 과거를 회상하는 듯한 표정을 지었다. 그가 자기가 했던 말조차 그토록 쉽게 잊어버리는 것을 보고 십 대들은 조금 겁을 먹은 것 같았다. 나도 겁이 났다.

"선생님이 무슨 말씀을 하시려는 건지 알아요."

레드가 입을 열었다. 그는 고급 사립학교에 다니는 학생들처럼 교사가 말을 더듬을 때까지 기다렸다가 적당한 때에 끼어들어 교사를 구해주곤 했다.

"지금 우리는 다른 생활을 하고 있어요. 그러니까 한동안 주류에서 조금 벗어나 있게 될 것 같아요. 선생님이 하려는 말씀이 이건가요?"

나는 그렇다고 대답했다.

"그리고 우리가 멀리서 세상을 바라보는 것이 도움이 될 거다, 그 말이죠?"

"그래."

"레어드야말로 멀리서 세상을 바라볼 필요가 있지. 다른 사람들 중에도 몇 명 있고."

월이 말했다. 그는 아주 조용히 앉아 있는 짐 밴드리엘을 바라보았다.

"하지만 나도 그런 것 같아. 아니, 그렇게 될 것 같아."

리처드가 몇 가지 조언을 더 해주겠다고 나섰다. 수업을 막 끝내려고 했을 때, 폴로니우스(『햄릿』에 나오는 재상-옮긴이)를 연상시키는 조언이 그의 입에서 흘러나왔다.

"교도관들을 멀리해. 그들이 징계를 건의하지 않게 해. 돈도 절약하고. 자기 걸 다른 사람한테 뺏기지 말란 말이야."

우리는 노인의 충고를 조용히 들었다. 새로운 얘기는 하나도 없었지만, 위안이 되었다. 노인의 충고가 우리에게 날아들고, 그 충고가 이미 낡은 것이어서 아무도 주의 깊게 귀를 기울이지 않았지만 우리는 노인을 바라보며 미소를 지었다. 창밖에는 눈이 내리고 있었다.

수업이 끝나고 감방으로 통하는 계단에서 나는 수업에 들어왔던 아이들에게 『허클베리 핀의 모험』이 어땠느냐고 물었다.

"나쁘진 않았어."

프렌치가 말했다. 하지만 그가 책을 읽었을 것 같지는 않았다.

"정말 나쁘지 않았어."

그가 지껄였다.

"수업 시간을 더 늘려야 돼."

월이 말했다.

"맞아요. 하루에 두 번 정도는 해야죠."

레어드가 말했다.

"하지만 수업에서 뭔가를 얻어내야지."

월이 말했다.

"우리 기록에 남을 만한 뭐 그런 거."

11. 더 깊숙이

나는 수인의 삶에는 자유의 박탈 외에, 강제 노동 외에,
고통스러운 것이 하나 더 있다는 것을 나중에 알게 되었다.
다른 모든 고통보다 더 심하다고 할 수 있는 것.
그것은 강제 공동생활이다.

— 도스토예프스키, 『죽음의 집의 기록Memoirs from the House of the Dead』

구치소 일기, 2000년 3월 14일

구치소에서 일하기 시작한 지 꼬박 넉 달이 되었으므로, 나는 이제 우드스턱의 장기 체류자인 셈이다. 이곳의 재소자들은 보통 도둑고양이처럼 살금살금 구치소로 들어온다. 그리고 목욕을 하고, 식사를 하고, 낮잠을 자고, 이발을 해서 남 앞에 나설 수 있는 신사다운 모습으로 변신한다. 그들은 이곳에 머무는 동안 인간이 저렇게 텔레비전을 많이 볼 수 있을까 싶게 텔레비전을 보다가 마지막으로 머리를 한번 쓱 빗어 넘기고는 사라져버린다. 다른 혐의 때문에 다른 주로 옮겨가거나, 교도소에서 정식으로 복역하거나, 석방되어 다시 거리로 나가는 것이다. 이곳에 들어와 몇 시간 동안 코를 킁킁거리며 냄새만 맡다가 가버리는 경우도 있다. 재소자들이 이렇게 나타났다 사라지는 과정이 내게는 수수께끼 같다.

대부분의 재소자들은 직업적인 범죄자가 아니라 식당 요리사, 자식을 키우는 영세민, 자동차 정비소 직원이며 그들의 죄목은 대개 부도수표 발행, 음주운전, 부부싸움 등이다. 그런데 그들 중 일부는 집행유예로 석방된 뒤 사람이 완전히 변해서 코카인, 헤로인 등의 마약에 빠지는 경우도 있다. 지금 그들은 가석방 담당관들과 끝없는 싸움을 벌이고 있다. "한 번만 더 더러운 수작을 부리면 널 우드스턱에 처넣어버릴 거야." 가석방 담당관이 말한다. 나중에는 판사가 그들에게 경고하고, 그들 곁에 남아 있던 가족들도 경고한다.

나는 관광객처럼 잠시 머물다 가는 사람들과 굳이 친해지려고 애쓰지 않는다. 내게는 한동안 이곳에 머무를 사람들, 수업 시간에 책을 읽을 만큼 공부에 관심이 있는 사람들이 필요하다. 난 이미 최고의 학생들을 몇 명 잃었다. 두앤 베델은 어디로 가버린 걸까? 그가 어디로 갔는지 전혀 알 수 없다. 다른 사람들도 모르는 것 같다. 포크송을 부르던 스티브는 또 어떤가. 요즘 그는 수업에 전혀 나오지 않는다. 아마 버지니아로 이감되기 직전인 것 같다.

그래서 나는 이곳에 오랫동안 머무를 사람들을 주시하고 있다. 하지만 그런 사람들은 대개 복잡한 혐의가 걸려 있는 고약한 인간들이다. 혐의가 복잡해서 재판을 하려면 수많은 증거를 모아야 하고 헤아릴 수 없이 많은 법적 절차를 거쳐야 하기 때문에 이곳에 오래 머무는 것이다. 과연 그런 사람들이 수업에 들어와도 괜찮을까?

가족이 있고, 특별히 소속된 곳도 있고, 자신이 저지른 죄를 후회하는 사람들에게 나는 훨씬 더 많은 관심을 가진다. 이런 사람들은 일주일에 한 번씩 정기적으로 수업에 들어온다. 그들은 불안감 때문에 휘청거리기도 하고, 자리에 앉으며 벌벌 떨기도 하고, 다른 재소자들의 시선 때문에 식은땀을 흘리기도 한다. 몇 주 전

에 데이브라는 사람이 다른 강력범들의 뒤를 따라 시사 문제 수업
에 슬며시 들어왔다. 턱수염을 단정하게 정리하고, 선명한 파란색
스웨터를 입고 있었다. 그는 목수이며, 아이들이 얘기할 때는 다
정한 미소를 짓곤 했다. 나는 도서실에서 그와 몇 번 얘기를 나눈
적이 있는데, 오래전부터 술이 문제가 된 것 같았다. 최근에는 일
거리도 없어진 모양이었다. 그래서 딸 친구들하고 어울리다가 심
각한 실수를 저질렀다.

"우리 딸이 파티를 열었을 때 열다섯 살짜리 여자 아이를 내가
쓰다듬었어요."

그가 말했다. 그가 이런 짓을 저지른 것은 1992년에 이어 두 번
째이다. 그는 10년 형, 아니 어쩌면 20년 형을 받게 될지도 모른
다. 그는 슬퍼하거나 동정을 구걸하지 않고 솔직하게 스스로를 비
판하려고 애쓴다. 데이브는 유죄를 인정하는 대가로 검찰 측과 형
량을 흥정하고 있으므로 재판의 권리를 포기한 셈이다. 그의 영혼
은 유죄이며, 그가 참회할 장소는 감옥이다. 다른 재소자들은 그
에게 노골적인 혐오감을 드러낸다. 아무도 그에게 말을 걸지 않는
다. 아내와 아이들도 그의 일에 관여하지 않는다. 그가 운영하던
목공소도 무너졌다. 날이 갈수록 그의 목소리는 약해지고, 안색은
창백해지고, 눈은 조금씩 초점을 잃어가고 있다. 수업을 듣고 있
는 그를 보면 심한 알츠하이머병에 걸린 사람 같다. 건장한 남자
가 내 앞에서 무너져 내리고 있지만 내가 무엇을 할 수 있겠는가?
그저 수업을 잘해서 그의 하루를 조금이라도 밝게 만들어주려고
애쓸 뿐이다.

✳ ✳ ✳

3월 중순쯤 데이브가 다른 교도소로 이감되었다. 많은 학생들을 수업에 끌어들이던 레어드의 힘도 예전 같지 않았다. 재소자들은 이미 그의 사건과 관련한 온갖 얘기들을 다 들었으므로 이제 그를 그냥 내버려두었다. 에몬스는 보석으로 석방되었다. 그를 다시 볼 수 없을 줄 알았는데, 3월이 다 가기도 전에 돌아왔다.

스콧 프렌치는 내게 비밀을 얘기해주고 싶어서 안달이 난 사람처럼 내게 윙크를 하거나 뭐라고 중얼거리곤 했다. 내 눈을 계속 바라보면서 친구에게 귓속말을 하기도 했다. 3월이 절반쯤 지났을 때 그가 내 귀에 대고 이런 말을 지껄였다.

"레어드가 위층에서 뭘 하고 있는지 알아? 알고 싶어? 당신이 저 위에서 나랑 며칠 같이 지내 봐야 하는데. 우리가 저 위에서 뭘 하는지 알고 싶지? 그럼 당신도 체포당해서 그리로 오라구."

그는 이렇게 말하고 나서 한쪽 눈을 찡긋했다.

"우리가 당신을 남자로 만들어줄게. 당신이 원한다면."

이 일이 있은 후 나는 프렌치와 따로 얘기할 자리를 마련했다. 그는 마약중독자인 자기 친구 추바와 함께 나타났다.

"감옥에 얼마나 있을 거 같아?"

내가 물었다.

"80년.. 35년에서 80년 사이야."

그가 말했다. 나는 깊은 숨을 들이쉬었다. 이십 대 초반인 그는 납치 혐의를 받고 있었는데, 여자가 스스로 원해서 자신을 따라왔다고 주장했다.

"난 납치범이 아니라니까."

그가 고개를 저으며 단언했다. 나도 그의 말이 맞다고 해주고 싶었다. 땅딸막한 몸집에 공허한 눈을 한 그는 너무 약하고, 너무 의욕이 없어서 남에게 해를 끼칠 사람으로 보이지 않았다. 나중에 그가 열여섯 살짜리 가출 소녀를 데리고 여러 아파트를 돌아다녔다는 것을 알게 되었다. 캐나다 국경 지대에서 그는 잠이 들었고, 여자 아이는 도망쳤다. 1999년 4월 14일 늦은 오후에 벌어진 일이었다.

"월마트 화장실에 갔을 때도 여자애가 밖에서 나를 기다리며 가만히 있었는데 그런 게 납치야? 감시 카메라에 다 찍혀 있어. 내가 차에 탄 다음에 여자애가 내 뒤를 따라 차에 올라탔는데 그런 게 납치야? 그것도 카메라에 다 찍혀 있어."

그의 변호사는 너무 게을러서 그 비디오테이프를 확인하러 가지 않았다. 어쨌든, 그 여자 아이가 거짓말쟁이라는 것이 프렌치의 주장이었다. 그는 사건 당시 그 아이의 나이가 법적으로 섹스에 동의할 수 있는 나이보다 어렸기 때문에 강간죄만 성립될 뿐이라고 했다. 그는 자기 말을 못 믿겠으면 자기 친구인 추바한테 물어보라고 했다. 추바가 함께 다니며 모두 다 지켜봤다면서. 폭력을 휘두른 것도, 섹스에 문제가 있었던 것도 프렌치가 아니라 그 여자 아이였다. 추바는 히죽 웃으면서 졸린 표정으로 나를 향해 어린애처럼 고개를 끄덕였다.

나는 프렌치가 좋은 학생이 될 거라고 기대하지 않았다. 수업 시간에 그는 대놓고 나를 무시했으며, 읽으라고 준 과제물을 탁자 위에 그냥 놓고 가는 경우가 많았다. 하지만 나는 밖에서 그가 어떻게 살았는지 더 듣고 싶었다. 그는 약간 험악하면서도 평범한 말투로 버몬트 남부에서 자신이 자유로운 십 대 골칫덩이이자 사업가로 살았다고 넌지시 말했다. 사업의 요령은 약을 싼 값에 사서 약에 취한 다음 파는 것이었다. 때로는 여자를 사서 마약을 먹인 후 팔아치우기도 했다. 이런 경우에는 가능한 한 오랫동안 상품을 건강하게 살려두는 것이 관건이었다.

그는 내게 화이트리버 버스 정류장에 가봤느냐고 물었다. 웰스 리버의 트럭 휴게소는? 거긴 나도 가본 적이 있었다. 사람들이 가끔 버스를 타기 위해서가 아니라 다른 이유로 버스 정류장에 간다는 생각을 해본 적 있어? 아니, 별로. 그는 한숨을 쉬었다. 트럭운전사들이 가끔 누군가와 함께 여행하고 싶어 한다는 생각을 해본 적 있어?

그는 내게 화이트리버 정류장 바로 남쪽에 있는 철로 옆의 낡은 아파트에 대해 얘기해주었다. 어떤 엄마가 십 대인 딸 둘과 함께 그곳에 살면서 생계를 위해 헤로인을 팔았다. 그런데 어느 날 밤 주방 옆의 방에서 불길이 치솟았고, 프렌치는 소화기를 들고 다니며 불을 껐다. 그는 그곳에서 만난 여자 친구들을 자기 사업에 끌어들였다.

노스이스트 킹덤의 얼어붙은 비포장도로에 서 있던 트레일러에 관한 얘기도 했다. 세상을 피해 숨어 살던 사람이 그곳에서 사냥용 소총으로 자살을 했다. 그의 죽음에 대해 아는 사람은 프렌치와 친구 몇 명뿐이었다. 그들은 죽은 남자의 텔레비전과 겨울옷을 빌렸다고 했다. 모르긴 몰라도 그 남자는 아직도 거기 있을 거야. 지금쯤이면 아주 차갑게 식어 있지 않을까? 텔레비전이 없으니 무지 심심할 거야.

"감방 안에 있는 다른 애들은 어때?"

마침내 내가 물었다. 그가 어떻게 살아왔는지 내게 얘기하기 시작한 지 사흘째였다. 나는 그의 말을 열심히 들었다. 프렌치는 저 위층의 아이들을 수업에 데려올 생각이 없는 걸까? 짐 밴드리엘을 설득해 수업에 데려온 적이 있었으니 전혀 생각이 없는 건 아닌 것 같았다.

내가 밴드리엘을 알게 된 것은 그가 레어드의 감방 동료이고 그의 사건이 〈러틀랜드 헤럴드〉에 보도된 적이 있었기 때문이다. 그는 똑똑하고 생각이 깊은 아이 같았다. 적어도 멀리서 볼 때는 그랬다. 그리고 그에게 도움이 약간 필요할 것 같았다.

〈러틀랜드 헤럴드〉는 웨스트 러틀랜드 출신인 열여덟 살의 제임스 밴드리엘, 즉 짐이 일급살인 혐의를 받고 있다고 보도했다. 그가 친구와 함께 문신도 해주고 환각제도 파는 가게의 주인을 죽였다는 것이다. 나는 신문을 통해 그 사건이 1997년 11월에 일어났으며, 경찰은 밴드리엘의 친구를 주범으로 생각하고 있다는 것을 알았다. 밴드리엘은 검사 측에 협조하고 있었다. 사건 당시 밴드리엘은 열여섯, 친구 에릭 마랄로는 열일곱 살이었다.

내가 짐을 실제로 봤을 때, 그는 감옥 생활에 지친 재소자처럼 핼쑥한 얼굴에 공허한 눈을 하고 있었다. 당시 그는 감옥에 들어온 지 6개월째였지만, 겉모습은 마치 수십 년 동안 갇혀 있는 사람 같았다. 그의 검은 머리는 어깨 근처에서 젖은 커튼처럼 늘어져 있었고, 목소리는 너무 작아서 그와 의자를 바짝 붙이고 앉아야만 간신히 들을 수 있었다. 수업 시간에 그는 구석에 혼자 앉아 신문을 집어삼킬 듯이 읽어대곤 했다.

신문에는 보도되지 않았지만, 다른 재소자들은 가게 주인이 사냥용 칼에 얼굴을 찔렸고, 드릴에 끼우는 날이 그의 눈을 관통했고, 죽은 다음에도 걸상으로 얻어맞았다는 사실을 알고 있었다. 레어드, 윌, 프렌치는 밴드리엘이 주범이 아니라 목격자였다고 생각하는 것 같았다. 그는 온몸에 피가 튄 모습으로 문신 가게에서 나왔으며, 거의 기절할 지경이었다.

밴드리엘과 그의 친구들이 하는 얘기를 들어보면 그는 흉악한 일을 목격하고도 입을 다물고 있다가 이제 책임을 지겠다고 나선, 양심의 가책 때문에 몹시 괴로워하는 것 같았다. 그와 그의 친구 에릭은 한때 철없이 거칠게 구는 아이들이었다. 그들은 돈을 훔쳐 러틀랜드를 떠날 생각이었다. 그들이 드래곤 레어라는 문신 가게를 목표물로 정한 것은 그 가게가 숲속 한적한 곳에 있었기 때문이다.

레어드에 따르면, 가게 주인이 죽은 후 밴드리엘은 마랄로가 피살자의 피투성이 주머니를 뒤져 피에 젖은 지폐를 꺼내는 모습을 지켜보았다고 한다. 마랄로가 소매로 카운터를 닦는 모습도 지켜보았고, 몇 시간 후에 마랄로의 부모 집에서 나무를 태우는 화덕에 자신들의 옷을 던져 넣어 태우는 데도 동참했다. 그런데 두 사람의 범죄에 열네 살짜리 아이도 동참했다. 하지만 그 아이는 이 사건에서 하찮은 역할을 맡은 죄로 인생을 망쳐버리기에는 아까운 착한 아이였다.

하지만 마랄로와 아는 사이인 재소자들의 얘기는 딴판이었다. 피살자를 공격한 사람은 밴드리엘이었고, 마랄로는 경악을 금치 못하며 그 광경을 지켜봤다는 것이다. 마랄로는 밴드리엘을 말리려다가 칼에 찔리기까지 했다고 한다.

또 다른 얘기에 따르면, 열네 살짜리 아이가 살해 계획에 적극적으로 참여했다고 한다. 그가 살인에 직접 참여하지는 않았지만, 두 사람의 범행 계획을 미리 알고 있었으며, 현장에서 두 사람의 행동을 지켜보았다. 그리고 2년 동안 그 사건에 대해 입을 다물고 있었다. 그는 현재 처벌을 면한 상태이다.

몇몇 재소자들은 그 아이가 처벌을 받지 않는다는 사실에 당연히 화를 냈다. 그들은 살인보다 덜한 범죄에서 주범들이 범행을 저지르는 동안 자동차에서 기다리거나, 사건 이후 주범들을 도와준 죄밖에 없는데도 긴 징역형을 선고받을 운명이었다. 법 앞에서는 모두가 평등하다며? 아니, 정의라는 게 있기는 한 거야?

수업에 나오는 아이들 중에서 내가 가장 믿는 아이는 윌 에머슨이었다. 그는 1997년에 고등학교에서 퇴학당한 후 스프링필드의 집과 거리를 오가며 살았다. 그는 스물한 살이었다.

구치소에서 윌은 레어드에게 좋은 친구였다. 그는 레어드가 어머니를 죽였다는 사실에 크게 신경 쓰지 않았다. 다른 재소자들은 레어드를 보고 입을 쩍 벌리거나 저런 놈은 사형시켜야 한다고 떠들어댔지만 월은 레어드를 보자마자 그를 용서해주었다.

"만약 내가 배심원이라면 나도 너를 범인이라고 생각할 거야."

어느 날 시사 문제 수업 시간에 그가 레어드에게 말했다.

"너를 보면, 네가 사람들한테 반응하는 꼴을 보면 그런 생각이 들어. 하지만 널 나쁜 사람으로 생각한다거나 뭐 그런 뜻은 아냐."

레어드는 이것이 칭찬임을 알아채지 못했다. 그는 다른 재소자들의 눈에도 자신이 죄인처럼 보인다는 것을 알고 충격에 휩싸였다. 죄수들이라면 일부러 죄인을 찾아내려고 애쓰지 않을 거라고 생각했기 때문이다.

월은 레어드에게 노숙 생활에 대해 실용적인 조언을 많이 해주었다. 그가 레어드에게 가장 먼저 가르쳐준 것은, 낯선 도시에 도착했을 때, 아니 예전에 살던 친숙한 도시에 도착했을 때에도 월마트나 타겟 같은 대형 할인점 근처에서 노숙을 해야 좋다는 것이다. 그의 주장에 따르면, 그런 가게에서 물건을 훔치지 않는 것은 미친 짓이다. 그렇게 거대한 상점은 경비가 허술해서 물건을 훔치기 쉽고, 도둑이 들어올 것을 어느 정도 각오하고 있다. 그들은 절도로 인한 피해를 보상받기 위해 물건 값을 조금씩 올려 받는다. 게다가 보험에도 들어 있다. 정 안 되면 파산을 선언해서 모든 채무를 탕감 받을 수도 있다. 간단히 말해서 모든 법이 그들에게 이롭게 되어 있다. 처음 이 얘기를 들었을 때 나는 수업에 들어온 학생들에게 일장연설을 했다. 만약 월 같은 사람들이 물건을 훔치지 않는다면 물건 값이 지금보다 싸질 거라고. 그는 안됐다는 듯 미소를 지었다. 마치 내가 이런 세상에서 이 나이를 먹도록 그렇게 순진할 수 있다는 사실이 놀랍다는 듯. 그는 히죽 웃으며 짐짓 슬픈 목소리로 세상은 그렇게 돌아가지 않는다고 말했다.

"이런 소식을 전하게 돼서 미안하지만, 내가 감옥에 들어와 있다고 세상에 범죄가 줄어들었나? 물건 값이 조금 싸지기라도 했어? 월마트가 갑자기 사람들한테 한몫 떼주기라도 할 것 같아?"

월이 레어드에게 두 번째로 가르쳐준 것은 버몬트 주가 훌륭한 마약 시장이라는 것이었다. 이곳에는 마약을 사려는 손님이 많은 반면, 마약상은 비교적 적었다. 조금만 적극적으로 나서서 스프링필드, 하트포드, 뉴욕 같은 데서 마리화나를 사오면 일곱 시간 만에 1만 달러를 벌 수 있었다. 그러니 다른 일이 눈에 잘 들어오지 않았다.

내가 월이 어떤 사람인지 처음으로 알게 된 것은 학생들에게 자신의 고향을 설명하는 한 문단짜리 글을 써보라고 했을 때였다. 월은 스프링필드가 미래가 없는 황량한 곳이라고 썼다. 살인을 저지른 십 대들이 쉽게 도망칠 수 있는 곳. 월은 이처럼 느슨한 분위기를 이용해서 스프링필드를 마약 거래의 본거지로 만들었다. 또한 스프링필드를 최고의 절도 중심지로 만들기 위해 최선을 다했다. 스프링필드의 상인들은 왠지 다른 상인들보다 더 둔하거나, 더 무심하거나, 더 겁을 잘 먹는 것 같았다.

월은 자신이 소규모 지하 경제의 지휘자였다고 말했다. 마약과 마리화나 중개업을 하면서, 이 물건들을 현금이나 다른 종류의 마약으로 교환했다. 자신의 영역이 생기면 당연히 총이 필요해지기 마련이므로 총을 사기도 하고 팔기도 했다. 고향을 묘사한 글에서 그는 스프링필드에서 살아나가는 법을 이제 막 배우고 있는 어린 친구들에게 자신이 로빈 후드 같은 존재였다고 말했다. 누군가 월에게 와서 뭔가가 필요하다고 호소하면 그는 그 물건을 공급해줄 수 있었다. 아이들은 스프링필드 일대의 버려진 공장 건물, 폐가, 그리고 학교 주차장 등을 자기들만의 셔우드 숲으로 만든 것 같았다. 그런 곳들은 완전히 십 대들의 차지였다. 시간이 흐르면서 이 구역은 나이는 어리지만 대담 무쌍하고 야망이 큰 장래의 범죄자들이 모여드는 은신처가 되었다.

나중에 수업이 끝난 후에 나는 윌에게 고향에 대해 더 얘기해달라고 했다. 그는 열여덟 살이 되기 전에, 즉 법정에서 성년으로 인정받기 전에, 시내에 번져 나가던 카우보이와 인디언 게임에 상인들을 끌어들였다고 말했다. 이 게임은 돈은 없지만 장난꾸러기답게 용감무쌍한 윌 같은 사람들에게 딱 맞는 일종의 영원한 숨바꼭질 게임이었다. 사실 이 게임을 만든 사람이 바로 윌이었다. 그는 이 게임을 정말로 좋아했다. 나이를 먹으면서 그의 전과 기록도 함께 늘어나자 한 번 게임을 할 때마다 성인들에게 적용되는 무거운 처벌을 받게 되었다. 따라서 이 게임은 자연히 익스트림 스포츠가 되었다. 처음에는 뛰어서 도망치다가 나중에는 스케이트보드와 자전거를 이용했으며, 결국은 자동차까지 등장하게 되었다. 경비원이나 경찰들의 손아귀를 벗어나려면 엄청난 속도를 내야 했다.

윌은 누가 더 똑똑한지 보여주기 위해 출근 카드, 외투, 선글라스 등 종업원들의 개인 소지품을 즐겨 훔쳤다. 때로는 며칠이 지난 후에 훔친 물건을 되돌려주기도 했다. 그가 가게에 나타났다 사라지면 여러 가지 물건들이 기적처럼 선반에 모습을 나타냈다. 그는 게임의 정신을 지키기 위해 훔친 물건을 돌려주는 대신 다른 물건을 훔쳐서 가지고 나갔다.

이미 한 세대 전에 죽어버린 공장 도시에서 유일하게 창의력을 발휘할 수 있는 일이 문제를 일으키는 것뿐이었을까? 나는 그의 말을 믿지 않았다. 그의 고등학교 친구들 중 4분의 3이 합법적이고 분별 있는 방법으로 그곳을 벗어났으며, 고향에 남은 대다수의 아이들도 범죄를 저지르며 시간을 보내지는 않았다. 게다가 스프링필드는 그의 주장처럼 버려진 도시가 아니었다. 적어도 그의 집에는 컴퓨터와 책들이 있었고, 가족이 다함께 근처의 산으로 소풍을 간 적도 있는 것 같았다. 그러나 월은 먼 과거에 대해서는 얘기하려 하지 않았다. 대신 그는 자신이 가장 좋아하는 범죄와 스포츠를 결합시켜 만들어냈다는 스릴 넘치는 이판사판 게임 얘기만 늘어놓았다.

"범죄를 저지르는 것이 네게 익스트림 스포츠라면, 그냥 일반적인 익스트림 스포츠를 해도 되잖아."

마침내 내가 물었다. 내가 보기에는 밧줄 없이 암벽을 타거나, 스케이트보드를 타고 계단 난간을 내려오거나, 번지점프를 해도 될 것 같았다.

"그런 것도 다 해. 그래도 범죄만 하겠어?"

그가 말했다. 그는 범죄를 저지르고 무사히 도망치는 것만큼 짜릿한 일이 없다고 말했다.

월이 스프링필드에서 어떤 소년 시절을 보냈는지 얘기할수록 나는 그가 가장 최근에 저지른 범죄, 즉 트럭 휴게소에서 벌인 무장강도 사건에 대해 더욱 궁금증을 갖게 되었다. 결국 허풍 섞인 그의 얘기에 지친 나는 그에게 단도직입적으로 물었다.

"무슨 생각으로 그런 짓을 했지, 월? 말해 봐."

그는 한숨을 내쉬며 버릇없는 말썽꾸러기 소년 같은 미소를 지었다. 그는 자신이 플로리다로 이사해야겠다고 결심했을 때부터 일이 시작되었다고 말했다. 그는 가석방 기간이 끝나기를 기다렸다가 남쪽으로 가서 아예 돌아오지 않을 작정이었다. 그곳의 초급대학에 등록해서 자기만의 잡지를 발행하거나, 그냥 아무도 찾을 수 없는 곳으로 사라져버려도 괜찮을 것 같았다.

1999년 크리스마스 다음날 월은 친구 로드니와 함께 차를 몰고 트럭 휴게소의 편의점으로 갔다. 새벽 3시 30분이었다. 크리스마스 휴가 직후였기 때문에 그 가게의 금고와 금전등록기에는 돈이 가득 차 있을 터였다. 로드니가 총으로 점원을 위협하는 동안 월이 서랍과 금고의 돈을 턴다는 것이 원래의 계획이었다. 월의 형이 그 가게에서 일한 적이 있었기 때문에 두 사람은 가게 내부의 사정을 어느 정도 알고 있었다. 5천 달러쯤 들어 있는 금고 문을 잠가둔 적이 없다는 것. 강도를 막지는 못할망정 범죄 현장을 녹화하기라도 해야 할 감시 카메라가 제대로 작동한 적이 결코 없다는 것. 점원이 총을 갖고 있기는 하지만 그것을 사용할 생각이 전혀 없다는 것. 사실 그 점은 그리 확실하지 않았다. 아니, 그 어느 것도 확실하지 않았다. 두 사람의 계획에서 가장 확실한 것은 가게의 위치뿐이었다. 그 가게는 인적 드문 도로변에 있었다. 월은 자신이 혼자 움직일 수 있는 시간이 적어도 몇 분은 될 거라고 확신했다. 그 시간 동안 금고에서 돈을 꺼내고 점원에게 사과를 한 다음 차를 몰고 도망치면 될 것 같았다. 경찰이 그곳까지 달려오려면 시간이 조금 걸릴 테니까.

월은 그 계획이 정말 근사하다고 생각했다. 그러나 계획을 실행에 옮겼을 때에는 모든 것이 어그러지고 말았다. 알고 보니 로드니는 강도짓을 할 만한 인물이 아니었다. 그는 마지막 순간에 총을 잡고 싶지 않다고 말했다. 심지어 가게 안에 들어가지 않겠다고 고집을 피웠다. 그는 밖에 세워둔 차 안에서 기다리겠다고 했지만, 기다리지 않고 그냥 도망쳐버렸다. 범죄자로 기소되는 운명을 피했으니 그의 입장에서는 현명한 결정이었다. 한편, 월이 가게 안에 들어가 보니 소문과는 달리 금고가 잠겨 있었다. 월은 점원을 위협해 금전등록기를 열게 했는데, 그 안에는 돈이 고작 40달러밖에 없었다. 월은 그 돈을 털지 않기로 했다. 만약 그가 아무것도 훔치지 않고 사람도 해치지 않는다면, 경찰이 이 사건을 그냥 덮어버릴지 모른다고 생각했기 때문이다. 가게에서 나왔을 때 윌은 주머니에 38구경 권총 한 자루가 있을 뿐 돈도 없고 도망칠 차도 없었다. 경찰은 이미 가게를 향해 오고 있었다. 달리 갈 곳이 없었으므로 그는 숲속에 숨어 경찰차들이 가게 앞에 서는 것을 지켜보았다. 그때 그는 스웨터밖에 입고 있지 않았으므로 숲속에서 거의 얼어 죽을 지경이었다. 그날 밤 날씨가 심하게 춥지 않았던 것이 다행이었다.

다음날 아침 스프링필드에 돌아온 그가 로드니와 다투는 소리를 그의 어머니가 우연히 듣게 되었다. 두 아이는 전날 밤 로드니의 깡패답지 않은 행동에 대해 얘기하고 있었다. 윌의 어머니는 경찰에 전화를 걸어 자기 아들이 강도짓을 한 거 같다고 신고했다. 며칠 후 로드니가 경찰에 잡혀가서 심문을 받았다. 윌은 그 이유를 도저히 이해할 수 없었지만 어쨌든 로드니는 경찰에 협조하겠다고 약속했다. 경찰은 로드니에게 도청기를 달고 윌을 차에 태워 그가 총과 옷가지를 숨겨놓은 숲속으로 가라고 했다. 로드니는 그렇게 했다. 윌이 경찰에 체포될 때 로드니는 차 안에 앉아서 그 모습을 지켜보고 있었다. 그것이 윌이 마지막으로 본 그의 모습이었다.

윌이 강력 범죄를 저지른 것이 세 번째였으므로 이제는 빠져나갈 구멍이 없었다. 그는 유죄를 인정할 것인지 아니면 정식으로 재판을 받을 것인지 결정해야 했다. 재판을 받는다면 30년 형을 받게 될 것이다. 유죄를 인정하고 검사 측과 협상을 벌인다면 7년에서 15년 형을 받을 수도 있다.

다른 범죄자들이 보기에 윌이 저지른 짓은 코미디였다. 그는 얼간이를 공범으로 선택했고, 하다못해 사탕 한 알도 훔치지 못했으며, 공범이 그를 버리고 가버리는 바람에 제대로 도망치지도 못했다. 게다가 점원도 문제였다. 월은 점원이 겁에 질린 나머지 배탈이 났다고 말했다. 편의점 바닥에는 그의 배설물 자국이 남았다. 아이고, 웃겨 죽겠다! 다들 배꼽이 빠질 정도로 웃어댔다. 다음날 아침 그의 어머니가 그를 신고했고, 그 다음날에는 그의 친구가 경찰에서 그의 이름을 불었다. 이제 그는 감옥에서 아주 오랜 시간을 보내야 한다. 월은 모든 사람에게 이 얘기를 해주었고, 모두 웃었다. 누가 이 얘기를 꺼내면 다른 재소자들은 배를 두드리며 고개를 절레절레 저었다. 월이 처음으로 이 얘기를 했을 때 어떤 중년의 알코올중독자는 "방법이 없구면. 아이고, 방법이 없어. 넌 이제 삼진아웃이야! 종신형이라고! 축하해!"라고 말했다. 나도 조금 소리 내어 웃었다. 모든 것이 어이없고 절망적이라는 생각 때문에. 늙은 주정뱅이는 자기 친구가 이곳으로 오고 있는데 월의 얘기에서 제일 재미있는 부분을 그도 들어야 한다고 했다. 착하고 친절한 월은 어깨를 으쓱했다. 그 주정뱅이의 친구가 나타나자 월은 다시 얘기를 시작했다.

월이 조금만 입을 다물고 있었다면, 질서 있고 차분한 감옥 생활을 할 수 있었을지도 모른다. 감옥 생활이라는 것이 원래 그래야 하는 법이니까. 재소자는 재판을 기다리다가 선고를 받고 재활 프로그램에 참가한 뒤 가석방 심사를 받는다. 재소자가 괴물이 아니라는 판단이 서면, 당국은 그에게 가석방을 허락할 것이다. 하지만 월은 당국과 타협할 생각이 전혀 없었다. 그는 자기 생각을 떠벌리는 것을 좋아했다. 사람들 사이에 소란을 일으킬 가능성이 있다면 더욱더. 감옥에서 말을 너무 많이 하면 항상 선고 형량이 길어지고 다른 재소자들의 경멸을 받기 마련이지만 그는 개의치 않았다.

대부분의 재소자들은 감옥에 들어온 지 몇 주가 지나면 무관심과 우울증에 빠져 머리를 쓰려 하지 않는다. 나는 윌이 그런 식으로 퇴화하지 않은 것에 감탄했다. 그는 사람들의 주목을 받고 싶어 했다. 나는 그가 자신의 삶을 한층 더 힘들게 몰아가고 있다는 것을 알고 있었다. 허풍을 떨며 무슨 일이든 후회하지 않고 스스로를 구경거리로 만드는 것은 그의 마음속에 슬픔과 자존심이 뒤섞여 있기 때문이다.

그는 판사 앞에서도 똑같은 행동을 해서 결국 수십 년의 징역형을 받게 될 것이다. 그런 일이 일어나기 전에 어떻게든 그의 마음을 열고 싶었다. 그가 자신의 미래에 관심을 갖고 최악의 상황을 피하도록 설득하고 싶었다.

2월의 어느 날 그는 시사 문제 수업에서 하마터면 쫓겨날 뻔했다. 짐에게 건방지게 말대꾸를 하며 지나치게 도를 넘는 행동을 했기 때문이다. 규칙상, 짐의 수업에서 쫓겨난다는 것은 구치소 학교의 모든 수업에 들어올 수 없다는 것을 의미했다. 그 얘기를 들은 다음날 나는 짐에게 사과하라고 윌을 설득했다. 낮에 여기 못 오게 되면 어쩌려고 그래? 어디서 뭘 할 거야?

오락실에서 놀지 뭐. 아니면 감방에 그냥 있거나, 실외 오락실에서 죽치고 있거나, 침상에 누워 생각을 해도 된다고 그가 말했다. 그는 지금까지 우드스턱 구치소가 재소자들에게 징벌을 내린다는 생각을 해본 적이 없다고 말했다. 그래서 지루하고 재미없었다는 것이다. 그는 자신의 일상에 변화가 생겨도 괜찮을 것 같다고 했다. 구치소 당국이 그에게 무슨 짓을 할지 궁금하다고도 했다. 독방에 집어넣을까? 감방에 남들보다 일찍 들어가라고 할까?

"놈들이 그것말고 무슨 짓을 하겠어? 난 전체를 봐. 내 인생의 커다란 전환점이 막 시작되고 있단 말이야. 그게 감옥일 수도 있고, 재판일 수도 있고, 탈옥이나 무죄 방면일 수도 있어. 그게 정확히 뭔지 누가 알겠어? 난 지금 길이 꺾어지는 지점에 서 있다고. 그래 가보자. 난 이런 사람이야. 그러니까 독방 같은 데 며칠 갇히든, 학교에서 쫓겨나든, 난 별로 신경 안 써."

나는 한숨을 내쉬었다. 얘기가 어디로 흘러갈지 뻔했다. 그는 어떻게든 감옥을 나가서 플로리다로 가겠다고 말했다. 그가 알기로 플로리다는 도망자들의 거대한 수용소였다. 그곳은 그가 지금까지 가봤던 그 어느 곳보다 무법천지였다. 바로 그 점이 자신을 변화시킬 거라고 그는 말했다.

나는 감옥에서 제대로 된 수업을 하려면 학생들에게 의미 있는 학점을 주어야 한다는 결론을 내렸다. 그래서 인문학 전문가들을 구치소 학교로 초빙하고 싶다는 제안서를 버몬트 커뮤니티 칼리지에 보냈다. 나는 다트머스에서 곧 정년 퇴직할 교수와도 얘기를 나누었다. 그는 구치소에 와서 강의를 해주겠다고 약속했다. 대학교수인 내 삼촌에게도 강의를 부탁할 생각이었다.

버몬트 커뮤니티 칼리지에서 답장이 오기 전에 재소자들에게 내 계획을 얘기했다.

"그렇게 하세요. 꼭 그렇게 해야 돼요."

레어드가 강한 어조로 말했다. 그는 자기 아버지도 도와줄 거라고 했다. 그리고 아버지말고 다른 사람들도 언급했다. 내가 대학 학점을 공짜로 얻을 수 있다고 말하자 어린 학생들이 귀를 쫑긋 세웠다.

버몬트 커뮤니티 칼리지의 답장을 기다리는 동안 그 계획은 내 머릿속에서 점점 발전하기 시작했다. 나이 어린 아이들이 버몬트 주의 교정 시설들에 점점 많이 들어오고 있었다. 버몬트 주 역사상 감옥에서 복역 중인 고등학생들이 지금만큼 많은 적이 없었다. 대학이 배출한 수많은 박사들이 직장을 구하지 못하거나 자기와 맞지 않은 일을

하고 있었다. 감옥 안의 대학, 재소자들을 위한 학교가 가능할까? 안
될 것도 없다. 내가 수업 시간에 이런 계획을 얘기하자 그들은 아주
좋아하며 그 사람들을 데려오라고 말했다. 물론 그들은 여선생이 오
기를 간절히 바라고 있었다.

나는 수업에 잘 들어오는 학생들에게 내가 그들의 대화를 메모하고
있다고 밝혔다. 그들이 저지른 범죄에 대해 자세히 알아보려고 여기
저기 자료를 찾아보았다는 얘기도 했다. 그래요, 뒷조사를 한 겁니다.
그래요, 여러분의 허락도 없이. 밤에 집에 가서 내가 알아낸 것을 글
로 썼어요. 내 컴퓨터에서 여러 사람들의 성격과 대화, 그리고 내 생
각이 담긴 이야기가 만들어지고 있어요. 나는 감옥에서 겪은 일을 글
로 쓰면서 그 일들을 더욱 생생하게 느끼게 되었다고 말했다. 글을 쓴
덕분에 수업 시간에 주고받은 얘기들이 더 오랫동안 내 머릿속에 남
게 되었고, 단조로운 감옥 생활의 우스꽝스러움과 슬픔을 알게 되었
으며, 새로운 재소자가 들어올 때마다 그 사람에 대해 자세히 조사했
다고 말했다. 방식은 다르지만 우리가 읽고 있는 문학 작품들도 나에
게 같은 영향을 미쳤다. 나는 나의 글을 흥미로운 책으로 완성하고 싶
다고 말했다. 재소자들은 내 말을 듣고 즐거워했다.

"그럴 줄 알았어."

윌과 레어드가 동시에 말했다.

"혹시 도움이 필요하지 않아요? 아버지가 도와줄 수도 있을 텐데."

레어드가 즉시 나섰다. 레어드는 자신의 친척들이 출판계에 아는
사람이 많다고 말했다. 나는 별로 믿기지 않는다는 표정으로 그를 바
라보았다. 그의 주장이 터무니없어서가 아니라 그가 하는 말이라면
뭐든지 의심스러웠기 때문이다.

윌도 책 애기에 적극적인 관심을 보였다. 그는 자기가 주도적인 역

할을 할 수 있는 일이라면 무엇이든 적극적으로 나섰다. 그러나 그가 원하는 것은 자신이 직접 책을 쓰는 것이었다. 그는 정부가 젊은이들을 어떻게 외면하고 있는지 쓰고 있으며, 그 책을 읽는 젊은이들은 무기를 들고 일어설 거라고 말했다. 그 책은 새로운 청년 운동의 선언서 같은 것이 될 터였다. 문학적인 관점에서는, 여기저기 돌아다니며 대담한 짓을 저지르는 사람들과 마약 얘기가 책장을 넘길 때마다 펼쳐지는 『라스베이거스의 공포와 혐오*Fear and Loathing in Las Vegas*』에 더 가까운 책으로 만들 생각이었다. 그는 감방에서 벌써 2백 쪽 분량의 글을 썼다.

"너 내 공책 봤지?"

그가 레어드에게 물었다. 레어드가 고개를 끄덕였다.

"나도 책을 쓰고 있어. 아빠랑 같이. 그 일에 관한 책이야."

레어드는 지난 몇 달간의 일들을 뜻하는 듯 손으로 어깨 너머를 살짝 가리키면서 말했다.

그럼 달링은? 달링은 3월부터 다시 슬금슬금 수업에 들어오기 시작했다. 목과 이마까지 여드름이 번져 있는 것만 제외하면 여전히 조용하고 홀쭉한 모습이었다. 나는 달링을 다시 쫓아내지 않았다. 달링도 회고록을 계획하고 있다고 했다. 시와 철학적 명상, 어린 시절의 기억 등이 곁들여진 책이다. 하지만 그 책을 다른 사람들에게 보여줄 생각은 전혀 없었다. 갑자기 우리 수업이 작가들의 모임이 돼버렸다. 물론 우리도 책을 쓰고 있어. 시간이 이렇게나 많고, 아무도 손대지 않은 문학적인 소재들이 사방에 널렸는데 책 쓰는 거말고 무슨 일을 하겠어? 생각이 깊은 사람이라면 자신이 처한 상황을 자신에게 이롭게 바꿔놓는 법이잖아. 책을 쓰는 게 재미도 있고, 돈도 벌 수 있잖아. 세상 사람들의 생각을 우리처럼 바꿔놓을 수 있다는 건 말할 필요도 없지.

글쓰기에 관한 우리의 환상이 전혀 현실적이지 않았으므로 우리는 꿈을 꿀 때처럼 쉽게 이런저런 주제로 옮겨 다녔다.

"우리가 구치소 학교에서 배우는 게 얼마나 없는지 반드시 써야 돼."

윌이 책꽂이와 칠판을 향해 고갯짓을 하며 말했다.

"여기서 우리가 얼마나 지루해하고 있는지도 빼먹으면 안 되고. 그거 다 쓸 거지?"

나는 그렇게 하겠다고 약속했다. 그는 자신의 글에서 지루함에 대해 상당히 많은 얘기를 하고 있으며, 글 전체가 지루함에 바치는 송시라고 했다.

"여기서는 라이노하고 슬래시가 진짜 선생이라는 얘기를 꼭 써야 돼요."

레어드가 말했다. 나는 그렇게 하겠다고 약속했다.

"넌 무슨 얘기를 쓰고 있지, 레어드?"

내가 물었다.

"뭐든 전부 다요. 내 얘기를 전부 쓰고 있어요. 식구들 사이에 일어났던 일을 전부. 나 같은 애들을 위한 책이 될 거예요. 부모들을 위한 책이기도 하고."

"좋은 생각이야. 훌륭해. 빨리 읽고 싶은걸."

그후로 다시는 그 책에 관해 듣지 못했지만 나는 지금도 낙관적인 희망을 품고 기다리고 있다.

구치소 일기, 2000년 3월 20일

오늘은 몰락에 관한 책을 읽었다. 무섭고, 음악적이고, 비열한, 전형적인 폴 보울즈Paul Bowles의 작품 『아련한 일화*A Distant Episode*』는 오만한 서양인이 동양에게 먹혀버리는 이야기이다. 나는 주인공인 교수가 어둠이 드리운 사막의 비탈길 꼭대기에 서 있는 장면에 특히 주목하라고 학생들에게 말했다. 그는 북아프리카 어딘가에 있는 음침하고 악취 나는 마을들을 지나왔다. 그의 돈을 빼앗은 안내인은 절뚝거리며 밤의 어둠 속으로 사라져버렸다. 어둠 저편 어디에선가 플루트 소리가 들려온다.

슬래시, 레어드, 윌은 책장을 빠르게 넘기며 글을 읽고 있었다. 라이노는 자동차 경주 잡지를 뒤적였다.

"내가 지금 곤경에 빠진 건가?" 교수는 멍하니 혼자 중얼거리다가 주변에 크기를 가늠할 수 있는 물건이 하나도 없다는 것을 알아차린다. 집도 없고 나무도 보이지 않는다. 깎아지른 듯한 비탈길의 높이는 가늠조차 되지 않는다.

그는 절벽 아래를 향해 소변을 보고 아이처럼 골똘히 귀를 기울였다. 그러고 나니 심연을 향해 내려가고 싶다는 충동이 일었다. 신기하게도 현기증은 느껴지지 않았다. 그러나 절벽 오른쪽 아래는 내려다보지 않으려고 조심했다.

"멍청한 놈."
윌이 말했다.
"누구든 이런 일 해본 적 있죠?"
내가 물었다. 재소자들은 침묵을 지켰다. 마이크 토빈이 나를 바라보며 재미있다는 듯 히죽 웃었다.
"내 말은, 이 자리에 있는 모두가 모험을 찾아 낯선 사람들이 사는 낯선 곳으로 떠난 적이 있다는 겁니다. 맞죠?"
"그럼."
토빈이 수줍은 표정으로 말했다.

"난 그게 어떤 건지 알아."

라이노는 자신이 감옥에 들어온 사람들에게 모험을 선사하는 야만적인 부족이라고 말했다.

나는 계속 읽었다.

"가파른 길이 끝없이 이어졌다. 길이 너무 단조로워서 버스를 타고 갈 때의 느낌과 비슷했다."

그는 혼잣말을 중얼거리기 시작한다. 하산 라마니, 하산 라마니…… . 그가 저녁 때 차를 마셨던 카페 이름이다.

"무아지경에 빠졌네. 플루트나 뭐 그런 것 때문인가?"

월이 말했다.

"걷는 것도 그렇지 않겠어?"

달링이 물었다.

나는 학생들이 교수가 허공에 귀를 기울이고 있음을 알아차리기를, 그가 묵직하게 울려 퍼지는 음악의 힘에 굴복하는 모습을 지켜보기를 바랐다. 음악의 멜로디는 이국적이고, 아련하고, 위험하다. 그 음악에 유혹당한 사람은 홀린 듯이 넋을 잃는다.

"여기서 교수에게 정말로 위험한 것이 무엇일까요? 음악, 방향 감각을 흐려놓는 풍경, 낯선 장소와 낯선 사람들. 이런 것들은 어떤 위험이죠?"

내가 물었다.

"교수가 위험을 감당할 수 없다는 게 위험한 거야."

월이 말했다. 그는 친구들 중에 자동차 속도를 계속 올리면서 약을 잔뜩 먹는 것이 취미인 녀석들이 있다고 말했다. 그들 중 한 명은 그런 짓을 하다가 목숨을 잃었고, 다른 녀석들은 체포되었다.

"자신을 도취시키는 것들을 잘 다뤄야 해. 약을 제대로 섞어서 먹는 법을 알아야 한다고. 어디로 가는 건지도 모르면서 무작정 갈 수는 없어."

그가 설명했다. 그는 모험을 하다가 경찰에 잡힐 수도 있다는 것이 바로 위험이라고 생각했다. 만에 하나 목숨을 잃을 가능성도 있었다. 그는 약을 제대로 섞어 먹는 법을 알고 있었기 때문에 목숨을 잃지 않았다. 하지만 경찰을 피해 지극히 빠른 속도로 차를 몰 수 있다는 것이 모험의 장점이었다. 그는 그런 모험을 꽤나 즐기는 것 같았다.

"맞는 말이야."

내가 맞장구를 쳤다. 나는 상황을 자기 힘으로 통제할 수 없게 되는 것이 이로울 수도 있다는 점을 학생들에게 납득시키고 싶었다. 『아련한 일화』는 결코 교훈적인 이야기가 아니다. 보울즈는 위험이 이로울 수도 있다는 것을 암시하고 있다.

교수는 절벽 아래로 내려오자마자 사나운 개의 공격을 받는다. 너무 어두워서 상황을 파악할 수 없다. 더 많은 개들이 나타나 그를 공격하더니 마침내 사람들이 나타나 그의 머리를 잔인하게 걷어찬다. 레구이바 족 남자가 총으로 그의 등을 찌른다. 그는 의식을 잃는다. 정신을 차린 그는 숨을 쉬려고 입을 벌리는데, 그 순간 혀를 잘리고 만다.

소설의 나머지 부분은 교수가 레구이바 족의 유목생활에 적응하는 모습을 묘사하고 있다. 그는 처음에 이 생활을 불편해하지만 점점 편안함을 느낀다. 외설적인 춤을 배우고, 짐짓 화난 척 여자와 아이들에게 달려들어서 그들을 즐겁게 해준다. 부족 사람들의 추잡한 광대가 된다. 그러나 1년 후 교수의 춤에 싫증을 느낀 레구이바 족은 그를 근처 도시의 아랍인에게 팔아넘긴다. 아랍인은 그를 자기 집의 후미진 빈 방에 가두지만, 다시 문명세계로 돌아온 교수는 이미 심한 광기에 사로잡혀 있다. 아랍인의 집 진흙 벽에 걸린 달력은 그가 1년 만에 처음으로 보는 문명이다. 그의 눈이 달력에 닿자 숫자와 단어들이 끔찍한 불협화음을 내며 그를 압도해버린다. 보울즈에 따르면, 그것은 "교향곡 악보에 잉크로 찍어놓은 작은 음표들"처럼 "급박하고 강력한" 소리였다. 그 소리 때문에 더 미친 그는 몸부림을 치며 식은땀을 흘리기 시작한다.

보울즈가 보기에 이런 광기는 영적인 선물이다. 교수를 사로잡은 것은 분별 있는 광기이다. 혀를 잃은 후 청각이 대단히 예민해진 그는 달력의 소리를 들을 수 있다. 이 소리를 들으며 자신이 원래 속해 있던 질서 정연한 문명과 자기 자신에 대해 당연한 두려움을 느끼고 충격을 받는다. 전에 그는 이런 힘을 알아차리지 못했지만, 아니 자신의 목적을 위해 그 힘을 아무렇지도 않게 이용했지만, 지금은 그것이 유혹과 배반을 일삼는 또 다른 힘임을 인식한다. 소설 끝부분에서 교수는 발작을 일으켜 아랍인의 집 벽에 몸을 던진다. 보울즈는 다음과 같이 썼다.

그는 거리로 통하는 문을 공격했다. 문은 한동안 버티다가 마침내 부서졌다. 그는 박살난 문구멍으로 나왔다. 그는 허공을 향해 팔을 흔들며 고함을 질러대면서 성문을 향해 조용한 거리를 뛰어가기 시작했다. 몇몇 사람들이 호기심 가득한 시선으로 그를 바라보았다.

"자신에게 귀를 기울이는 것, 진정한 자신의 소리를 듣는 것. 여러분은 각자 자신에게 마땅히 이런 대접을 해줘야 합니다. 다른 사람들에게도 마찬가지죠."

예전에 이 작품을 학생들에게 가르칠 때 나는 이렇게 말했다.

감옥에서 이 점을 가르치는 것은 더 쉬울 것 같았다. 프렌치뿐만 아니라 많은 재소자들이 자신이 제정신이 아님을 사람들에게 납득시키려 애쓰고 있으니까. 재소자들은 정말로 미쳤다는 판정을 받은 재소자를 존중해준다. 공연히 미소를 짓는 정신과 의사와 경찰, 그리고 변호사들을 모두 속였으니까.

하지만 재소자들은 작품을 읽는 내 목소리에 귀를 기울일 수 있는 상태가 아니었다. 그들은 내가 전혀 예상치 못했던 방향으로 토론을 이끌었다. 나는 교수가 소리를 지르며 사막으로 가는 마지막 구절을 읽고 재소자들의 반응을 살펴보았다. 잠시 침묵이 흐르다가 슬래시가 한숨을 내쉬었다.

"여긴 그런 미친놈들이 아주 많아."

그가 토빈을 빤히 바라보며 말했다.

"정말로 미친놈들이 많지."

토빈이 미안하다는 듯이 미소를 지었다.

"슬래시."

내가 말했다.

"슬래시 말에 일리가 있어."

라이노가 말했다.

"난 괜찮아."

토빈이 어깨를 으쓱하며 부드럽게 말했다.

"우리는 망할 놈의 정신병자들과 같이 살고 있다고."

상기된 얼굴로 슬래시가 다시 말했다. 그는 다른 감옥에서 알고 지냈던 사람들에 대해 얘기해주었다. 그 사람들은 소설 속의 교수보다 훨씬, 훨씬 더 심하게 미쳐버렸다고 했다. 갇힌 사람들의 광기는 다른 사람들까지 모두 미쳐버리게 만든다. 심지어 교도관들까지도. 그는 이 주제를 가지고 몇 분 동안 과장된 애기를 늘어놓았다. 갇힌 사람들의 광기가 석방된 죄수들을 통해 매일 감옥 밖의 사회로 번져나가고 있는 것이 무엇보다 심각하다. 광기는 바깥 사회의 다른 사람들, 젊은이들을 괴롭힌다. 그래서 당연히 더 많은 범죄가 발생한다.

그는 보울즈의 작품을 자신의 주장 속으로 쉽게 끌어들였다. 그는 이 작품이 야만성에 관한 우화라고 말했다. 교훈적이며 작가가 작품을 제대로 썼다고 했다. 정상적인 사람을 골라 짐승 같은 놈들하고 함께 놔두면 그 사람도 짐승 같은 놈이 될 것이다.

"빙고!"

그는 이렇게 소리를 지르며 짐짓 '난 정말 천재야'라고 말하는 듯한 표정을 지었다. 그는 짐승 같은 사람들과 함께 갇혀 있던 사람이 어떤 악행을 저지르게 되는지를 적절히 보여주지 못한 것이 작가의 유일한 실수라고 말했다. 그의 입에서 이 감옥에 갇혀 점점 미쳐가고 있는 사람들―토빈, 라이노 등―의 이름이 줄줄이 흘러나왔다.

"어쩌다 그렇게 됐을까?"

그가 물었다.

"만약 그렇게 되면, 정말로 미쳐가게 되면 난 그냥 자살해버릴 거예요."

레어드가 단언했다.

"너도 그렇게 될 거야. 틀림없어."

슬래시가 자신 있게 말했다.

"감옥은 정말 혼란스러운 곳이야. 사람을 아주 작살 내지. 시간이 지나면 말이야."

월이 슬픈 목소리로 말했다. 그는 자신도 미칠 생각이 없다고 말했다.

"만약 내가 그렇게 된다면, 그런데도 감옥에서 나갈 수 없는 형편이라면 그냥 목을 매달 거야."

그가 단언했다.

잠시 후 학생들은 당국의 손에 놀아나느니 자살하는 편이 낫다는 데 모두 동의했다. 자살할 용기가 없으면 친구에게 죽여달라고 부탁이라도 해야 한다는 것이다. 이렇게 합의에 도달한 우리는 이제 무슨 얘기를 해야 할지 알 수가 없었다. 우리는 토빈과 라이노, 그리고 창문을 빤히 바라보며 가만히 앉아 있었다.

"난 감옥살이를 많이 했어."

마침내 토빈이 히죽 웃으며 말했다.

"그런데 그렇게 나쁘지 않더라고. 사실 오히려 잘했다 싶어. 감옥살이도 어떤 사람들한테는 괜찮아."

그가 잠시 말을 멈췄다가 다시 입을 열었다.

"내 말은, 날 봐. 나 자신은 괜찮다고 생각해. 결국 아무 문제 없었던 거 같아."

나는 그의 말이 농담이라고 생각했다. 그러나 확신할 수는 없었다.

12. 표류

슬래시는 여느 때처럼 가석방 문제 때문에 화가 나 있었다. 하지만 때로는 슬래시의 분노가 수업을 아주 훌륭하게 만들어주기도 한다. 오늘 나는 방금 일어난 자동차 사고에서 목숨을 건진 사람처럼 잔뜩 흥분해서 구치소 문을 나섰다. 우리 모두 같은 기분이었을 것이다. 자동차 사고 현장에서 구겨진 철판과 깨진 유리조각 사이를 빠져나와 목숨을 건진 것 같은 기분. 즐거우면서도 낯선 감정이었기 때문에 우리는 여느 때보다 오랫동안 도서실에서 꾸물거렸다. 아이들이 도무지 자리를 뜨지 않아 내가 서둘러 쫓아내야 했다. 그런데도 아이들은 어디 한번 교도관을 불러서 자기들을 쫓아내 보라는 듯 계속 꾸물거렸다.

사실 학생들은 말을 많이 하지 않았다. 그러니 내가 오늘 수업의 의미를 너무 과대평가하는 건지도 모른다. 하지만 솔직히 말해서 그런 것 같지는 않다. 오늘 수업에서 윌, 레어드, 팀은 꼼짝도 않고 앉아서 눈을 반짝이며 작은 목소리로 책을 읽었다. 그리고 마치 종이에 적힌 단어들을 약으로 삼아 스스로를 치료하려는 듯 천천히 공기를 들이마셨다. 나는 기운을 좀 내라고 말하고 싶었지만, 학생들이 나와 분리된 대단히 개인적인 일을 하고 있다는 느낌이

들었으므로 그냥 조용히 있었다. 내가 그들에게 책에 대해 반응하는 법까지 가르쳐줄 수는 없다. 소설이 끝나갈 무렵 나는 울음을 터뜨릴 뻔했다. 사제와 경찰들이 감옥에서 새로운 신자와 협력자들을 그토록 쉽게 구할 수 있는 것도 무리가 아니다. 이곳 사람들은 뭔가 심금을 울리는 것을 만났을 때 무방비 상태가 된다. 기본적으로 그들은 누가 아주 조금만 따스하게 대해줘도 그냥 긴장을 풀어버린다. 너무 놀라서 어찌할 바를 모르기 때문이다.

원래 폴 보울즈에 대한 다큐멘터리와 드라마를 보여주기로 했지만 두 가지 모두 구할 수가 없었다. 그래서 급히 데니스 존슨Denis Johnson의 『예수의 아들Jesus' Son』(헤로인 중독자의 1인칭 서술로 진행되는 단편 모음집) 중 「응급 상황Emergency」을 복사해 나눠주었다. 내가 존슨의 작품을 가르치고 싶었던 것은 무엇보다도 등장인물들이 내 수업에 들어오는 학생들과 비슷하기 때문이다. 그들은 마약중독자와 방랑자들이며, 집을 찾아 헤매는 사람들, 자신들의 삶이 끝났다고 생각하는 사람들이다.

다큐멘터리와 드라마를 구하지 못했기 때문에 나는 복사물을 제발 한 번 보기라도 하라고 학생들에게 애걸해야 했다. 나는 가끔 재소자들에게 줄 선물을 가져오는 가방 ― 거기에는 박하사탕, 껌, 펜이 잔뜩 들어 있다 ― 을 열어 학생들에게 나눠주었다. 그러고는 소설이 마약과 환각과 피로 가득 차 있다고 몇 번이나 말해주어야 했다. 피가 얼마나 많은지 몰라.

"그 사람들이 무슨 약을 먹는데?"

월이 물었다.

"소설에는 안 나와. 그냥 이런저런 약이지 뭐. 그 정도면 되겠어?"

내가 설명했다.

"폭력도 나오나?"

"그럼, 당연하지!"

마침내 윌이 복사물을 집어 들고 첫 번째 문단을 읽었다. 그리고 흡족하다는 듯 눈으로 미소를 지으며 말했다.

"좋은데. 이거 마음에 들 것 같아."

소설 속에서 병원 잡역부인 조지는 수술실에서 훔친 약을 잔뜩 먹은 상태이다. 그는 수술실 바닥에 흥건히 고인 피 때문에 괴로워하고 있으며, 자기 발밑에 왜 그렇게 많은 액체 ─ 그는 이것을 '걸쭉한 것'이라고 부른다 ─ 가 철벅거리는지 이해하지 못한다. 대걸레로 커다랗게 호를 그리며 바닥을 닦는다. 하지만 그 걸쭉한 것은 오로지 그의 눈에만 보이는 것 같다. 그는 걸쭉한 것이 너무 끔찍해서 몸을 부들부들 떨고 흐느끼면서 열심히 바닥을 닦는다.

눈에 칼이 박힌 환자가 병원으로 걸어 들어오면서 본격적인 이야기가 진행된다. "누가 당신을 데리고 왔죠?" 간호사가 묻는다. "아무도. 내가 그냥 걸어왔어요. 겨우 세 블록밖에 안 되는데요 뭐." 눈에 칼이 박혔는데도 평범하게 대화를 나누는 사람들 때문에 학생들은 조용히 작품에 집중하기 시작했다. 어린 학생들은 그 칼이 환상 ─ 환상이 아니다 ─ 인지, 그런 부상을 입은 사람이 목숨을 건질 수 있는지, 그런 경우 뇌의 어느 부분이 손상되는지 궁금해했다. 우리는 이런 의문들에 대해 아주 열심히, 거의 과학적이라고 해도 될 만한 대화를 나누었다. 열광적인 행동, 특히 데니스 존슨이 묘사하고 있는 몽롱하고, 환상적이고, 피가 낭자한 행동들은 학생들에게 그저 자장가 같은 것이었다.

눈에 칼이 박힌 환자를 본 병원 의료진은 너무 놀란 나머지 돌처럼 굳어서 아무런 조치도 취하지 못한다. 치료를 위해 환자를 준비시키라는 지시를 받은 잡역부 조지는 화장실로 들어가 노래를 부르며 손을 씻는다. 그동안 다른 직원들은 서로 대화를 나눈다.

테렌스 웨버의 머리에서 칼을 제거하는 방법에 대해 다들 생각이 달랐다. 그러나 환자를 준비시키고 — 환자의 눈썹을 밀고 상처 부위를 소독하는 것 — 돌아온 조지의 손에 사냥용 칼이 들려 있는 것을 보고 사람들의 대화가 순간 멈췄다.

윌은 다른 학생들을 위해 이 부분을 큰 소리로 읽고는 몸을 배배 꼬며 키득거렸다.

"그냥 칼을 잡아 뺀 거야?"

그가 물었다.

"소설에 그렇게 돼 있는 것 같아."

내가 말했다. 모두들 정신없이 웃어대기 시작했다. 놀라움과 즐거움의 물결이 도서실을 훑고 지나갔다.

사실 이 작품에 묘사된 사건들은 감옥에서 흔하게 접할 수 있는 것들이다. 재소자들은 자살이나 신체 훼손 등 악몽 같은 얘기들을 농담처럼 주고받는다. 그것이 그들에게 해방감을 안겨주니까. 감옥을 상습적으로 들락거리는 사람들에게 그런 얘기는 결코 생소한 것이 아니다.

학생들은 칼을 그냥 잡아 빼는 것이 정말로 가능한지에 대해 얘기하고 싶어 했다. 이래도 되는 거야? 이런 일이 정말로 있었어? 환자는 어떤 뇌손상을 입었을까? 이 사람, 다음날 그냥 자기 발로 걸어서 퇴원하는 거야 뭐야?

소설 속에서 환자의 눈에 박힌 칼이 제거되자 사람들은 눈앞에 다가와 있던 파멸에서 해방된 기분을 느낀다. 사실 학생들도 비슷한 반응을 보였다. 갑자기 새로운 희망이 나타난다. 창문과 발코니와 도로를 지나가는 자동차에서 삶의 가능성들이 유쾌하게 손짓하고 있다. 조지는 진료 기록부 위에 칼을 놓는다. 그 다음 페이지에서 그는 소설 속의 화자―다정하지만 멍청한 마약중독자 퍼크헤드―와 함께 약에 잔뜩 취해서 비틀거리며 병원 주차장으로 걸어들어간다. 퍼크헤드는 지금이 여름이라는 것을 잊어버리고 있었다고 말한다. 아침이 어떻게 생긴 건지도 잊어버리고 있었다고.

"우리는 한낮의 햇빛이 눈꺼풀을 두드려대고, 자주개자리의 향기가 혀에 진하게 느껴지는 것을 느끼며 트럭 화물칸에 올라가 먼지 낀 합판 침상에 누웠다."

"멍청이!"

레어드가 숨죽인 목소리로 외쳤다. 그는 의자를 바짝 당겨 앉으며 자기가 큰 소리로 읽어보겠다고 했다. 다들 잠 잘 때처럼 느리게 숨을 쉬고 있었다. 대개 수업 시간에 학생들이 그런 모습을 보이는 것은 비디오를 볼 때뿐이다.

소설의 나머지 부분에는 약에 취한 퍼크헤드와 조지가 해방감을 느끼며 어느 시골을 돌아다니는 모습이 나온다. 그들이 돌아다니는 곳에서 불가능한 일들이 벌어진다. 마약을 신봉하는 사람이 장터에 기자들을 잔뜩 모아놓고 세미나를 열고, 임신한 토끼가 트럭으로 뛰어들고, 한여름인데도 들판에 눈보라가 휘몰아친다.

임신한 토끼는 물론 목숨을 잃는다. 조지는 토끼의 새끼들을 구해줘야 한다고 고집을 부리고, 퍼크헤드는 토끼 새끼들을 셔츠 속에 따뜻하게 품어준다. "발이 진짜 작아! 눈꺼풀 좀 봐! 수염까지 있어!" 그가 쉴 새 없이 소리친다. 나중에 그는 토끼 새끼들을 품고 있다는 사실을 잊어버린다. 그래서 토끼 새끼들은 그가 잠들었을 때 그의 몸무게에 눌려 죽는다. 그는 미안하다고 정신없이 사과한다. 그가 할 수 있는 말은 이것뿐이다. 사실 이 소설 속에 등장하는 다른 사람들도 모두 마찬가지다. 낯선 세상과 정면으로 마주친 등장인물들은 소스라치게 놀라다가, 눈물을 흘리다가, 경외감을 느낀다. 그리고 항상 무기력하다. 설상가상으로 그들은 항상 어디로 가야 할지 몰라 길을 잃고 헤맨다.

하지만 존슨은 이 모든 것 속에 삶의 신비함과 불가사의와 슬픔이 내재되어 있다고 말한다. 우리가 이런 여행을 하게 된 것은 정말로 행운이라는 것이다. 오렌지를 주운 것, 불쌍한 토끼 새끼들, 유리창에 부딪히는 눈발과 햇빛. 작가는 별로 믿음직스럽지 못한 자신의 기억에서 이런 것들을 구해내려고 필사적이다.

수업이 끝나기 전에 나는 학생들에게 이 모든 것을 반드시 이해시키고 싶었다. 그들의 삶은 슬픔과 낯선 것들로 가득 차 있었다. 그들에게, 음…… 뭔가를 성취했다는 칭찬을 해주고 싶었다. 그들에게 이미 가지고 있는 것을 받아들이라고 말해주고 싶었다.

수업이 거의 끝나갈 즈음 슬래시가 가석방 담당관과 면담을 마치고 살며시 교실로 들어왔다. 그는 발을 질질 끌며 자기 의자에 가서 털썩 주저앉았다. 그리고 모자를 깊숙이 눌렀다.

"오늘도 늦었네요."

나는 이렇게 말하면서 그에게 복사물을 슬며시 넘겨주며 우리가 지금 어느 부분을 읽고 있는지 말해주었다. 그의 눈을 보자마자 나는 뭔가 심각한 문제가 생겼다는 것을 알 수 있었다. 그의 얼굴 전체가 부어 있었다. 눈은 튀어나올 듯했고, 눈 주위는 무시무시한 선홍색이었다. 그는 야구 모자를 더 깊이 눌러 쓰더니 팔짱을 꼈다. 그러고는 잠시 자신의 팔을 뚫어지게 바라보다가 고개를 들어 나를 빤히 바라보았다. 나는 그에게서 시선을 돌리고 싶지 않았다. 그가 내게 신경을 써달라고 요구하고 있으므로. 하지만 그의 눈을 정면으로 바라보기가 힘들었다. 그는 마치 뭔가 끔찍한 사실을 부정하려는 것처럼 고개를 천천히 앞뒤로 흔들고 있었다. 마침내 그가 고개를 돌릴 때 보니 작은 물방울들이 그의 뺨 위로 흘러내리고 있었다.

"왜 그래요, 슬래시……?"

내가 물었다. 다른 아이들은 시선을 피했다. 모두 아무 말도 하지 않았다. 슬래시가 눈물을 흘리다니.

그는 고개를 돌리고 소매로 콧물을 닦더니 다시 시선을 돌려 나를 바라보았다. 그리고 의자 속으로 더욱 깊숙이 가라앉아 옷 속에 얼굴을 묻었다.

"그냥 계속 얘기해. 그냥 계속하라고. 난 괜찮으니까."

그가 중얼거렸다. 나는 망설였다.

"우리가 뭐 도와줄 건 없어요?"

"없어, 아무것도."

그는 계속 눈물을 흘리며 코를 훌쩍였다. 모든 것이 터무니없는 일이었다. 수업이 그럴듯하게 잘 진행되고 있었는데, 슬래시의 한없는 슬픔과 분노가 순식간에 우리를 집어삼켜 버렸다.

그는 버몬트 주 남부의 산간 마을에서 실력 있는 건축업자로 좋은 평판을 얻고 있었다. 자신의 목공소를 운영하며, 자기가 일하고 싶을 때만 일을 했다. 그리고 겨울에는 스노보드 강사로 일했다. 그는 스노보드를 발명한 백만장자 제이크 버튼과 절친한 친구였다. 다른 재소자들에 따르면, 그의 애인이 끝내주게 예쁘다고 했다. 그녀가 면회를 왔을 때 보았다고 한다. 그녀는 말보로 대학에서 영문학을 공부하고 있었다. 4년 전, 그는 뭔가 폭력적이고 무시무시한 일을 저질러서 뉴스에 등장하게 되었다. 그는 그 일이 무엇인지 끝내 얘기하지 않았으며, 그 후로 죽 감옥에 있었다.

"너희들 일이나 해. 잘하고 있어. 그냥 계속 하라고."

그는 복사물을 내 쪽으로 밀어버리고는 팔짱을 꼈다.

한 사람이 울면 다른 사람들도 영향을 받는다. 어쨌든 오늘은 그랬다. 어쩌면 다른 재소자들이 슬래시의 강인함을 너무 믿었는지도 모른다. 그 강인함이 무너지는 것을 보며 우리는 조금 기가 꺾였다. 원래 이럴 때 재소자들은 울어서는 안 되는 법이다.

마침내 레어드가 복사물을 집어 들었다. 나는 그에게 소설을 큰 소리로 마저 읽으라고 했다. 퍼크헤드가 초원에서 또다시 기적 같은 일과 마주치는 이야기에 우리는 귀를 기울였다. 그는 사막에서 자동차 극장을 우연히 발견하지만 그곳을 공동묘지로 착각하고 놀라서 입을 다물지 못한다. "눈의 장막 바로 뒤에서 하늘이 찢어져 사라지더니 눈부시게 파란 여름 하늘에서 천사들이 내려오고 있었다. 그들의 커다란 얼굴은 연민으로 가득 차 있었으며 빛 줄기가 그 얼굴에 줄무늬를 그렸다."

이 소설의 등장인물들은 빨리 자기들을 돌아봐달라고 요구하며 회전목마처럼 돌아가는 불길한 징조와 위기 속에 붙들려 있었다. 그러나 소설이 마지막에 다다를 즈음 화자는 이 모든 일이 아주 오래전, 즉 1970년대 초에 일어났으며, 그 이후로 자신의 기억이 뒤섞였음을 인정한다. 내가 애당초 이 작품을 학생들에게 가르쳐야겠다고 생각한 것은 바로 이러한 이야기의 전환 때문이었다.

"그러니까 그게 25년 전 일이었군요."

내가 학생들의 대화를 유도하기 위해 말했다.

"알겠어요? 이해했습니까?"

"알 것 같아."

에몬스가 말했다.

"이 작품은 파멸을 아주 음산하게 강조하고 있습니다. 재앙의
징후도 있죠. 소설 속에 등장하는, 정말로 음산하고 불길한 일들
을 정리해 볼까요?"

우리는 목록을 만들었다. 칼에 찔린 환자, 눈보라, 토끼의 죽음,
이상한 날씨.

"하지만 알고 보니 이 모든 것이 오래전에 일어난 일들이죠. 알
겠어요? 그래서 이 모든 위기들이 자연스럽게 펼쳐진 겁니다. 알
겠어요?"

학생들은 도무지 모르겠다는 표정이었다. 하지만 그것이 그리
큰 문제는 아니었다. 슬래시는 당연히 내 얘기를 전혀 듣지 않았
다. 우리도 그에게 신경 쓰지 않았다. 레어드가 책을 읽는 모습을
지켜보았을 뿐. 레어드의 목소리 사이로 다른 아이들의 훌쩍이는
소리가 들려왔다. 월과 토빈을 바라보자 그들은 멋쩍은 듯이 히죽
웃으며 시선을 떨어뜨렸다. 소설이 끝나갈 무렵에는 다들 울고 있
는 것 같았다. 소설 속 헤로인 중독자들이 누리는 자유 때문일까?
슬래시의 눈물? 따스한 날씨 때문에? 나는 그들의 눈물을 완전히
이해할 수는 없었지만 눈물을 흘리는 그들의 모습이 기뻤다. 비록
슬래시나 소설처럼 터무니없는 이유 때문이라 해도. 지금 구치소
안에서 분명 뭔가 변화가 일어나고 있었다.

나는 얼어붙은 그들의 마음에 생기는 균열을 가만히 지켜보았다.

구치소 일기, 2000년 4월 3일

미국 사회에 나타난 위협과 폭력이라는 주제로 새로운 강의계획표를 짜고 있다. 재소자들이 자신의 본질을 거울처럼 들여다볼 수 있게 하자는 프로젝트인 셈이다.

스티븐 킹과 데니스 존슨의 작품을 조금 더 읽을 계획이다. 코맥 매카시Cormac McCarthy의 작품과 플래너리 오코너Flannery O'Connor의 『끝까지 공격하는 자는 그것을 얻는다 *The Violent Bear It Away*』 등 새로운 작품도 읽을 것이다. 영화도 몇 편 넣었다. 레어드가 요청한 「저수지의 개들Reservoir Dogs」과 재소자들이 아주 좋아하는 「택시 드라이버」. 어쩌면 학생들이 강력하게 요청하고 있는 「매드 맥스Mad Max」 시리즈를 보여주게 될지도 모른다. 하지만 「터미네이터 2Terminator II」는 뺄 것이다. 비록 그 영화 때문에 재소자들이 떼를 지어 교실로 몰려온다 해도.

오늘 수업 후반부에 일어난 일 때문에 학생들에 대한 나의 믿음이 적잖이 무너졌다. 학생들은 레어드의 탈옥 계획을 논의하고 있었다. 그렇게 우스꽝스러운 생각들을 하다니. 나는 웃어야 할지, 울어야 할지, 화를 내야 할지 알 수 없었다. 그저 멍하니 앉아서 고개를 절레절레 저으며 낄낄 웃었다. 불운을 예언하는 집시처럼. 내 강의계획표가 바람에 실려 훨훨 날아가고 있는 것 같았다.

탈옥과 관련해서 누구나 다 알고 있는 것이 두 가지 있다. 첫째, 탈옥을 하겠다는 생각 자체가 멍청한 동화 같은 것이어서 결코 성공할 수 없다는 것. 둘째, 탈옥을 할 수 있다고 믿는 사람들은 거의 구제 불능이라고 봐도 된다는 것. 탈옥을 꿈꾸는 자들은 자기 자신을 정면으로 바라보지 못하는 사람들이다. 그리고 탈옥을 시도하다 잡힌 사람들—원래 항상 잡히게 되어 있다—은 멍청한 짓을 했다는 이유로 조롱의 대상이 된다.

수업 중에 새 강의계획표를 가져오기 위해 잠시 자리를 비웠다. 강의계획표를 복사해서 돌아오는 데 한 3, 4분 정도 걸렸던 것 같다. 돌아와 보니 레어드가 창가의 의자 등받이 위에서 비틀거리고 있었다. 그는 창유리를 손가락으로 눌러보고, 창틀 구석구석을 손으로 만져보았다. 그리고 몰래 사탕을 훔치려다 들킨 귀여운 아이 같은 표정으로 나를 바라보았다. 다른 아이들은 열심히 손짓 발짓을 하며 작은 목소리로 그에게 지시를 내리고 있었다.

"뭐 하는 거야?"

내가 물었다.

"탈옥하려고요."

레어드가 고백했다. 모두들 웃음을 터뜨렸다. 레어드는 다정한 미소를 지으며 의자에서 내려왔다.

"선생님, 그냥 농담이에요. 정말이에요."

그는 의자에 주저앉으며 말했다. 처음에는 나도 농담으로 받아들였다. 그러나 그게 아니었다. 그는 실제로 계획을 짜고 있었고, 외부에서 도와줄 사람도 있었다. 게다가 몇 주 안에 실행에 옮길 예정이었다.

그의 계획은 계획이라고 할 만한 것도 아니었다. 게다가 그의 말대로 실제로 도와주는 사람이 있는지도 의심스러웠다.

"그 친구는 그냥 차를 가지고 와서 날 데리고 갈 거예요. 돈을 주기로 했거든요."

레어드가 말했다.

수업이 끝나기 전 10분 동안 우리는 레어드의 계획을 자세히 검토했다. 레어드는 타이밍이 가장 중요하다고 주장했다. 매일 저녁

식사 후 두 시간 동안 그는 혼자서 교실에 들어와 청소를 한다. 짐이 그를 위해 주선해준 일이다. 착한 짐은 레어드에게 잘해주려 하고, 그와 교사 대 학생으로 좋은 관계를 맺고 싶어 한다. 그 두 시간 동안 레어드는 교실 다섯 곳을 청소하고 쓰레기통 두 개를 비워야 한다. 교실을 청소하는 사람이 매일 밤 도서실에서 혼자 왕처럼 두 시간 동안 텔레비전을 볼 수 있다는 것은 모두 다 아는 사실이다. 레어드는 탈옥을 위해 주변을 조사하는 데 그 시간을 이용했다. 이것저것 두드려보기도 하고, 엿보기도 하고, 창밖을 내다보며 길거리에 사람들이 얼마나 지나다니는지 — 거리에는 항상 인적이 드물었다 — 확인하기도 했다. 그러면서 몇 분마다 한 번씩 빗자루를 들고 감시 카메라 앞에 모습을 드러냈다.

  이곳의 경비는 중간 수준이다. 따라서 경비가 취약한 부분이 틀림없이 몇 군데 있을 것이다. 전에 탈옥 사건이 일어난 적도 있다. 법학 도서실의 창문은 유리 사이에 두꺼운 철망이 들어 있는 샌드위치 형태이다. 철망 사이를 가로지르는 두 개의 철 막대기는 거미줄과 곰팡이로 뒤덮여 있다. 그 철 막대기들이 창문으로 빠져나가려는 재소자를 막지 못하리라는 것은 나 같은 사람도 알 수 있다. 철 막대기 사이의 간격은 30센티미터로 레어드의 기를 죽이기에는 너무 넓었다. 만약 경보 장치를 건드리지 않고 유리와 철망을 처리할 수 있다면 — 경보는 틀림없이 울릴 것이다 — 창문으로 빠져나가 신선한 공기를 쐬는 것도 불가능한 일은 아니다. 그렇게 빠져나갈 수 있다면 그는 자유의 몸이 되겠지만, 잔디밭에서 감시등의 불빛을 집중적으로 받게 될 것이다. 그리고 그가 밖으로 나가 서게 될 자리는 교도관들이 밤에 시간을 보내는 사무실 바로 밑이다. 그는 이 사실을 모르고 있는 것 같다. 왼쪽에는 출입자를 관리하는 사무실이 있다. 그리고 길 건너편에 있는 주유소 직원들이 놀라서 경찰에 전화할 것이다. 그는 재빨리 잔디밭을 가로질러 거리로 나가서 바람처럼 사라져야 한다. 그의 말처럼 타이밍이 가장 중요한 것이다.

레어드의 생각을 사로잡고 있는 바보 같은 공상들—변호사가 필요해! 언론 탓이야! 다른 데서 재판을 받아야 해!—중에서도 이것이 가장 바보 같다. 그는 퇴보하고 있다. 또다시 승산 없는 범죄 계획을 짜면서. 그리고 이번에도 자신의 계획이 제대로 될 거라고 확신하고 있다. 잘못될 수도 있다는 생각을 아예 하지 않는다.

레어드에게 잘해주는 사람이 없는 것은 아니다. 그의 아버지는 여전히 그를 찾아와 책을 선물로 주곤 한다. 몇 달 전에 레어드가 그를 죽이려 했는데도 말이다. 레어드의 변호사도 그를 도와주고 싶어 한다. 그 점은 나도, 짐도 마찬가지이다. 그의 사건을 담당한 사회복지사, 교도관들, 구치소의 고위급 인사 몇 명도 그를 돕고 싶어 한다. 지금쯤이면 그가 이런 사람들 사이에서 긴장을 풀어도 될 텐데. 우리에게 도움을 청해도 될 텐데. 그런데도 그는 다른 계획을 짜고 있다.

"휴대폰이 필요해요. 선생님 휴대폰 있어요?"

그가 교실을 청소할 때 자신이 어떻게 하는지를 설명하면서 말했다.

"아니."

그에게 휴대전화가 필요한 것은 공범들과 시간을 조정해야 하기 때문이다. 그는 마지막 유리를 떼어내면서 공범에게 전화를 걸 생각이다. 그러면 그가 창문에서 몸을 날릴 준비가 되었을 때, 공범이 주유소 안으로 쌩 하고 들어설 것이다. 예전에 우드스턱에서 복역한 적이 있는 그의 공범 필리오는 애스커트니 산에서 스키 강사로 일할 때 만났다. 그는 레어드의 여권과 현금 1만 달러를 가지고 오기로 되어 있다. 레어드는 창문을 빠져나가 재빨리 잔디밭과 도로를 건넌 다음 기다리고 있는 자동차에 뛰어들 것이다. 마치 특공대 작전 같다.

"그 친구는 어디서 그 많은 현금을 구한대?"

"걱정 마세요. 틀림없이 갖고 올 거예요."

"바보 같은 짓이야."

"맞아요."

그가 딱 잘라 대답했다. 그러고는 자신의 계획에 대해 계속 떠들어댔다. 마치 모노드라마처럼.

그는 그 일을 단순하게 생각했다. 그런 의미 없는 계획이 자신의 미래를 단련시켜줄 거라고. 그는 빨리 실행에 옮기고 싶어 조바심을 내면서도 기꺼이 때를 기다릴 각오가 되어 있었다. 그에게 가장 껄끄러운 부분은 자신의 공범을 완전히 믿을 수 없다는 것이었다. 하지만 공범 ─ "필리오는 나보다 이런 체제를 더 싫어해요! 게다가 지금 돈도 절실하게 필요하고요." ─ 에 대해 생각할 때면 그는 이미 여러 번 본 영화를 또 보면서 그 결말을 즐겁게 기다리는 아이 같았다. 그의 머릿속에서는 모든 것이 해결돼 있었다. 아직 제대로 정리되지 않은 부분이 있다면, 계획을 실행에 옮기는 것뿐이었다.

그는 탈옥 기술을 어디서 배운 걸까? 그에게 가르쳐준 사람이 있었던 걸까? 연습을 해본 적은 있을까? 나는 그에게 물어보지 않았다. 내가 물어보았더라도 그가 대답할 수 있을지 의심스럽다. 내 짐작에 그는 영화에서 그런 기술을 배운 것 같다. 레어드는

1980년대의 영화, 특히 베트남전 영화를 보며 자랐다. 주인공이 철창에 갇혀 절망에 빠져 있을 때 누군가가 나타나 순식간에 그를 구해준다. 구원받은 재소자의 이야기인 셈이다. 적대적인 사람들 사이에서 악몽 같은 나날을 보내던 주인공이 자유 속에서 찬란하게 다시 태어나는 이야기.

"그럼, 어디로 갈 거야?"

내가 물었다.

"멀리 가야죠."

"평생 도망 다니면서 살 건가?"

"그래야 할 것 같아요. 가끔 집에 갈 수 있으면 좋겠지만."

"근사하군."

다른 아이들은 말 없이 우리의 대화를 지켜보았다. 그들은 레어드가 탈옥하는 모습을 보고 싶어 한다. 자신도 하고 싶다는 생각을 하면서. 그들은 자기 집이 부자라는 레어드의 말을 믿고, 그 돈이 마술을 부릴 수 있다고 생각한다. 교도관들을 돈으로 매수할 수 있다고 생각한다. 프렌치는 자기도 돈이 있다면 그렇게 할 거라고 말했다. 아마도 레어드를 부추기려고 하는 말인 것 같다.

구치소에서 나온 후 나는 오랜만에 클라우드랜드 도로에 있는 숲속으로 걸어 들어갔다. 내 머릿속은 교실에 모여 있다가 뱀처럼 꿈틀거리며 창문을 빠져나가는 아이들의 모습으로 가득 차 있었다. 그들이 숲속을 걸어가거나, 바위 밑 혹은 오두막 안에 옹기종기 모여 있는 모습이 보였다. 그들에게 레어드는 영적인 지도자이자 상징이었다. 바보스러울 정도로 희망적인 그는 다른 사람들보다 더 암울한 운명을 맞게 될 것이다. 레어드는 나와 나란히 걸으며 가끔 하늘을 바라보았다.

"괜찮아. 우드스턱에서 네 인생이 끝나진 않을 거야. 결국은 여기서 무사히 나가게 될걸. 그러니까 바보 같은 짓은 하지 마. 긁어 부스럼 만들지 말라고. 지금도 문제가 심각하니까, 알겠어?"

내가 말했다.

다른 아이들이 살금살금 우리 뒤를 따라왔다. 그들은 우리 얘기에 귀를 기울이기도 하고 자기들끼리 얘기를 나누기도 했다. 나는 언덕 능선의 공터에서 걸음을 멈췄다.

"너희들은 자유롭다고 생각하지? 직업이 없으니까. 미래가 없으니까. 언제든 마음 내킬 때 자유롭게 숲속으로 도망쳐도 된다고 생각하지? 너희들은 지금 자신을 속이고 있어. 현실을 똑바로 바라보지 않기 때문에 상황이 더 나빠지는데도 항상 도망치기만 해. 감옥 안에서도 도망치기만 해."

"그래요?"

그들은 이 말을 하고서 오랫동안 아무 말이 없었다. 이제 그들은 내게 더 이상 조언을 구하려 하지 않았다. 내 말에 질려버린 모양이다. 그들은 간절한 눈으로 내 주머니를 바라보고 있었다. 그들은 돈, 마약, 신용카드를 원했다. 그들은 굶주린 아이들처럼 사방에서 나를 향해 다가왔다. 그 어느 때보다 위협적이고, 필사적이고, 모질었다. 손들이 내 주머니 위에 어른거렸고, 손가락들이 내 배낭 속으로 파고들었다. 나는 뒤로 물러섰다.

"너희들한테 줄 게 많아. 내가 수업 시간에 준 그 잡동사니들을 생각해 봐! 어서."

"아니, 당신은 우리한테 아무것도 안 줘. 우리가 원하는 건 하나도 안 줘."

"너희들 모두 필요한 걸 충분히 갖고 있잖아. 교육도 받고, 끼니를 거르지도 않고. 텔레비전도 실컷 보고. 게다가 변호사들도 있어. 교사도 있고, 사회복지사, 간호사도 있어. 우린 너희들을 돕고 싶어. 너희들도 알지?"

이미 어둠으로 채워진 숲에서 아이들의 모습은 하나의 덩어리일 뿐이었다.

"재밌군."

어둠 속에서 누군가 말했다. 아이들이 키득거리는 소리가 뒤를 이었다. 그렇게 몇 분 동안 공터에 서 있었다. 나는 달이 뜨는 것을 지켜보았다. 그리고 배낭을 내려놓고 잠시 생각에 잠겼다.

"어쨌든 우린 당신 충고 안 들을 거야."

누군가가 중얼거렸다. 그러고는 몸을 일으켜 돌멩이를 걷어차더니 비틀거리며 들판을 가로질러 숲으로 들어갔다. 이어 레어드가 몸을 돌려 다른 숲을 향해 걸어갔다. 그리고 월도. 결국 모두들 각자 다른 방향으로 흩어졌다.

낮에 학교에서 함께 있을 때 그들은 명랑하고 사려 깊고 교양 있는 아이들이다. 특히 그들이 문제아들이라는 점을 감안하면 더욱. 그러나 수업이 끝나고 내가 집으로 돌아갈 때가 되면 조금 고약하게 구는 경우가 있다.

"너 같은 놈 엿이나 먹어라."

누군가가 어둠 속에서 소리쳤다. 이것이 아이들과 일하면서 슬픔을 느끼는 부분이다. 나는 아이들을 구원한다는, 매우 개인적인 만족을 위해서 일을 하지만, 그들이 생각하는 구원자는 내가 아니다. 열일곱에서 스무 살 정도의, 그야말로 앞길이 창창한 그 아이들은 자신을 가망 없는 인간으로 치부해버린다. 어둠 속에서 살아갈 운명을 타고났고, 이제는 어둠 외에 의지할 곳이 없다고.

아이들이 어둠에 사로잡힌 삶을 사는 것처럼 행세할수록, 그들에게 세상은 더 무미건조하고 단조롭기만 하다. 레어드는 때로 우리 외에 다른 사람들이 살아 있다는 사실조차 믿지 않으려 한다. 우리의 삶은 사진 속 사람들처럼 평면적이고 단순하다. 그러나 레어드는 삶과 죽음이 위험스럽게 접해 있는 변방에서 눈부시게 폭발하듯 화려한 삶을 살고 있다. 그는 가끔 그곳을 떠나 우리를 만나러 온다. 우리에게 그는 여행하는 중에 잠시 머무는 착하고 부모 없는 아이이다. 레어드의 시는 현실과 유리된 채 시간 속을 떠도는 사람에 대해 얘기하고 있다.

사랑이 없는 시대로부터
아름다움이 없는 시대로부터 우리가 왔다!
우리 기도할까?
우린 돌아가지 않아! 나는.
시간이 멈추면 사랑해줄래? 나를.

그는 시간이 멈춘 땅을 향해 나아가고 있다. 자신이 그곳에 도착했을 때 사람들이 여전히 자기를 사랑해줄지 궁금해하면서. 모든 아이들이 이렇게 조금은 현실과 유리되어 있다. 그들은 이미 세상의 끝, 자기들이 타고난 운명의 극단을 보았다. 이미 미래를 보았으므로 현재의 삶에 굳이 신경 쓰지 않는다. 제발 운명 따윈 들먹이지 마! 나는 이렇게 말해주고 싶다.

13. 시간 여행

레이먼드 카버의 단편 「너무나 많은 물이 집 가까이에So Much Water, So Close to Home」에는 낚시 여행을 떠난 네 남자가 나온다. 일행이 텐트를 치는 동안, 그들 중 한 명이 근처를 어슬렁거리다가 벌거벗은 젊은 여자의 시체가 얼굴을 강에 처박은 채 둥둥 떠 있는 것을 발견한다. 네 남자는 한동안 어쩔 줄을 모르고 서 있다. 그들은 산을 내려가 보안관에게 신고할까 하다가 생각을 바꿔 텐트로 돌아가 술을 마시며 카드놀이를 한다. 늦은 밤, 술에 취한 그들은 시체가 하류 쪽으로 떠내려가지 않게 하려고 손전등 불빛에 의지해 강가로 비틀비틀 내려간다. 한 명이 물살을 헤치며 강으로 들어가서 여자의 손목에 나일론 끈을 묶고 반대쪽 끝을 나무에 묶는다.

어제 이 소설 줄거리를 읽으면서 학생들은 큰 관심을 보였다. 토빈은 내가 준비한 질문지를 탁자 위에 팽개치며 말했다.

"도대체 누가 여자를 죽인 거야?"

"소설을 읽어보면 알아요."

수업이 끝날 시각이었기 때문에 교도관 프랭키가 재소자들을 기다리고 있었다.

"놈들이 여자한테 무슨 짓을 한 거야? 그 여자하고 잔 거야?"

프렌치가 물었다. 다른 사람들도 질문을 던졌다. 놈들이 그 여자를 그냥 내버려뒀어? 왜? 이거 실화야?

"직접 읽어봐."

내가 말했다. 나는 문턱에 서서 밖으로 줄지어 나가는 그들의 손에 소설 복사본을 쥐어주었다. 아이들이 강간과 섹스와 벌거벗은 시체에 대해 얘기하면서 나가는 모습을 지켜보고 있자니 내가 그들을 레이먼드 카버가 아니라 악마를 연구하는 곳으로 보내고 있다는 생각이 들었다. 마치 굴 속에 있는 짐승들에게 고깃덩이를 던져준 것 같은 기분이었다. 다음날 그들이 실망과 분노를 안고 돌아올 거라는 생각이 들었다. 내가 그들에게 준 것은 세상의 더러운 면을 묘사한 레이먼드 카버의 리얼리즘 소설이지 추잡한 포르노가 아니니까.

"고마워, 테오. 당신은 괜찮은 사람이야. 알지?"

토빈이 미소 띤 얼굴로 윙크를 하며 내 등을 철썩 때렸다.

오늘 학생들은 소설을 철저하게 훑어보고 수업에 참여했다. 그들은 등장인물들의 이름과 그들의 관계를 다 알고 있었으며, 그들 중 일부가 강간을 저지르지는 않았을망정 윌의 말처럼 도덕적으로 더러운 인간이라는 것도 알고 있었다.

"잘 표현했어, 윌. 네 말이 맞아. 네가 제대로 책을 읽은 거 같다."

그는 약간 화가 난 듯한 표정으로 미소를 짓더니 중얼거렸다.

"당연하지."

카버는 범죄의 추잡한 부분을 자세히 묘사하지 않았다. 아무리 소설을 읽어봐도 누가 그 여자를 죽였는지, 그 여자가 왜 벌거벗은 채 낚시터에 떠 있는지 알 수 없다. 카버가 묘사한 미국에서 그녀는 송어들이 사는 개울의 위험한 존재처럼 순전히 시체로만 존재한다. 학생들은—슬래시는 물론 심지어 라이노조차—추잡한 범죄가 자세히 묘사되지 않았다고 해서 아쉬워하지 않았다.

나는 이런 일이 벌어질 가능성이 얼마나 될 것 같으냐고 물어보았다.

"아주 많아."

슬래시가 눈을 반짝이며 말했다. 그는 전에 코네티컷 강, 베이튼 킬 강, 블랙 강에서 시체를 본 적이 있었다.

"코네티컷에는 썩어가는 타이어만 있는 게 아냐. 매주 브래틀버러에서 뭔가가 떠내려온다고."

슬래시의 설명에 따르면 그들은 노인, 지진아, 자살자들이었다.

"여러분이 낚시를 하고 있을 때 시체가 떠내려온다면 어떻게 할 건가요? 낚시를 계속 할 건가요, 아니면 그냥 그곳을 떠날 건가요?"

내가 물었다.

"나라면 휴대폰을 갖고 있었을 거예요."

레어드가 말했다.

"만약 휴대폰이 없다면?"

"아니, 나라면 반드시 갖고 있을 거예요."

나는 재소자들이 이 소설의 강과 『허클베리 핀의 모험』의 강을 비교하는 것에 흥미를 느꼈다. 몇 주 전에 학생들에게 헤밍웨이 Ernest Hemingway의 단편 「두 개의 심장을 가진 커다란 강 Big Two-Hearted River」을 읽게 했다. 그 작품에서 미시시피 강은 마치 강의 신처럼 그려진다. 강은 영원한 힘을 부여하는 존재이자 빼앗아가는 존재이며, 그 힘이 흐르는 길이다. 나는 허크와 짐이 허리까지 올라오는 강물 속에서 떠오르는 해를 맞이했던 장면도

일깨위주었다.

"미시시피 강은 물이 영적으로 모여 있는 곳이다, 그런 뜻이에요? 하지만 이 강은 시체 같다는 거죠?"

레어드가 말했다.

"그래. 좋은 표현이야."

"그러니까, 마크 트웨인이 묘사한 강에 가면 강이 생명을 주지만, 여기서는 강에 가면 죽게 된다는 얘기예요?"

"그래, 맞아. 그런 뜻이야."

"아니면 시체를 던져 넣으려고 가는 강도 되나?"

윌이 끼어들었다.

우리의 토론은 점점 범위를 넓혀가다가 마침내 과거의 미국과 새로운 미국을 비교하는 단계에 이르렀다. 재소자들은 무법자와 열차강도, 자경단들이 활약했던 화려한 시대로 거슬러 올라갔다. 나이가 어린 아이들은 대부분 카우보이들의 천국에 야유를 보냈다. 마치 자신들은 그 시대를 그리워하지 않으며, 그 누구의 신화적인 전설도 믿지 않는다는 듯. 하지만 그들의 회의적인 모습 속에는 그 시절에 대한 막연한 동경이 내재해 있었다. 그들은 만약 자신들이 그 시절을 살고 있다면 노새와 땅, 그리고 무기를 보유하고 위세를 떨치는 사람이 되었을 거라고 믿었다.

특히 라이노는 자신이 21세기 세상의 이방인일 수밖에 없다고 생각했다. 그는 과거의 기억들을 끊임없이 들춰내 그것을 바탕으로 정책 개혁에 관한 의견을 내놓았다.

"용병들이 더 많아야 돼."

토론이 끝나갈 무렵 그가 말했다.

"빌어먹을 경찰도 늘려야 되고, 더 많은 놈들을 교수대에 매달아야 돼."

"맞아요."

레어드가 말했다.

"이제는 사형도 재미가 없어."

라이노가 투덜거렸다. 레어드는 자기가 그 시절에 살았다면, 그러니까 1900년대에 살았다면 스키어가 되었을 거라고 말했다. 산에 자기말고는 아무도 없었을 테니 아무도 밟지 않은 눈 위에서 신나게 스키를 탔을 거라고.

"그러다가 나무에 매달려 죽었을걸. 일주일도 안 돼서 린치를 당했을 거야."

내가 말했다.

"우리가 직접 널 목매달았을 거야. 그리고 나서 네 시체를 내려서 기름 속에 처넣었을걸. 지금 여기서 우리와 함께 있는 걸 천만다행으로 알라고."

슬래시가 말했다. 레어드는 잠시 놀란 표정을 짓다가 "나도 알아요"라고 중얼거린 뒤 입을 다물었다.

구치소 일기, 2000년 5월 8일

일주일 동안 구치소에 가지 못했다. 짐이 가끔 학교 문을 닫아버리는데 왜 그러는지는 나도 모른다. 아마 가끔 휴가가 필요한 모양이다.

지난 월요일에 구치소 정문에서 짐이 나오지 않았다는 소식을 들었다. 짐이 나오지 않으면 재소자들은 교실에 들어올 수 없다. 그러면 그들은 일주일 내내 괴로워하며 시들어가야 한다. 학교 문이 열리기만 기다리면서 질식할 것 같은 답답함과 분노를 견디다 못한 그들의 뇌는 수액을 빨린 나무처럼 쭈그러든다.

대개 월요일이 되면 재소자들의 얼굴에서 만족감과 안도감을 볼 수 있다. 그래, 잘 견뎌냈어. 이렇게 말하는 듯하다. 주말을 또 버텨낸 것이다. 그들은 평일의 일상을 좋아한다.

오늘, 그들은 어두운 표정으로 신문만 들여다볼 뿐 고개를 들지 않았다. 짐이 "지난주의 신문기사 중 어떤 것에 흥미를 느꼈죠? 관심 가는 거 없어요? 주말에 누구 신문 본 사람 없어요?"라고 물어도 아무 대답이 없었다.

수업 시간에 나는 그들이 일주일 동안 어떻게 지냈는지 알고 싶어 질문을 던졌다.

"토빈."

나는 학생들에게서 이야기를 끌어내려고 시도했다.

"요즘은 당신 얘기가 신문에 안 나오던데요."

"안 나와?"

"못 봤어요."

그가 자랑스러운 듯 미소를 지었다.

"변호사나 다른 누구한테서 소식 온 거 없어요?"

"글쎄. 난 잘 몰라."

"곧 재판이 열리나요?"

"글쎄. 재판은 잘될 거야."

그가 미소를 지었다.

나는 레어드에게 시선을 돌렸다.

"레어드, 네 일은 어떻게 됐어?"

"도무지 뭐가 뭔지 모르겠어요."

그는 한숨을 쉬었다.

"변호사한테서 무슨 소식 없었어?"

"내가 전화했는데, 반응이 없어요."

"아버지는 계속 만나?"

"아뇨. 아빠가 『해리 포터』를 보내주긴 했는데 지금 어디 있는지
는 모르겠어요. 캘리포니아 어딘가에 있다고 하던데."

나는 스쿨버스 운전사였던 조에게 시선을 돌렸다.

"조?"

"지난주에 사회복지사를 만났어. 다른 데로 가게 될 것 같아. 정
확히 언젠지는 모르지만. 지금 연락을 기다리고 있어."

그는 버몬트 주 뉴포트의 북부 지방 교도소나 버지니아 주로 가
게 될 것이다.

"윌, 너는 어때?"

"모르겠어."

그는 어깨를 으쓱하더니 잠시 창문으로 시선을 돌렸다.

"빌어먹을 증거인지 뭔지가 기각되기를 바라고 있는 것 같기도
하고, 모르겠어."

갑자기 슬래시가 메모지를 탁자 위에 내려놓더니 쾅 소리가 나
도록 두 주먹으로 탁자를 짚었다.

"우린 전부 다 어둠 속을 헤매고 있어, 테오. 광산 갱도에서 살
고 있는 것 같다고. 당신은 휴대폰이 있지만 난 없어. 기분 내킬 때
아무한테나 전화도 걸 수 없단 말이야. 당신처럼 매일 밤 집에 가
서 여자 친구와 사랑을 나누지도 못해. 당신이 나 대신 변호사한
테 전화라도 걸어줄 거야?"

나는 그러고 싶지 않다. 나한테는 휴대전화도 없다. 하지만 그가
무슨 말을 하려는 건지 이해했으므로 아무 말도 하지 않았다.

프렌치는 자신이 곧 법정에 서게 되리라는 것을 방금 신문을 읽고 알았다고 말했다. 아마 다음 주가 될 것이다. '너무 지능이 낮아서 재판을 받을 수 없다'는 전략이 통하지 않은 모양이다.

"그래, 결국 재판을 받는구나. 잘됐어."

그가 텅 빈 눈으로 나를 바라보았다.

"잘되긴 뭐가 잘돼? 난 망했어."

무슨 말을 해야 좋을지 알 수 없었다. 월은 능글맞은 미소를 짓고 있었고, 토빈은 팔을 쭉 뻗었다.

"그냥 수업이나 하지 그래?"

슬래시는 짜증스러운 눈으로 나를 빤히 바라보았다.

"이렇게 우리 얘기를 미주알고주알 늘어놓으려고 여기 오는 건아냐."

나는 데니스 존슨의 「차를 얻어 타고 가다가 교통사고를 당하다 Car Crash While Hitch Hiking」를 복사한 종이를 나눠주었다. 이 작품은 중서부 지방을 돌아다니는 낙오자들의 이야기이다. 나는 복사물 맨 앞에 월트 휘트먼Walt Whitman의 시 「브루클린 나루터를 건너며On Crossing Brooklyn Ferry」를 붙여놓았다. 학생들에게 시를 먼저 살펴보자고 말했다. 존슨과 휘트먼은 자신들이 먼 미래에 와 있는 것처럼 독자들에게 말을 건다. 그들은 마치 아주 오래전의 삶을 돌아보듯 현재의 삶에 대해 이야기한다. 휘트먼은 브루클린 연락선 갑판에서 보았던 '가리비 모양의 파도', 갈매기, 배에 오르던 수많은 사람들을 회상한다. 데니스 존슨은 자동차 사고 전후의 황홀한 순간들을 자세히 설명한다. 존슨과 휘트먼은 눈부신 현재의 세상 앞에 홀린 듯 서 있다가 그 세상 한복판으로 걸어 들어가 사라져버린다. 그리고 마법처럼 미래에 나타나 좋은 소식을 전해준다. 세상이 스스로 문제를 해결해 나간다고. 나는 살아남았고, 지금도 무사하며, 아직도 남아 있는 많은 세월을 향해 순조롭게 나아가고 있다. 그러니 용기를 내라.

어둠은 당신의 머리 위에만 떨어지는 게 아니다
어둠은 내 머리 위에도 그 조각들을 던졌다
내가 아무리 잘한 일이라도 공허하고 의심스러웠다
위대하다고 생각했던 나의 생각이 실은 빈약했던 게 아닐까?
사악해지는 것이 어떤 것인지 당신만 알고 있는 것도 아니다
나는 사악해지는 것이 무엇인지 아는 사람이다
나도 그 낡은 모순의 매듭을 짰다
비밀을 누설하고, 얼굴을 붉히고, 화를 내고, 거짓말하고, 훔치고, 투덜댔다
교활함, 분노, 욕망, 감히 말하지 못한 뜨거운 소망을 갖고 있었다…….

나는 학생들에게 '그 낡은 모순의 매듭을 짰다'는 구절을 해석해보라고 말했다.

"일부러 일을 망쳤다는 뜻이에요?"

레어드가 물었다.

"ODD라고 하지. 반항장애Oppositional Defiant Disorder."

윌이 말했다.

"맞아. 참 근사한 말이지?"

내가 물었다. 그가 고개를 끄덕였다. 윌은 매듭을 짠다는 말은 그냥 일을 망친다는 뜻이 아니라고 말했다.

"어떻게 짜야 하는지 알고 있어야 하고, 모순의 매듭을 짜기 위해 자신의 재능을 발휘해야 돼."

그가 미소를 지으며 말을 이었다.

"선생님, 우리 칭찬 좀 해줘."

"좋아."

내가 말했다.

휘트먼은 승객들 사이에서 배에 내걸린 깃발과 태양, 그리고 맨해튼 부두의 넘실거리는 파도를 바라보곤 했다. 그는 머릿속에 펼쳐지는 파노라마를 향해 인사하고, 자신과 그 파노라마 사이의 공통점을 찾아냈다. 그러면 그 풍경과 자신이 신비롭게 하나가 되었다는 느낌이 들었다.

마침내 나는 휘트먼이 자기처럼 불평을 늘어놓는 사람, 사악한 것이 무엇인지 아는 사람들을 위로하는 대목을 읽었다. 그는 당신도 다른 사람들과 별로 다르지 않다고 말한다. "당신은 나와 똑같아. 우린 군중 속에 갇혀 있는 것 같아. 하지만 그동안 우리는 물결 위로 나아가고 있어. '다른 사람들과 하나라는 것, 다른 사람들이 보내는 세월, 그들에게 일어난 우연'을 나는 오래전에 깨달았지. 그후로 나와 같은 사람들, 그러니까 당신들을 줄곧 지켜보았고 조금 더 가까이 다가가지." 그는 또 이렇게 말한다. "당신이 지금 날 생각하는 만큼 나도 당신을 생각했어 — 나는 미리 준비해놓았어. 당신이 태어나기 전부터 오랫동안 진지하게 당신을 생각했지."

"정말 놀라워요!"

내가 소리쳤다.

"천리안이라니! 시간 여행이에요. 그는 수정구를 들여다보고 있습니다. 사실 여기서 수정구는 도시의 모습을 담은 커다란 원형 파노라마죠. 어쨌든 우리를 보고 있는 것 같습니다. 그는 미래를 향해 나아간 거예요."

나는 휘트먼이 그들에게 충고를 해주고 있다고 말했다. 아니, 우리 모두에게 해주고 있다고. 충고는 겉으로 드러나 있지 않았다.
아니, 그랬다 해도 재소자들은 그 충고를 드러내놓고 받아들이지
는 않았을 것이다. 나는 휘트먼의 시가 그들에게 쓸모없는 것이
아니기를 바랐다.

학교가 문을 닫았던 일주일 동안 학생들은 「차를 얻어 타고 가
다가 교통사고를 당하다」의 복사본을 잃어버렸다. 그래서 학생들
에게 한 사람씩 돌아가며 처음부터 다시 읽자고 했다. 작품을 다
읽는 데 10분 정도 걸렸다. 슬래시만이 소송 서류를 검토한다며
읽지 않았다. 그는 재판 때문에 너무 불안해하고 있었다.

소설을 다 읽은 후 나는 소설 속의 상황에 대해 얘기하자고 했
다. 불평이 절로 터져 나올 만큼 비참한 상황이었다. 마약에 취해
머리가 멍해진 화자는 차를 얻어 타고 가다가 길가에 버려졌다.
쏟아지는 빗속에서 그는 침낭으로 어깨를 감싸고 지나가는 자동
차들을 바라본다. 그는 마약 때문에 머리가 돌 지경이다.

"여러분도 이런 경험을 해본 적 있습니까?"

내가 물었다.

"어쩌면."

월이 말했다.

"여러분이 아는 사람 중에 지금 비슷한 상황에 빠진 사람이 있
습니까?"

이 말이 끝난 후 학생들과 나는 서로를 뚫어지게 바라보았다. 그
러다가 프렌치와 토빈, 그리고 오늘 우연히 수업에 들어온 밴드리
엘이 뭐라고 중얼거리며 고개를 끄덕였다.

소설 속에는 끊임없이 이동 중인 미국의 풍경이 잘 묘사되어 있
다. 하지만 동지애 같은 것은 존재하지 않는다. 이웃을 생각하는

마음이 조금이라도 있는 사람은 이 소설의 화자뿐이다. 그는 휘트먼의 영적인 후손이며, 마약에 취해 있다. 가끔 신비로운 환상을 보며, 자연 현상과 친밀한 관계를 유지하고 있다.

턱이 아팠다. 나는 모든 빗방울의 이름을 알고 있었다. 모든 일을 예견할 수 있었다. 나는 어떤 자동차가 나를 위해 멈춰 서리라는 것을 알고 있었다. 그 차가 속도를 늦추기도 전에. 차에 탄 가족의 다정한 목소리를 듣고 나는 우리가 폭풍 속에서 사고를 당하리라는 것을 알 수 있었다…….

나는 화자가 갇힌 사람처럼 무기력감을 느끼고 있음을 학생들이 감지해주기를 바랐다. 새벽 세 시. 그의 옆 자리에는 아기가 앉아 있다. 그는 사고가 다가오고 있음을 느끼지만 뒷좌석에 갇혀 있으므로 전혀 손을 쓸 수 없다. 뭘 하고 싶다는 생각도 들지 않는다.

"지금 이게 어떤 상황인지 알겠어요?"

내가 물었다. 힘없는 목소리로. 아무도 대답하지 않았다. 몇몇 학생이 고개를 끄덕였다.

나는 화자의 천리안 — 또는 특별한 자신감 — 이 이처럼 갑갑한 상황을 어느 정도 해결해준다는 것을 학생들이 깨달았으면 좋겠다고 생각했다. 미래를 내다보는 능력은 시간과의 교착 상태에서 우리가 빠져나올 수 있게 해준다. 나는 윌에게 교통사고가 임박한 부분을 큰 소리로 읽으라고 말했다.

나는 어떤 일이 벌어질지 처음부터 정확히 알고 있었다. 하지만 나중에 나를 깨워준 남자와 여자는 그 사실을 강하게 부정했다.

"말도 안 돼!"

"아냐!"

내가 뒷좌석에 아주 세게 부딪혔기 때문에 뒷좌석이 부서져버렸다. 그 충격으로 내 몸이 앞좌석과 뒷좌석 등받이에 계속 부딪히기 시작했다. 내 얼굴 위로 액체가 비처럼 쏟아져 내렸다. 그것이 인간의 피라는 것을 금방 알 수 있었다. 마침내 내 몸이 멈췄을 때 나는 다시 뒷좌석에 앉아 있었다. 아까 그랬던 것처럼. 자동차의 헤드라이트가 사라져버리고 없었다. 라디에이터에서 계속 쉬쉬 소리가 났다. 의식이 있는 사람은 나뿐이었다. 눈이 빛에 적응되면서 아기가 내 옆에 누워 있는 것이 보였다. 아무 일도 없었던 것처럼.

학생들은 마침내 이 소설을 이해하기 시작했다.

"세상에! 맙소사!"

레어드가 소리쳤다.

"마약을 먹고 속도를 내면 이렇게 되는 거야. 난 벌써 수백 번도 더 해봤어."

윌이 말했다. 레어드는 자신의 기억을 떠올리느라 여념이 없었다.

"이런 꿈을 꾼 적 있어요!"

그는 밤중에 일어난 사고, 일가족 세 명이 똑같았다고 말했다. 그러나 그는 그냥 구경꾼이었다.

"악몽은 아니었어요. 마음을 아주 편하게 해주는 좋은 꿈이었죠."

그가 그 꿈을 꾼 것은 감옥에 들어오기 겨우 몇 주 전이었다.

"세상에!"

그가 다시 소리쳤다. 마치 자신에게 뭔가를 납득시키려는 것처럼. 아무도 그에게 신경 쓰지 않았다. 그리고 학생들은 교통사고의 고통과 폭력적인 사건이 임박했을 때 느끼는 불길한 예감에 대해 말하고 싶어 하지 않았다. 우리는 꿈과 암시, 그리고 간신히 죽음의 위기를 넘겼을 때의 안도감과 충격에 대해 얘기했다. 윌과 슬래시는 죽음의 문턱까지 간 적이 이미 여러 번 있었다. 적어도 그들의 생각으로는 그랬다. 나는 그들이 간신히 목숨을 건졌을 때의 얘기를 열심히 들었다. 윌은 어렸을 때부터 자신에게 총을 겨누는 사람을 많이 만났다고 말했다. 그리고 그는 어렸을 때부터 마약으로 뇌를 달달 볶고 있었다.

"진짜 우울해질 때가 있어."

윌이 말했다.

"그런데 케타민(마취제의 일종-옮긴이)은 사람을 더 우울하게 만들지. 하지만 그게 정신을 불타오르게 만들기도 해. 꼭 몸에 불이 붙은 것 같지. 죽지 않고도 진정한 황홀경을 느끼는 데는 그게 최고야. 엑스타시보다 한 백 배는 강하거든."

나는 무슨 말을 해야 좋을지 알 수 없었다. 적어도 학생들은 조용히 생각에 잠겨서 서로의 말에 귀를 기울이고 있었다. 이거 실화예요? 레어드가 물었다. 이 헛소리 중에 실화가 얼마나 돼요?

우리는 자동차 사고에 관한 얘기에서 빠져나오지 못했다. 학생들은 자동차 사고를 예견하는 능력에 관심을 보였다. 사고를 예견하고 제대로 망가진 자동차를 보며 좋아하는 것, 그것뿐이었다.

소설 마지막 부분에서 화자는 병원으로 실려 간다. 그가 상처를 입지 않았는데도 당직 의사는 만일을 위해 엑스레이를 찍자고 한다. "난 아무 문제 없다니까요." 그가 말한다.

내가 그런 말을 하다니 놀랍다. 난 항상 의사들에게 거짓말을 했다. 의사들을 얼마나 잘 속이느냐에 따라 내 건강이 달라지는 것처럼. 몇 년 후 시애틀 종합병원의 독극물 담당 부서에서도 나는 같은 방법을 썼다…….

이 말과 함께 소설은 세월이 흐른 후의 상황으로 옮겨간다. 시애

틀의 병원에서 일어났던, 더 행복하고 편안한 사건으로. 악몽 같았던 자동차 사고와 그 사고의 피해자들은 잊은 채. 화자는 그 일을 결코 다시 떠올리지 않는다. 그 사고의 의미 — 거기에 의미가 있다면 — 는 시간이 그 사건을 먼 과거로 씻어가 버렸다는 것뿐이다.

사고가 일어났던 시점의 얘기가 사라져버리는 부분을 읽고 나서 내가 꼭 하고 싶었던 얘기를 학생들에게 했다. 위기를 만났을 때 사람들은 그 위기에 둘러싸이고, 압도되고, 겁에 질린다. 하지만 위기는 저절로 해결된다. 다른 일들이 모두 그런 것처럼. 윌은 내 얘기를 열심히 듣고 있었다.

"시간보다는 약이 중요해. 도움이 되는 건 약이라고. 틀림없어. 약이 효과를 내는 거야."

윌이 말했다. 그는 우리에게 소설의 마지막 문단을 읽어주었다.

아름다운 간호사가 내 피부를 만지고 있었다. 이건 비타민이에요. 그녀가 이렇게 말하고는 주사바늘을 찔러 넣었다. 비가 오고 있었다. 거대한 양치류 식물이 우리들 위로 기울어져 있었다. 숲이 언덕 아래로 떠내려갔다. 바위들 사이로 개울물이 세차게 흐르는 소리가 들려왔다.

이 구절을 읽으면서 그의 목소리가 잠시 떨렸다. 그는 이 구절들과 교감하고, 자신이 거기서 깨달은 것을 우리에게 납득시키려 애쓰고 있었다. 윌은 책을 읽는 데 전심전력을 쏟았고 그것은 효과가 있었다. 적어도 내게는. 그는 이 소설을 읽는, 아주 그럴듯한 방법을 우리에게 제시하고 있었다. 주사 한 방으로 상처가 치유되는 것. 우리는 잠시 빗방울이 뚝뚝 떨어지고, 개울이 재잘거리는 밀림 속으로 들어갔다. 그 순간만큼은 차가운 교실 안도 습하고 따뜻하게 느껴졌다. 행동이 굼뜬 학생들, 에몬스, 프렌치가 소설 속의 몇몇 단어들에 연필로 조심스레 밑줄을 그었다. 우리는 서로에게 귀를 기울이고 있었다. 예의바르게, 심지어 절박하게. 지금까지의 수업 중에서 참으로 예외적인 순간이었다.

우리는 더 이상 할 말이 없었다. 나는 학생들과 토론하고 싶지 않았다. 그들은 이 소설 속의 광대하고 시적인 환상이 자신들에게 가장 의미 있는 탈출구를 제공하고 있다는 것을 이해하지 못했다. 그들은 그런 이야기를 들으려 하지 않았다. 아니, 들을 수 없었다.

14. 붕괴

보통의 아이들은 스티븐 스필버그의 영화에 나오는 현명한 아이들에게 따스한 기억을 품고 있겠지만 우드스턱 구치소의 아이들은 그 자리를 스티븐 킹에게 내주었다. 그는 구치소 아이들이 열심히 읽는 유일한 작가였다.

킹의 작품에는 사랑받지 못한 어린아이, 미국의 제도 속에서 길을 잃어버린 아이들이 많이 나온다. 성년기의 문턱에 서 있는 그 아이들은 자신들이 처한 상황을 좋아하지 않는다. 그들은 관찰력이 예리하고 도덕적으로 용감하며, 대개 부모의 죄 때문에 괴로움을 당하고 어른들의 무관심 때문에 목숨을 잃는다.

이런 아이들의 목소리가 내 학생들의 귓가에 계속 어른거리는 모양이다. 내가 스티븐 킹에 대한 애기를 하면 학생들은 즉시 정신을 차렸다. 내가 작품의 플롯을 애기하다 실수하면 그것을 바로잡아주었고, 등장인물의 이름을 기억하지 못하면 그 이름을 알려주었다.

킹의 아이들이 갖고 있는 무시무시한 영적인 힘을 접하면 감옥 생활이 덜 힘들게 느껴지는 걸까? 『샤이닝*The Shining*』의 대니 토런스, 『방화범*Firestarter*』의 찰리 맥기, 『캐리*Carrie*』의 캐리는 작품 속에서 피를 온몸에 뒤집어쓰지만 피 때문에 더러워지지는 않는다. 그들은 구약성서의 야훼처럼 자신의 힘을 이용해 죄 많은 땅에 파괴의 비를 내린다. 감옥 안에서 고독과 고뇌에 둘러싸여 하염없이 무언가를 기다리고 있는 아이들에게 이런 스티븐 킹의 시선은 매혹적이다.

나는 스티븐 킹과 다른 작품들 사이에서 고민했다. 스티븐 킹의 작품을 하면 아이들은 반드시 그 소설을 읽고 수업에 참여할 것이다. 그러나 나는 아이들에게 충격을 주어 지금의 일상에서 빠져나오게 하고 싶었다. 그들이 제3자의 시선으로 자신의 삶을 바라보길 바랐다. 그 아이들 나이였을 때 내게 이런 영향을 끼친 작품이 무엇이었을까? 나는 그런 작품을 찾기로 결정했다.

나는 열다섯 살 때 한동안 래리 클락Larry Clark의 사진집 『털사 Tulsa』에 푹 빠져 있었다. 그 책에 실린 사진들을 열심히 들여다보며 혹시 그 사진들을 일종의 포르노 사진으로 이용할 수 있지 않을까 생각해보았다. 하지만 그러기에는 사진들이 너무 무시무시했다. 아름다우면서도 끔찍했다. 호리호리한 몸매에 천사처럼 생긴 마약중독자가 주사바늘을 움켜쥐고 있는 모습, 늙어빠진 여자들이 햇볕을 받으며 곰처럼 꾸벅꾸벅 조는 모습, 마약 소굴에 들어왔던 사람이 얻어맞아서 피투성이가 된 모습. 털사의 세계에 속한 사람들은 모두 야만의 경계에서 힘겹게 살아가고 있었다. 하지만 내가 보기에 그들은 전혀 개의치 않는 것 같았다. 나는 털사로 가서 그들처럼 터프하게 살고 싶었다.

당시 내게 필요했던 것은 나의 괴로운 현실을 이해하고 도와줄 사람이었다. 나는 내 삶을 도무지 이해할 수 없었다. 그냥 모든 것을 가방에 쑤셔 넣어 빠르게 흘러가는 강물에 던져버린다면 행복할 것만 같았다.

나는 감옥에 갇힌 아이들이 삶을 현실로 받아들이기를, 나처럼 응석을 부리거나 부정하지 말고 책 속의 주인공들처럼 도덕적인 힘과 품위와 정직성으로 무장하고 어른들의 세계와 정면으로 맞서도록 해주고 싶었다. 『샤이닝』의 주인공인 대니 토런스를 폭력과 미국을 다룬 작품들의 맨 끝에 넣은 것은 그 때문이었다. 그는 아이들에게 훌륭한 역할 모델이었다. 그는 항상 파멸의 환상으로 괴로워하지만, 결국은 그 환상을 털어버린다.

폭력을 다룬 작품들을 공부할 때, 우리는 대니 토런스의 영적인 친척이라고 할 수 있는 인물들과 함께 시간을 보냈다. 오코너의 『끝까지 공격하는 자는 그것을 얻는다』에 나오는 타르워터, 매카시의 『모든 멋진 말들 All the Pretty Horses』에 나오는 존 그레이디 콜, 헤밍웨이의 『살인청부업자 The Killers』에 나오는 닉 애덤스.

나는 『끝까지 공격하는 자는 그것을 얻는다』에 등장하는 어린 예언자 타르워터의 운명에 학생들이 관심을 보일 거라고 생각했다. 소설의 앞머리에서 악마가 그의 어깨 너머로 유혹적인 말을 속삭인다. 그의 보호자이자 그를 괴롭히는 장본인이기도 한 삼촌이 아침식사를 하다가 쓰러지자 타르워터는 곧장 위스키 증류기로 향한다. 그곳에서 잔뜩 술에 취했다가 정신을 차린 뒤 자신이 유년시절을 보낸 집에 불을 지르고 죄악의 고향인 도시로 떠난다.

재소자들을 위한 모든 테마가 이 작품에 들어 있었다. 가족사, 복수, 넓은 세상에서 자신의 운명을 찾으려는 주인공. 학생들이 위스키를 잔뜩 마신 타르워터처럼 이 소설로 머리를 가득 채웠다고 말할 수 있으면 좋겠지만, 현실은 그렇지 않았다. 첫 날 우리는 삼촌의 오두막집을 집어삼킨 불길에 대해 훌륭한 토론을 벌였다. 불길로 붉게 물든 달이 오두막집 속으로 떨어진다. 그 가운데 은빛 두 눈이 타르워터를 노려본다. 주위는 울퉁불퉁하게 팬 보기 흉한 들판과 칠흑 같은 어둠뿐이다. 윌은 이 모든 것에서 자신이 몇 달 전에 갔던 콘서트와 모닥불을 떠올렸다. 붉게 물든 달과 들판에 이르기까지 모든 것이 똑같다고 했다. 하지만 다음날, 월과 그의 친구인 팀이 책을 탁자 위에 던져 버렸다. 팀은 미안하지만 한동안 수업에 못 들어올 것 같다면서 그냥 나가버렸다.

"난 이해 못하겠어."

월이 말했다. 책 속에 종교 얘기가 너무 많아서? 글자가 너무 작아서? 나는 복도로 나가버린 내 학생들을 찾아 나섰다. 돌아와, 다 용서해줄게. 이제 종교 얘기는 안 할 거야. 나는 순전히 그들의 호의에 의존하고 있었으므로, 정기적으로 수업에 나오는 두 학생을 잃어버린다면 큰일이었다.

『모든 멋진 말들』과 『살인청부업자』를 공부하기로 되어 있던 2주일 동안 가석방 조건을 어겨서 체포된 사람들이 내 수업에 들어왔다. 그들은 버몬트 주의 장기수 감옥인 버지니아의 그린빌 교도소에서 5년을 함께 보냈는데, 총탑으로 둘러싸인 건물에 3천 명 이상의 재소자들이 복역하고 있는 그곳에서 증오를 조절하는 법을 배웠다. 그래서 누군가에게 앙갚음을 할 때는 문제가 생기지 않도록 조심스레 수위를 조절했다.

내게는 불행한 일이었지만, 그들은 집을 찾아가는 비둘기처럼 허구한 날 도서실을 찾아왔다. 아마 교도관과 짐 그리고 감시 카메라에서 벗어나고 싶어서 그랬을 것이다. 그 2주일 동안 나는 수업을 제대로 진행할 수 없었다.

학생들이 책을 읽다가 지루해하거나, 수업에 새로 들어온 사람이 너무 많거나, 정기적으로 수업에 들어오던 학생들이 법정에 나간 날에는 버지니아에서 온 그 나이 많은 재소자들을 상대로 나 혼자 떠들고, 큰 소리로 책을 읽었다. 그들의 등장으로 인해 나의 감옥 생활은 끝을 향해 가는 듯했으나 앞으로 버지니아로 이감될 레어드와 월에게는 진정한 감옥 생활이 시작되고 있었다. 레어드와 윌은 그들을 통해 앞으로 어떤 세월을 보내게 될지 미리 맛보고 있었다.

시사 문제 시간에 나이 많고 노련한 그 재소자들은 잔뜩 화가 난 표정으로 자리를 차지하고 앉아―한 번에 예닐곱 명씩 들어왔다―악취를 풍기는 낮은 목소리로 다른 사람들을 괴롭혔다. 처음에는 눈에 띄지 않았지만 점점 심해졌다. 하루는 그들 중 털북숭이 거인 톰이 내 옆에 앉아 내 오른팔을 찔러대기 시작했다. 나더러 자리를 옮기라는 것이었다. 멍청아, 옆으로 좀 옮겨. 그의 콧구멍이 벌름거렸다. 나는 자리를 옮겼다. 톰은 콧수염도 머리도 텁수룩했고 앞머리는 눈까지 내려와 있었다. 30대 후반인 그는 노스이스트 킹덤의 은행 중에서 자기가 털지 않은 은행이 없다고 주장했다.

레어드가 고개를 돌리면 짐과 나를 제외한 모두가 킬킬거리다가 큰 소리로 웃음을 터뜨리곤 했다. 웃음소리가 하도 커서 탁자가 들썩거릴 정도였다.

그들은 가석방됐다가 다시 잡혀온 것에 의기양양해했다. 어떤 경찰관이 보잘것없는 그들 집에 찾아와서 모두를 일거에 잡아들였다고 했다. 체포되지 않은 다른 범죄자가 쟁반 위에 대마초 꽁초를 놓아두었는데, 어느 날 아침 가석방 담당관이 그것을 보았다. 게다가 그곳에 있던 범죄자들은 술과 마약에 잔뜩 취해서 대마초 꽁초가 왜 거기 있는지 설명하지 못했다.

버지니아 출신의 베테랑 은행강도 크리스가 레어드에게 이 얘기를 들려주었을 때, 레어드는 당당한 표정으로 공감한다는 듯 고개를 절레절레 저었다.

"망할 놈의 교정국."

화가 난 레어드는 눈을 가늘게 뜨며 중얼거렸다.

"그렇게 들이닥친 게 누구예요?"

"망할 놈의 경찰이지."

크리스가 말했다.

"망할 놈의 경찰. 대마초 꽁초가 뭐 그리 큰 문제라고."

레어드가 공감을 표시했다. 크리스는 레어드에게 더 이상 할 말이 없는지 시선을 돌렸고, 레어드는 그 뜻을 알아차렸다. 나이 많은 재소자들이 뭔가 필요하다고 중얼거리거나 투덜거리면 항상 레어드가 나서서 그 문제를 해결해주려 했다. 그들이 담배가 필요하다며 레어드를 다그치면 그는 자기 감방에 담배가 아주 많다고 떠벌렸고, 먹을 것을 달라고 하면 자기 음식을 나눠주었다. 그들은 그의 새로운 친구였고, 그는 그들에게 환영받고 싶어 했다.

그들이 새로 들어온 덕분에 시사 문제 수업을 듣는 학생이 거의 스무 명으로 늘어났다. 짐이 음악 연습실에서 의자를 가져와야 할 정도였다. 그는 재소자들에게 자리에 앉으라고 서너 번 말을 한 후에야 비로소 수업을 시작할 수 있었다.

그들은 우리와 달리 시사 문제에 대한 일반적인 토론을 참지 못했다. 그들은 짐이 〈러틀랜드 헤럴드〉에서 찾아낼 수 있는 것보다 더 어둡고, 더 피가 낭자한 얘기를 원했다. 짐이 밋밋한 뉴스를 제시할 때마다 재소자들—다른 학생들도 곧 그 신참들과 합류했다—은 자기들이 만들어낸 얘기로 맞섰다. 그들이 버지니아에서 복역하는 동안 여러 신문에 실린 내용들을 바탕으로 만들어낸 잡탕이었다.

구치소 일기, 2000년 5월 22일

레어드가 한들거리며 도서실로 들어와 탁자를 한 바퀴 돌더니 호프스트라 대학에서 온 편지를 내 무릎 위에 떨어뜨렸다. 입학사

정위원회가 그의 지원을 환영하며……, 그가 굴드에서 거둔 성적을 보고 그를 믿게 되었다는 내용이었다. 그들은 그에게 좋은 대학을 찾기 바란다며, 궁금한 것이 있으면 언제든 연락하라고 썼다.

"만약 제가 정말로 냉혹한 살인자라면 그 사람들이 이런 편지를 왜 써 보냈겠어요?"

그가 다그치듯 물었다. 그리고 내 손에서 편지를 빼앗아갔다.

"왜요?"

"혹시 네 얘기를 안 한 거 아냐?"

"그 사람들은 내가 교정국과 얽혀 있다는 걸 알아요."

시계가 두 시를 가리키자마자 나는 정신없이 지껄이기 시작했다. 학생들이 빨리 수업 내용에 휩쓸리게 만들자. 그냥 계속 말을 하는 거야. 나는 속으로 이렇게 중얼거렸다.

나는 스티븐 킹이 『샤이닝』에서 사용한 거대한 상징적 장치를 학생들에게 소개하려고 했다. 내 생각에 학생들은 이 소설의 줄거리를 잘 알고 있지만, 그 안에 정열적인 논쟁거리가 있다는 생각은 못하는 것 같았다. 또한 소설의 배경, 인적이 끊긴 호텔, 그곳에 살고 있는 영혼들, 아버지의 알코올중독 등을 단순히 공포를 불러일으키는 장치로만 생각하고 있었다.

킹은 2차 세계대전 직후의 대몰락을 강조하고 있다. 그는 호텔의 역사를 살펴보며 부패, 탐욕, 악의를 이야기하는데, 나는 이런 미국 문화의 어두운 부분에 대해 발언할 기회를 학생들에게 주고 싶었다. 오버룩 호텔이 미국을 은유하고 있다는 것과 호텔과 토런스 일가의 관계를 집중적으로 다룰 생각이었다.

토런스 일가의 몰락은 미국이 쇠퇴를 상징하고 있다. 오버룩 호텔과 미국을 괴롭히는 문제들은 개인적, 가족적 차원으로 이어진

다. 대니는 자신의 특별하고 탁월한 능력으로 부모의 마음을 들여
다보기만 해도 앞으로 미국 땅에서 어떤 삶을 살게 될지 알 수 있
다. 다른 아이들의 삶까지도. 그들은 앞으로 광적인 폭력, 자기 파
괴, 알코올중독 등을 만나게 될 것이다. 물론 아이들에게 야만적
인 행동을 하는 사람들도 빼놓을 수 없다.

소설 앞부분에서 대니는 처음으로 발작을 경험한다. 그가 아파
트 앞의 인도에서 아버지를 기다리고 있을 때, 그의 상상 속 친구
인 토니가 거리 아래쪽 아주 먼 곳에서 그에게 손짓을 한다. 대니
는 몽유병 환자처럼 자리에서 일어나 토니가 있는 곳으로 간다. 그
러자 그의 눈앞에 귀신이 출몰하는 오버룩 호텔과 거기서 일어날
끔찍한 일들이 나타난다. 오버룩 호텔은 앞으로 그가 가게 될 곳이
다. 그의 아버지는 그곳의 관리자로 채용된 후 지금 집으로 오고
있다. 오버룩 호텔은 분명하게 모습을 드러낸 그의 운명이다.

때로 아주 열심히 생각을 하다 보면 어떤 일이 정말로 그에게 일어나곤
했다. 그러면 현실은 사라져버리고 실재하지 않는 것들이 보였다. 한 번은
팔에 깁스를 하고 얼마 되지 않아 저녁 식탁에서 그런 일이 일어났다. 그의
부모는 그때 말은 없었지만 생각은 하고 있었다. 그래, 생각. '이혼'에 대
한 생각이 검은 빗줄기로 가득 차 금방 폭발해버릴 것 같은 구름처럼 식탁
위에 드리워져 있었다. 그 암울한 이혼에 대한 생각에 둘러싸여 밥을 먹어
야 한다는 것만으로도 그는 구역질이 났다. 그는 꼭 그래야만 할 것 같아서
정신을 집중했고, 그 때문에 그 일이 일어났다. 현실로 돌아왔을 때 그는
콩과 으깬 감자를 뒤집어쓴 채 바닥에 누워 있었다. 어머니는 그를 붙들고
울었고, 아버지는 어딘가에 전화를 걸고 있었다. 그는 겁이 나서 아무 문제
도 없다고, 이런 일이 가끔 일어난다고 설명하려 했다…….

"식구들 사이에 불화가 있다는 걸 분명히 알 수 있죠? 그리고 이

런 불화가 다른 가정에도 나타난다는 걸 알고있죠. 그렇죠?"

내가 물었다.

"난 책 안 읽었어."

크리스가 말했다.

"난 그게 책인 줄도 몰랐어."

다른 사람이 말했다. 토론은 제대로 진행되지 않았다. 책은 읽지 않고 영화만 본 사람들은 잭 니콜슨이 셸리 뒤발에게 공포를 안겨 주는 모습만 생각했다. 잭 니콜슨은 도끼를 들고 호텔 복도를 돌아다니다가 욕실 문틈으로 도끼를 세게 던진다. 아무리 강조를 해도 소설 속의 아이에게 감정이 있으며, 우리가 그 감정 변화에 애착을 느껴야 한다는 사실을 납득시킬 수 없었다. 나는 결국 토론을 포기해버렸다.

버지니아에서 온 재소자들은 오버룩 호텔에서 다른 교도소로 곧장 넘어갔다. 그것은 재소자들이 한없이 매력을 느끼는 화제였다. 다른 교도소에서는 사람들이 자기 고환을 잘라 올리브처럼 복도에서 굴려. 작전 계획을 미리 짜고 해병대 훈련처럼 능률적으로 사람들이 서로 자살을 도와줘. 어떤 감옥에서는 담배 한 갑으로 다른 놈들 마누라한테 그 짓을 하는 권리를 살 수 있어. 사람들이 낮잠을 자다가 깨어나면 콩팥에 칼이 박혀 있곤 해. 재소자들, 특히 레어드와 윌은 마치 기운 넘치는 늙은 사기꾼들처럼 이런 얘기를 늘어놓았다. 그러면서 자기가 있는 곳의 상황을 파악하고, 소리 내어 웃고, 운명을 받아들이고, 그 운명을 슬퍼했다.

나는 다시 스티븐 킹으로 학생들을 끌어가려 했다. 한동안은 성공을 거두기도 했다. 하지만 책을 읽거나 소설에 대해 지적인 대화를 나누는 대신 끔찍한 장면들을 하나씩 되짚어가야 했다. 마치

이 작품에는 플롯도, 줄거리도, 작가의 의도도 없는 것처럼. 학생들은 그저 끔찍한 장면들을 살펴보며 잠깐 동안 폭발적인 만족감을 느낄 뿐이었다.

나는 학생들을 달래려고 애를 쓰다가 그냥 의자에 주저앉았다. 내 노력은 학생들의 화를 부추길 뿐이었다. 슬래시가 사과했다.

"진심이 아니면 사과하지 말아요. 뭣 때문에 사과하는데요?"

내가 말했다.

"그래, 사과할 일 없어."

그가 대답했다.

"도대체 뭘 기대하는 거야, 테오? 여긴 골프장이 아냐."

구치소 일기, 2000년 6월 1일

짐과의 관계가 조금 삐걱거리는 것 같다. 그는 새로운 보조 교사를 원하는 것 같다. 그는 나를 감시할 뿐만 아니라, 지난 2주 동안 두 번이나 장래 계획이 무엇이냐고 내게 물었다. 내가 구치소에서 영원히 시간제 교사로 일할 수 없다는 것은 둘 다 알고 있다. 우선 교정국이 허용하지 않을 것이다. 교정국에서 정식 교사로 채용해주지 않으면, 나는 이곳을 떠나야 한다.

그는 지난주에 위층에서 어떤 교도관과 함께 있을 때도 내게 장래 계획을 물었다. 교도관의 얼굴은 항상 그렇듯이 무표정했지만, 그에게 등을 돌렸을 때 그가 짐에게 윙크하는 것을 느낄 수 있었다. 마치 모든 사람이 내 상황을 속속들이 알고 있는 것 같다. 학생들의 출석률이 들쭉날쭉하고, 강의 자료들이 도발적이고, 내가 재소자들과 너무 친하게 지낸다는 것을.

벌써 한여름이다. 교실과 위층 복도에서는 바닥 세척제와 식당의 기름 냄새 외에 풀 냄새가 더해졌다. 구치소 건물에서 반경 2킬로미터 거리에 있는 산 중턱과 강변의 들판에는 건초 뭉치들이 저녁 식탁에 놓인 거대한 롤빵처럼 서 있다.

물론 감옥 안에서는 6월의 농장에서처럼 신선한 건초 냄새를 맡을 수 없다. 우리가 맡는 풀 냄새는 잔디를 깎을 때 나는 냄새이다. 구치소 운동장의 잔디를 깎는 기계에서 나는 냄새, 그 기계를 작동시키는 재소자들의 옷에 묻은 냄새가 구치소 안으로 들어온다. 우드스턱 외곽에서 나는 냄새보다 더 달콤하고 아늑하다. 민들레 향이 섞인 풀 냄새.

오늘 수업에 들어온 학생 중에는 오전에 법정에 갔다 온 사람이 세 명 있었다. 레어드, 프렌치, 조. 각자 다른 법정에 출두했지만 나름대로 좋은 옷을 차려입은 모습을 보니 마치 셋이서 함께 시내에 놀러갔다 온 것 같았다.

그들이 줄지어 도서실로 들어오는 모습을 지켜보면서 나는 평소에 느끼지 못했던 고마움에 압도당했다. 저 사람들은 자신의 인생이 걸린 재판을 받고 있으면서도 매일 수업을 들으러 오고, 열심히 숙제를 하고, 내게 미움을 사지 않으려고 애쓰고 있구나. 숙제보다 훨씬 더 큰 문제를 걱정해야 하는데도 열심히 수업을 따라오고 있구나.

오늘 『샤이닝』을 끝내야 했다. 그 책을 읽고 싶은 마음은 별로 없었지만, 시작했으니 마무리를 지어야 했다. 재소자들이 자리에 앉자마자 나는 소설의 맨 마지막 부분에 대해 이야기했다. 대니는 아버지와, 아니 오버룩 호텔 전체와 대결한다. 아버지가 그에게 물려주려 했던 부정不淨과 폭력의 역사에 맞서는 것이다. 그는 그 역사를 차가운 시선으로 바라보며 파괴해버리기로 결심한다.

말하는 중에 라이노가 연필을 콧구멍에 쑤셔 넣는 모습이 눈에 들어왔다. 그는 이미 연필 세 개를 꽂아놓고, 다른 재소자들의 연필을 향해 손을 뻗고 있었다. 나는 그를 무시했다. 오버룩 호텔의 지하실에 있는 거대한 보일러, 압력계의 바늘이 100을 넘으면 휘파람 소리를 내며 신음하는 거대한 원통형 금속 탱크. 다들 이 보일러 기억하죠? 라이노의 코에는 연필 다섯 개가 꽂혀 있었다. 그는 얼굴에서 손을 떼어 손바닥을 펼쳐 보이더니 동굴에 매달린 거대한 박쥐처럼 팔을 활짝 폈다. 이거 어때? 그가 웃음을 터뜨렸다. 이거 어떠냐고! 학생들이 숨죽여 찬사를 보내기 시작했다. 재소자들은 발을 굴렀다.

나는 소설로 다시 돌아갔다. 호텔의 스위트룸에 양복을 입은 사람들이 피투성이가 되어 쓰러져 있다. 대니의 눈앞에서 그들의 몸이 조금씩 움직이기 시작한다. 이제 어느 정도 상황을 장악하고 있는 그는 그들을 쏘아본다. 여러분 기억하고 있습니까? 내가 물었다. 가짜 얼굴이야! 대니는 혼잣말을 한다. 진짜가 아니야! 여러분, 이거 기억나요?

레어드는 내 말을 거의 듣고 있지 않았다. 그는 베델 지역의 어떤 신문 때문에 화가 나 있었고, 자신에 대한 거짓 기사를 실은 그 신문사에 복수하는 방법을 놓고 다른 사람들과 토론하느라 정신이 없었다. 그 빌어먹을 도시를 전부 불태워버릴 거야. 그가 어깨를 으쓱했다. 거긴 거짓말쟁이 천지라고.

"기왕 할 거면 이 빌어먹을 감옥도 불태워버려."

라이노가 말했다.

"나도 네가 감옥을 불태웠으면 좋겠어. 하지만 내가 여길 떠날 때까지 기다려. 나중에 와서 타다 남은 건물에 오줌을 쌀 거니까."

슬래시가 말했다.

"난 너희들 머리 위에 휘발유를 부을 거야. 그게 도움이 될걸."

라이노가 말했다.

나는 달리 뭘 해야 좋을지 알 수 없었으므로 낙서를 하기 시작했다. 버지니아에서 온 재소자 한 명이 나에게 시를 써보라고 말했다.

"알았어요."

"내가 지금 당장 시를 써주지."

톰이 말했다. 그리고 시를 읊기 시작했다.

"여긴 더러운 구덩이. 정부政府는 내 막대기를 빨며 그 짓을 할 수 있네. 여긴 더러운 구덩이."

"마음에 드는데요."

레어드가 말했다.

"그걸 랩으로 만들 수 있을 것 같아."

프렌치가 나섰다.

"여긴 더러운 구덩이……. 정부는 내 막대기를 빨며 그 짓을……."

몇몇 재소자들이 탁자를 두드리며 한목소리로 노래를 부르자 다른 재소자들이 합류했다. 그들은 노래를 부르며 나와, 새로 들어온 리치—그는 살인미수 혐의를 받고 있다—를 바라보았다. 리치에게 그 노래는 일종의 통과의례였고, 내게는 승리의 노래였다. 물론 승리자는 그들이었다. 그 순간에는 나도 그들에게 승리를 양보하고 싶었다.

"난 『샤이닝』을 마저 끝내고 싶어요."

내가 말했다.

"망할 놈의 강의 준비를 해왔는데. 숙제를 해온 사람도 있고, 수업 준비를 해온 사람도 있어요. 괜찮죠?”

“영화나 보지.”

누군가가 말했다. 학생들이 또다시 한목소리로 외치기 시작했다.

“책은 엿이나 먹어라. 영화를 보자. 책은 엿이나 먹어라.”

아무래도 프렌치가 있는 쪽에서 새로운 외침이 시작된 것 같았다. 한 학생이 스티븐 킹의 책을 내 무릎 위로 던지면 재미있을 것 같다는 생각을 해낸 모양이다. 책 한 권이 나를 향해 탁자 위를 미끄러져 오자 또 한 권이 공중제비를 돌면서 탁자 위를 굴러왔다. 책들이 공중을 날아다니기 시작했다.

『샤이닝』을 공부하는 마지막 날이라 어차피 책을 반납하기로 되어 있었으므로 나는 말없이 배낭에 책들을 집어넣었다. 재소자들은 보고 싶은 영화, 언젠가 저지르고 싶은 범죄에 대해 얘기했다. 나는 처음으로 수업 시간이 끝나기 전에 일어나 밖으로 나왔다. 짐에게 친구와 만날 약속이 있다는 핑계를 대고 서둘러 지하실 계단을 올라갔다. 도망자처럼. 정문에 도착했을 때 나는 그저 빨리 나가고 싶다는 생각뿐이었다.

＊ ＊ ＊

구치소 안에 대학을 만들겠다는 내 계획이 성공할 가능성이 없다는 것을 알게 되었다. 이유는 세 가지였다. 교정국의 교육 담당자들은 재소자들에게 고등학교 학력에 해당하는 졸업장을 수여한다는 일차적 목적과 어긋나는 계획을 별로 반기지 않았다. 버몬트 커뮤니티 칼리지도 재소자들에게 학점을 인정해줄 생각이 별로 없었다. 그들은 강의 하나당 5천 달러와 학생 1인당 추가 비용을 요구했다. 나한테는 그만 한 돈이 없었으므로 우드스턱의 어떤 재단에 도움을 청했더니 재소자들 대부분이 우드스턱 출신이 아니라서 곤란하다는 답변이 돌아왔다. 나는 재소자들에게 이 소식을 알리지 않았다. 그리고 감옥 안의 대학에 대해서도 더 이상 얘기하지 않았다.

레어드는 재판을 위해 대담한 법적 수단을 강구하고 있었다. 하지만 그가 나중에 결국 유죄를 인정했기 때문에 재판은 열리지 않았다. 그는 어머니를 살해한 혐의로 징역 25년에서 종신형, 그리고 아버지를 살해하려 한 혐의로 징역 20년에서 종신형의 선고를 받아들였다. 하지만 2000년 6월의 그는 자신이 언론을 통해 유명인사가 될 거라는 꿈을 여전히 품고 있었다. 그는 자신이 기대했던 것만큼 유명해지지 않았다고 생각했다. 그는 앞으로 훨씬 더 많은 관심이 자신에게 쏟아질 거라고 생각했다.

그는 '자신의 사건'에 대해 아버지와 함께 쓰고 있는 책을 자주 입에 올렸다. 하지만 사실 그와 아버지의 관계는 점점 더 소원해지고 있었다. 1, 2월에 일주일에 한 번씩, 아니면 적어도 2주에 한 번씩 아들을 면회했던 레어드의 아버지는 돈과 옷가지와 CD를 갖다달라고 요구하는 레어드의 태도에 화가 나 있었다. 빌이 면회를 온 것은 레어드에게 조금이나마 기대를 걸고 있었기 때문이다. 그는 레어드가 왜 자신을 죽이려 했는지, 왜 어머니를 죽였는지 그 이유를 말해줄 거라고 기대했다. 아들과 함께 그 비극적인 사건을 파헤치고 싶었다. 빌은 그 사건에 대한 책을 쓰고 싶어 했으며, 레어드에게도 책을 써보라고 말했다. 그래서 레어드가 책 얘기를 하게 된 것이다. 하지만 레어드는 아버지와 함께 책을 쓰거나, 비극적인 사건을 파헤칠 생각이 전혀 없었다. 그는 자신의 과거를 돌아볼 생각이 없었다. 레어드는 교도관이나 다른 재소자들에 대해 이런저런 잡담을 나누며 보내는 시간을 더 좋아했다. 그는 CD와 영화에 대해 떠들어댔다. 어머니를 언급한 적은 한 번도 없었다.

2000년 6월에 레어드는 텔레비전 프로듀서들과 협상을 벌이고 있다고 발표했다. 아주 당연한 일을 얘기하는 것 같은 말투였다. 프로듀서들이 자신의 얘기에 대한 저작권을 사들이고 싶어 한다는 것이다. 나는 그후로 그 일과 관련된 얘기를 전혀 듣지 못했지만, 그는 텔레비전을 통해 유명인사가 되는 다양한 계획을 입에 담곤 했다. 기자회견을 열어 엄청난 사실을 밝히겠다는 말도 했다. 사람들이 지금까지 잘 알고 있다고 생각했던 모든 것을 다시 생각해 보게 될 만큼 굉장한 사실을. 그는 자신의 기자회견이 사람들에게 엄청난 충격을 줄 거라고 말했다. 월은 그의 기자회견을 진심으로 고대하고 있으며 카메라 앞에 나설 때 그의 몸단장을 도와주겠다고 말했다.

레어드는 이렇게 언론 매체의 스타가 될 꿈을 꾸었고, 버지니아에서 온 재소자들은 모든 수업 시간을 지배하려 했기 때문에 나는 학생들을 가르치는 데 어려움을 겪고 있었다. 하지만 수업이 항상 끔찍하기만 했던 것은 아니다. 강의계획표에서 조금 벗어난 내용을 가르칠 때는 분위기가 괜찮았다. 무엇보다 버지니아에서 온 재소자들이 빠져나가기 시작한 것이 도움이 되었다.

15. 혼자서

2000년 늦여름, 내 문학수업의 핵심을 차지하던 학생들이 흩어져버렸다. 마이크 토빈이 사라졌고, 팀과 조 에몬스도 사라졌다. 나는 그들이 이감되었다는 사실을 다른 재소자들에게 듣고서야 알았다. 한편 슬래시는 버몬트 주 윈저에 있는, 경비가 아주 느슨한 시설인 '농장'으로 이감되었다. 공무집행방해 혐의로 징역 5년을 선고받았던 그는 그곳에서 마지막 1년을 보내게 되었다. 프렌치는 수줍음이 많은 열여덟 살 재소자와의 일 때문에 세인트올번스의 감옥으로 이감되었다. 소문에 따르면 프렌치가 그 아이를 유혹했으나 성공하지 못하자 그를 죽이겠다고 위협하며 두들겨 팼다고 한다. 프렌치는 폭행 혐의가 추가되어 징역 1년을 더 선고받았다.

라이노, 슬래시, 레어드, 프렌치가 우드스틱에서 다른 곳으로 이감된 후 월도 재판에서 무장강도 혐의로 3년에서 7년 형을 선고받았다. 그는 버몬트 주 뉴포트에 있는 주립 교도소로 이감될 예정이었다.

그는 결심공판에서 이렇게 말했다.

"그때로 돌아갈 수 있다면, 내 과거를 바꾸고 싶습니다. 그때 내가 어떻게 됐나 봅니다. 내가 왜 그런 짓을 저질렀는지 모르겠습니다. 지금까지 9개월 동안 그 일을 생각해 보았습니다. 감옥에서 나갈 때는 다른 사람이 되어 있고 싶습니다."

다음날 신문에 실린 재판 기사에는 이 발언이 포함되어 있었다.

수업 시간에 나는 그날 수업을 들으러 온 재소자들과 월에게 그의 발언을 읽어주었다. 나는 월이 다른 재소자들 앞에서 다시 빈정거리는 듯한 태도로 돌아가지 못하게 하려고 가능한 한 엄숙하게 느릿느릿 그 글을 읽었다. 그는 팔짱을 끼고 앉아 탁자를 내려다볼 뿐 꼼짝도 하지 않았다.

"난 네 말이 진심이었다고 생각해, 월."

나는 그와 눈을 마주치려 했지만 그는 시선을 들지 않았다.

"모든 사람 앞에서 용기 있게 하고 싶은 말을 한 거 축하한다. 넌 하고 싶은 말을 한 거야. 잘했어."

그는 계속 탁자만 바라보다가 마침내 고개를 들고 다른 사람들을 바라보았다.

"난 정말로 진심이었어, 정말로."

그가 우리 모두를 향해 큰 소리로 말했다. 그는 자신이 진심을 말하기는 했지만 판사에게 영향을 미치지 못한 것 같다고 했다. 판사는 그를 좋아하지도 않고 그에게서 뭔가 희망을 발견하지도 못했다. 하지만 그가 할 수 있는 일은 자신의 생각을 밝히는 것뿐이었으므로 제대로 그 일을 해내고 싶었다.

재소자가 결심공판을 받고 나면 몇 시간 안에 다른 곳으로 이감된다는 사실을 알고 있었으므로, 나는 피시(록 그룹의 이름-옮긴이)의 로고가 수놓아진 스웨터를 수업에 가지고 들어갔다. 흘림체의 '피시'라는 글자 옆에는 플로리다에 있는 어떤 인디언 보호 구역의 이름과 콘서트 날짜가 수놓아져 있었다. 나는 그 스웨터를 탁자 너머로 월에게 던져주었다.

"행운을 빈다. 앞으로는 말썽부리지 마. 알았지?"

내가 말했다. 그는 탁자 위에 스웨터를 펼쳤다. 갑작스러운 선물을 받고 당황한 기색이었다. 그는 미소를 지으며 얼굴을 붉혔다. 6개월 동안 그의 이런 모습은 처음이었다. 하지만 그는 재빨리 평소의 모습을 회복했다. 스웨터에 새겨진 인디언 보호 구역의 이름을 여러 번 큰 소리로 말하면서, 그곳에서 열리는 피시의 콘서트에 갈 계획을 짜다가 체포당했다고 말했다. 경찰이 자신을 체포한 것에 아직도 화가 나 있다는 듯이.

라이노는 2000년 초가을에 석방되었다. 그러나 몇 달 후 그의 이름이 다시 뉴스에 등장했다. 캐리 러밸리라는 여자가 코네티컷 강에서 시체로 발견되었고, 라이노는 그녀와 마지막으로 함께 있었던 사람이었다. 그는 살인 사건과 전혀 관련이 없다고 주장했기 때문에 경찰은 몇 주 동안 그를 건드리지 않았다. 그러나 그의 차를 수색한 결과 뒤쪽 유리창에서 핏자국과 나중에 '인간의 조직'으로 판명된 물질이 발견되었다. 라이노는 재판을 받는 대신 유죄를 인정하고 검찰과의 형량 협상을 택했으므로, 그 사건의 자초지종은 확실하게 밝혀지지 않았다. 라이노는 2002년에 징역 25년에서 50년을 선고받았다.

레어드의 탈옥 계획은 11월의 어느 화창한 오후에 실패로 돌아갔다. 나중에 레어드는 교도관들이 '떼를 지어' 자신에게 몰려들었다고 말했다. 그의 말을 들어보면 마치 경찰들이 폭동을 진압할 때처럼 무장 차량을 몰고 그에게 달려든 것 같았지만, 나중에 그와 대화를 하면서 확인해 보니 교도관들이 한 것이라고는 그에게 이감된다는 사실을 알리기 위해 어깨를 가볍게 두드린 것뿐이었다. 구치소 측에서는 폭력적인 재소자들을 호송할 때 허리와 발에 쇠사슬을 묶는다. 레어드도 사슬에 묶여 밖에서 기다리던 승합차에 올라탔다. 차는 버몬트 주 세인트존즈베리에 있는 북동 주립교도소를 향해 북쪽으로 달렸다. 북동 주립교도소는 우드스턱보다 더 엄격한 곳도 아니고, 경비가 더 엄중한 곳도 아니다. 나중에 알고 보니 레어드를 그곳으로 이감한 이유는 처벌을 하기 위해서가 아니라 신중을 기하기 위해서였다. 교도관들은 물론 레어드가 전화로 공범과 탈옥을 모의한 것에 귀를 기울이고 있었다. 그들은 탈옥을 모의한 혐의로 그를 고발하기에 충분한 증거를 모은 후 그를 세인트존즈베리로 옮긴 것이다.

2000년에 버몬트 주의 십 대 남자아이들 중에서 교정국의 감시를 받는 아이들은 여섯 명 중 한 명꼴이었다. 그리고 그 전 3년간 버몬트 주의 소년범 ― 스물한 살 이하의 범죄자 ― 은 77퍼센트 증가했다. 러틀랜드, 벌링턴, 브래틀버러 같은 도시에서는 조직폭력배 문제가 점점 더 심각해지고 있었다. 그들은 헤로인을 거래했으므로 문제가 더욱 심각했다. 2000년에는 청소년들에 의한 재산 범죄가 지난 해에 비해 79퍼센트 증가했고, 마약 범죄는 60퍼센트 증가했다.

구치소에서 일할 당시 나는 이런 통계수치들을 모르고 있었다. 미국의 시골과 도시에 사는 일부 십 대들의 상황이 악화되고 있음을 어렴풋이 짐작만 했을 뿐이다. 불평불만으로 가득 찬 청소년들이 우드스턱 구치소로 걷잡을 수 없이 몰려들고 있다는 느낌을 받은 적은 한 번도 없었다. 범죄가 유행병처럼 번지고 있다는 느낌도 받지 못했다. 내가 우드스턱에서 근무할 당시 구치소 안의 십 대 비율은 그리 높지 않았다. 그러나 구치소 안에서 십 대들의 존재는 분명히 느껴졌다. 그들은 구치소에 들어오기 전보다 더 우쭐거리며 돌아다녔고, 더 많은 음모를 꾸몄으며, 거리를 돌아다닐 때처럼 구치소 안에서도 대담하게 깔깔 웃어댔다. 그들은 구치소 안의 잠재적인 탈옥수였으며 금지된 물건을 몰래 들여오곤 했다. 따라서 재소자들이 더 큰 문제에 휘말릴 가능성도 매우 컸다.

십 대 재소자들은 같은 십 대들에게 가장 상냥하게 굴었다. 신참이 들어오면 그들은 구치소를 안내하며 여러 가지를 가르쳐주었다. 새로 들어온 아이는 몇 시간도 되지 않아 다른 아이들과 함께 이리저리 몰려다녔다. 마치 대학 신입생들 같았다. 그들은 서로 옷가지, CD, 사탕, 범죄 실화집 등을 교환했다. 나이 든 재소자들은 서로의 문제에 귀를 기울여주는 시늉도 하지 않는 데 비해, 어린 재소자들은 서로의 얘기에 귀를 기울였다. 시와 편지를 서로 교환하기도 하고, 자기 여자 친구의 소식을 들려주기도 했다. 사람을 잘 믿는 아이들은 사건 관련 서류를 프렌치에게 보여주며 법과 관련된 조언을 구하기도 했다. 스물네 살인 프렌치는 십 대들 사이에서 나이 많은 현자 같은 대접을 받았다. 그가 법적인 판단을 내리는 경우는 많지 않았지만, 그런 판단을 내릴 때는 쉽게 알아볼 수 없을 만큼 미세하게 손을 움직이면서 엄숙하고 권위적인 태도로 말했다. "변호사한테 전화해." "재소자의 권리를 주장해." "불만을 제기해." 이건 모두 구치소 당국에 정식으로 불만을 제기해야 한다는 뜻이었다. 그에게 조언을 구했던 아이들은 말없이 고개를 끄덕였고, 그것으로 대화는 끝났다.

재소자들이 우드스턱에 나타났다가 사라지는 것을 지켜보면서 나는 재소자들에 대해 냉정한 마음을 유지하기가 더 쉬워졌다. 나는 늦여름에 잠시 휴가를 즐긴 다음 9월에 다시 출근했다.

가을에 나는 나와 얘기할 생각이 있는 것처럼 보이는 십 대들에게 신호를 보냈다. 그들을 도서실로 불러들여 내가 가르치고 싶은 책과 영화를 보여주었다. 2주마다 유혹적인 강의계획표를 새로 작성했으며, 교실 벽의 눈에 잘 띄는 곳에 그것을 붙여놓았다. 재소자들은 구치소 학교와 관련된 다른 공지사항들과 마찬가지로 내 강의계획표도 무시해버렸다.

나는 짐 밴드리엘을 수업에 끌어들이기 위해 더욱 애쓰기 시작했다. 레어드는 20년 형을 받기로 하고 검사와 협상한 것에 대해 아무렇지도 않은 척했지만, 잠잘 때 잠꼬대를 하고 눈물을 쏟아내며 깨어나기도 한다고 내게 말해주었다. 그는 문학에 더 이상 관심을 보이지 않았다. 어쩌다 수업에 들어와도 돌처럼 침묵을 지키고 앉아 아무것도 읽지 않으려 했다.

감옥에 있는 아이들 대부분이 상담 교사, 친절한 영어 교사, 청소년 법정, 스포츠 등 그들을 위험한 곳에서 구해내기 위한 사회적 장치들로부터 스스로를 분리시키고 있었다. 아이들은 그런 장치들이 있다는 것은 알고 있었지만, 그것에 진심으로 마음을 붙인 적은 없었다. 나는 아이들에게 학교를 절대 포기해서는 안 된다고 설득했지만, 그들은 지금이야말로 학교를 포기할 수 있는 적기라고 생각했다. 그들이 살면서 맺었던 모든 관계들이 흔들리고 있는 마당에 학교를 포기하는 것쯤은 별로 걱정할 일이 아니었다.

공립대학에서 학부생들을 가르칠 때는 도서실에 틀어박혀 학생들의 삶과 관련된 책을 찾으려 애썼지만, 우드스턱에서는 컴퓨터 앞에 앉아 나도 모르게 '십 대, 사건, 미국, 폭력' 같은 단어들을 검색어로 입력하고 있었다. 최근 뉴스에 등장했던 사건 관련 기사들도 강박적으로 읽어댔다.

연말이 되자 내가 구치소에 너무 오래 머물렀다는 생각이 들기 시작했다. 솔직히 고백하자면 6개월 정도만 근무했더라면 좋았을 거라는 생각이 들었다. 내가 그런 생각을 한 것은 반드시 짐의 행동 때문만은 아니었다. 학생들을 일주일 이상 수업에 붙들어두기가 힘들었다. 아이들의 무관심, 배은망덕, 속물근성 — 너무나 충격적이었다! —에 나는 걱정보다 분노를 느꼈다.

　그러나 나는 그런 것들에 점점 무관심해지면서 오히려 구치소의 리듬―무전 호출, 수업 시간, 화재 대피훈련, 범죄자들과의 토론 시간―을 즐기고 있었다. 의미 없는 시간을 보내는 것도 나쁘지 않다는 생각을 하며 봉급날만 기다렸다.

　나는 새로 들어오거나 떠나는 재소자들에게 여전히 관심이 있었지만, 그것은 바닷가 벤치에 앉아 배가 드나드는 것을 지켜보는 노인의 눈길과 같았다. 각각의 배에는 조금씩 다른 표식이 새겨져 있었고 거쳐 온 항구도 달랐다. 수십 년 동안 바다 속에 잠겨 있었던 것처럼 보이는 배도 있고, 아침에 불어온 돌풍에 실려 온 듯한 배도 있었다. 하지만 그런 것들이 더 이상 나를 움직이게 하지는 않았다. 새로 들어오는 배도 어차피 예전에 있었던 배와 다르지 않을 테니까. 항해 일지에는 비슷한 죄목들이 가득 적혀 있을 것이다. 마약밀매, 성폭행, 무기밀매. 그런 것은 신문만 읽어봐도 모두 알 수 있었다.

16. 여행자들

2001년 1월 말에 신문마다 헤드라인을 장식한 사건이 있었다. 〈밸리 뉴스〉는 '하노버에서 시신 두 구 발견. 다트머스의 교수 두 명의 죽음을 경찰이 수사 중'이었고, 〈보스턴 글로브〉는 주먹만 한 활자로 '다트머스의 부부 교수 피살'이었다. 헤드라인 밑에는 피살자―해프 잔톱과 수잔 잔톱―들의 컬러 사진이 실렸는데, 행복했던 시절에 찍은 사진으로 두 사람 모두 편안한 미소를 짓고 있었다. 2001년 1월 28일 〈보스턴 글로브〉의 기사 내용은 다음과 같았다.

> 다트머스의 교수들 피살
> 다트머스 칼리지에서 오랫동안 재직했던 두 교수가 토요일에 자택에서 시신으로 발견되었다. 경찰은 오늘 오후에 수잔 잔톱과 해프 잔톱이 살해되었다고 발표했다. 두 사람의 이웃인 오드리 맥컬럼에 따르면, 그들의 집을 찾아온 손님이 시신을 발견하고 경찰에 신고했다고 한다.

1월 29일에 하노버에서 약 30킬로미터 떨어진 우드스턱 구치소의 시사 문제 수업에는 학생들이 흘러넘쳤다. 대개 점심식사를 마친 뒤 수업에 들어오지 않고 운동장에서 시간을 보내던 재소자들이 얼마 전부터 몰아닥친 강추위 때문에 따뜻한 실내에 있는 학교로 몰려든 것이다. 강추위가 몇 주 동안이나 계속되었기 때문에 나는 매일 북적거리는 재소자들 사이를 뚫고 들어가야 했다.

2001년 1월 30일 〈보스턴 글로브〉에는 다음과 같은 기사가 실렸다.

살인 사건으로 어두워진 다트머스

경찰관 30명이 어제 이 대학도시를 샅샅이 수색했고, 필요하다면 수사 범위를 주州 전체로 확대하겠다고 밝혔다. 당국은 다트머스의 교수들이 살해된 이유나 살해 경위조차 전혀 밝히지 않고 있다. 그렇지 않아도 당혹스러운 두 사람의 살인 사건에 대해 정보마저 부족하자 다트머스 칼리지와 도시 전체에 불안감이 점점 번지고 있다.

2월 2일 〈보스턴 글로브〉의 기사.

경찰, 다트머스 살인 사건은 면식범의 소행일 수도

다트머스 칼리지 교수의 살인 사건에 대해 당국이 침묵을 깼다. 뉴햄프셔 주의 필립 T. 맥래글린 법무장관이 어제 수잔 잔톱과 해프 잔톱은 칼에 찔려 살해당했으며, 이번 사건이 두 사람과 잘 아는 면식범의 소행일 가능성이 있다고 밝혔다. 수사관들은 잔톱 부부가 캠퍼스에서 몇 킬로미터 떨어진 한적한 곳에 살고 있었기 때문에 대개 문을 잠가두었는데, 그들이 살인범을 자의로 집 안에 들여놓은 것 같다고 말했다.

뉴햄프셔 주 당국은 이 사실을 밝힌 지 닷새 후에 막다른 골목에 다다랐는지 FBI에게 수사를 의뢰할 생각이라고 발표했다.

나는 시사 문제 수업에서 신문을 넘기며 재소자들, 특히 새로 들어온 재소자들의 얼굴을 살펴보았다. 혹시 이 사건에 대해 뭔가 남들이 모르는 정보를 알고 있는 사람이 있을까 해서였다. 나는 불안한 표정, 뭔가 알고 있는 듯한 표정, 지나치게 무심한 표정, 또는 이런 표정들이 뒤섞인 심술궂은 표정을 짓는 재소자가 있는지 계속 주의 깊게 살펴보았다. 신문을 다 읽은 그들은 여느 때처럼 배 위에 양손을 올려놓고 큰 소리로 떠들어댔다. 그것은 아무리 사소한 것이라도 자기들의 행동을 교정하려 애써봤자 헛수고라는 것을 보여주기 위해 그들이 늘 하는 행동이다.

속이 메스꺼웠다. 구치소에서 일하기 시작한 후 이토록 기분이 더러웠던 적은 없었다. 도서실 안에 있는 화장실에서 새어나오는 악취가 느껴졌다. 그 악취는 교실에 있는 재소자들의 입 냄새와 뒤섞였다. 재소자들의 옷에서 나는 담배 냄새와 땀 냄새도 느껴졌다.

점심식사 후 담배를 피우고, 신문을 뒤적이는 재소자들의 만족감이 구치소 전체를 지배하고 있는 것 같았다. 교도관들의 깔끔한 제복, 창틀에 새로 발라놓은 페인트에서도 그런 만족감이 배어나왔다. 재소자들이 운동장에서 서로를 놀리며 웃어대는 목소리에서도, 반짝반짝 빛나는 모습으로 직원용 주차장을 가득 채우고 있는 차에서도 만족감이 느껴졌다. 자신의 신체적 안위를 돌보는 것 외에는 책임질 일도, 이상도 없이 그저 그런 안락한 생활에 안주하는 사람들이 이곳에 모여 있었다. 물론 감옥 안의 분위기가 마땅히 그래야 하지만 초연한 척 점잔을 빼는 이 냉담함이 몰인정하게 보였다.

나는 시사 문제 수업에 들어온 학생들을 자극해서 잔톱 교수 부부의 살인 사건에 대해 뭔가 인간적인 반응을 끌어내고 싶었다. 화창한 토요일 낮에 해프 잔톱의 서재에 있는 책꽂이 밑에서 부부가 목을 베이고 칼에 머리를 찔렸다는 기사가 실렸지만 재소자들은 별 반응이 없었다. 짐도 이 사건에 관해 애기하지 않으려 했다. 재소자들은 점심식사 시간이 변경되는 일 외에는 어떤 일에도 신경 쓰지 않는다.

하지만 나는 신경이 쓰였다. 잔톱 부부를 아는 사람들은 모두 그들이 인본주의를 진정으로 실천했다고 입을 모았다. 〈러틀랜드 헤럴드〉

에 실린 기사에서, 수잔이 재직했던 다트머스 대학 비교문학과의 마리앤 허시 교수는 "두 사람이 여러 노부부를 양부모로 삼아 보살펴주었다. 노인들의 집을 고쳐주기도 하고, 저녁식사에 초대하는 등 자식들이 해야 하는 모든 일들을 해주었다. 자비심이 깊어서 그런 행동을 한 것이 아니다. 사람들의 흥미 있는 면을 보고 그들 삶의 일부가 되고 싶어서였다"고 회고했다. 독문학과의 브루스 던컨 교수는 "사람들이 두 사람에 대해 하는 말은 사실이다. 원래 죽은 사람에 대해서는 좋은 말만 하기 마련이지만, 두 사람의 경우에는 좋은 말을 하려고 일부러 애쓸 필요가 없다. 누구든 두 사람을 좋아할 수밖에 없었다. 이건 정말 상상조차 할 수 없는 일이다. 미친놈이 생각 없이 저지른 짓이라는 말밖에는 달리 적절한 말을 찾을 수 없다"고 말했다.

이 사건은 일주일 동안 신문 헤드라인을 장식했지만, 그후로는 새로운 소식 없이 이런저런 소문만 떠돌았다. 그런데 2월 중순에 다시 그들 사건과 관련된 헤드라인들이 등장했다.

2월 18일 〈러틀랜드 헤럴드〉에는 다음과 같은 기사가 실렸다.

경찰, 2인조가 잔톱 부부의 살인을 계획

교수 부부의 살인 사건은 버몬트의 십 대 두 명이 계획적으로 저지른 일인 것 같다. 당국은 전국에 두 용의자의 수배령을 내렸다고 토요일에 밝혔다. 뉴햄프셔 주의 한 검사는 젤시 출신의 십 대 두 명이 3주 진 잔톱 부부가 실해된 외딴 집에 있었음을 보여주는 증거를 경찰이 확보했다고 말했다.

관계 당국은 기자회견에서 현재 로버트 W. 털로치(17)와 제임스 파커(16)에게 체포영장이 발부되었다고 밝혔다. 두 용의자는 현재 도주 중인 것으로 추정되며, 그들이 마지막으로 목격된 것은 이틀 전이었다.

같은 날 〈러틀랜드 헤럴드〉.

첼시 주민들은 믿을 수 없다며 가족들을 위로

9개월 전 첼시의 모든 주민들은 절친한 친구 사이인 롭 털로치와 지미 파커가 화이트리버 제1지류에서 벌어진 뗏목 경주에서 우승을 차지하는 광경을 지켜보았다. 그런데 지금은 그들이 종적을 감춰버렸다. 산속의 작은 마을을 뒤흔들어놓은 사건의 용의자로 지목되어 전국에 수배령이 떨어진 상태이기 때문이다…….

이웃들은 할 말을 잃어버렸다.

두 소년은 바로 그날, 2월 18일에 인디애나 주 뉴캐슬의 I-80번 도로에 있는 트럭 휴게소에서 발견되었다. 다음날 〈러틀랜드 헤럴드〉.

버몬트의 십 대 살인 용의자 인디애나에서 체포

다트머스 대학의 교수 부부를 살해한 혐의로 수배 중이던 십 대 두 명이 월요일에 트럭 휴게소에서 체포되었다. 보안관보가 통신을 감청하다가 그들의 소재를 파악한 덕분이었다. 헨리 카운티 보안관서의 윌리엄 워드 경사는 한 트럭 운전수가 캘리포니아로 가고 싶어 하는 십 대 두 명을 차에 태웠다고 무전으로 말하는 것을 듣게 되었다. 워드는 다트머스 살인 사건의 용의자들이 서쪽으로 향하고 있다는 것을 미리 알고 있었으므로 트럭 운전수 행세를 하며 자신이 뉴캐슬 바로 남쪽에 있는 I-80번 도로의 트럭 휴게소에서 두 아이를 태워주겠다고 말했다.

2월 19일자 〈보스턴 글로브〉.

다트머스 살인 사건에서 두 세계가 충돌하다

용의자와 피살자들은 서로 다른 세계에 살고 있었다. 당국은 그 두 세계가 어떻게 만나게 되었는지에 대해 단서를 거의 내놓지 않고 있다. 당국은 살인 혐의를 받고 있는 십 대 두 명이 어제 어느 경찰관의 육감 덕분에 인디애나에서 체포되었다고 밝혔다. 그러나 자그마한 벌목 마을 출신의 착한 학생들이 70킬로미터나 떨어진 곳에 사는 부부를 살해한 이유는 밝혀지지 않았다.

우드스턱 구치소에 있는 재소자들과의 관계가 점점 비틀어지고 있었기 때문인지 몰라도, 나는 두 용의자의 삶에 흥미를 느끼기 시작했다. 어쩌면 내 관심이 지나쳤는지도 모르겠다. 나는 털로치가 수감된 그래프턴 카운티 구치소에 교사로 지원할 생각을 해보고, 여행과 자아의 발견, 또는 영혼의 여행을 주제로 강의계획표도 만들어보았다. 디킨스Charles Dickens의 『위대한 유산*Great Expectations*』, 카프카의 『아메리카*Amerika*』, 케루악Jack Kerouac의 『길 위에서*On the Road*』. 그런데 문제는……, 내 문제는 내 문제가 뭔지 모른다는 것이었다. 내가 마음씨 좋은 교사처럼 청소년들을 돕고 싶어 하는 것과 뭔가에 참여하고 싶어 하는 것 사이에 아무 관련이 없다는 것은 나도 알고 있었다. 뭔가 다른 것이 작용하고 있었다. 그것이 무엇인지는 몰라도, 약간 불건전하고 반복적인 변화였다. 내가 며칠 동안 파커와 털로치 얘기를 늘어놓았더니 마침내 친구들이 제발 이제 그만 좀 하라고 말하기 시작했다. 너 자신을 극복해. 그 생각은 잊어버려. 네 앞날을 생각하란 말이야.

고집 때문인지 분노 때문인지, 아니면 두 가지 모두 때문인지는 모르겠지만 나는 친구들의 충고를 무시했다. 신문을 읽으며 메모를 했고, 파커와 털로치의 기사를 눈에 띄는 대로 오려두었다. 낙서하는 버릇도 다시 생겼다. 수업이 끝나면 집으로 달려가서 내가 휘갈겨쓴 것들을 살펴보곤 했다. 아무렇게나 휘갈겨쓴 메모에서 우드스턱과 첼시의 아이들에 관한 진실이 드러날지도 모른다는 희망을 품고 있다가 아무것도 발견하지 못하자 진심으로 실망했다.

파커와 털로치는 잔톱 부부를 살해하기 한 달쯤 전에 인터넷 무기 판매상에게서 엄청나게 큰 군대용 칼 두 개를 구입했다. 칼을 꽂아둘 발목용 칼집도 구입했다. 몸싸움을 벌이다가 해군 특수부대원처럼 멋지게 칼을 뽑거나 신발 끈을 묶는 척하면서 칼을 뽑기 위해서였다. 털로치의 방에서는 정찰 노트도 발견되었다. 자신들이 잘 알지 못하는 집의 내부 구조를 손으로 그려 넣고, 집주인들의 움직임을 적어놓은 노트였다. 첼시의 보안관은 파커와 털로치가 수상쩍게 여기저기를 기웃거린다는 사실을 이미 알고 있었다. 그들은 태평하게 빈 집에 들어가 도둑질을 한 뒤, 그 집에서 빈둥거리며 시간을 보내거나 음식을 요리해 먹기도 했다. 따라서 그런 행동이 점점 발전해서 살인에 이른 것 같다. 사람들이 처음 생각했던 것처럼, 그들이 갑자기 뜻밖의 사건을 저지른 것이 아니었다.

신문에 보도된 그 어떤 증거도 파커, 털로치와 내 학생들 사이의 공통점을 증명해주지 못했다. 어쩌면 그들의 특징들이 다른 아이들과 크게 달랐는지도 모른다. 하지만 뭐가 뭔지 모르겠다. 더 이상 생각을 진행시킬 수 없자 나는 불면증에 시달렸다. 나는 신문에 나온 아이들과 감옥에 있는 아이들에 대해 더 많은 것을 알고 싶었다. 지금 생각해 보면, 파커와 털로치에 대한 나의 집착은 감옥에서 겪은 일들을 처음으로 해석하고 받아들이는 과정이었던 것 같다.

그 사건의 추이를 계속 지켜본 다른 사람들과 마찬가지로 나 역시 용의자들의 가족이 궁금했다. 파커 일가는 첼시에서 약 3킬로미터 떨어진 언덕 위에 살고 있었다. 파커 씨는 건설회사 소유주였고, 센트럴 버몬트에서 성인 농구 리그를 운영하고 있었다. 많은 사람들의 찬사를 받은 첼시의 야구장은 그가 거의 혼자서 짓다시피 한 곳이었다. 파커의 가족으로는 아버지 외에 어머니 — 학교의 고문 — 와 누나가 있는데, 누나는 시카고에서 미술학교에 다니고 있었다. 파커 남매는 첼시 학교에서 가끔 괴상한 짓을 하기는 해도 친구들 사이에서 인기가 좋았다.

로버트 털로치는 중심가에 있는 커다란 노란색 집에서 어머니, 아버지, 형제자매 세 명과 함께 살았다. 털로치 일가의 이웃은 〈러틀랜드 헤럴드〉와의 인터뷰에서 그들이 "근면하고 착한 사람들"이며 그 집 아들은 "건강하고 정상적인 아이"라고 말했다.

털로치 씨는 가구를 만드는 목수였다. 그의 장남인 로버트는 학생회장이었으며, 학교 토론 팀 회원이었고, 고등학교 과정을 남들보다 1년 먼저 마쳤다. 그러나 대학에 갈 계획은 없었고, 암벽등반을 좋아했다. 학교 친구들은 로버트와 지미가 모두 재미있는 익살꾼이어서 친구들을 웃게 했다고 말했다. 한 이웃은 "이런 문제가 생길 줄 정말 몰랐다"고 말했다.

그러나 얼마 지나지 않아 두 사람이 이미 문제를 일으킬 조짐을 보였다는 얘기가 뉴스에 등장했다. ABC 방송의 「프라임타임 목요일 Prime Time Thursday」은 두 아이가 체포된 지 일주일 후 수사관들이 털로치의 침실에서 발견된 신新나치 선전물에 주목하고 있다고 보도했다. 그러나 이 보도가 나오자마자 사건을 담당하고 있는 뉴햄프셔 주 법무장관이 이를 부인했다. 그래서 신나치 선전물에 관한 소문은 잠잠해졌지만, 신문기사에 불쾌감이 조금씩 스며들기 시작했다. 유권자 명부 관리를 맡고 있는 한 관리는 파커 일가가 수상쩍어서 계속 그들을 주시하고 있었다고 말했다. "지미 파커는 그리 거친 편이 아니었지만, 그의 부모들이 너무 관대했다……. 학교에서 대부분의 아이들이 그를 따돌렸다. 이런 사건이 벌어진 것도 무리가 아니다." 나는 그가 비열하다고 생각했다.

지미의 동급생은 "개를 좋아하는 사람이 아무도 없었어요. 항상 멍청한 짓을 저질러서 다들 짜증스러워했거든요"라고 말했다.

이제 두 아이의 가족들은 언론이라는 태풍의 눈 속에 앉아 있는 신세가 되었다. 뉴햄프셔 주 경찰국의 이동 감식반 차량이 털로치의 집 앞에 서 있었고, 여러 대의 순찰차, 방송국 차량, 위성중계 트럭, 분주히 움직이는 기자들, 방송용 마이크 등이 그 집 앞에서 북적거렸다. 털로치 일가는 집 앞 잔디밭에 '사유지. 기자 출입 엄금!'이라는 표지판을 세워놓았는데, 기자들은 이 표지판을 사진으로 찍어 신문에 실었다. 첼시에서 남쪽으로 50킬로미터 떨어진 우드스턱에서 보기에는 마치 일시적인 광기가 첼시를 집어삼키고 있는 것 같았다.

2월이 끝나갈 무렵, 살인 사건 이후 두 소년의 행적이 신문에 실리기 시작했다. 1월 29일에 두 아이는 첼시 학교에서 시사 문제 수업에 참석했는데, 잔톱 부부의 살해 사건도 그날의 토론 주제 중 하나였다. 털로치는 다리에 찢어진 상처가 있는 것 같았다. 그는 숲속을 돌아다니다가 수액 채취통 마개에 부딪혀 상처가 생겼다고 말했다. 파커는 28일과 30일 사이에 친구에게 스노보드를 팔았다고 했다. 그는 곧 첼시를 떠나 콜로라도로 가서 암벽등반을 할 계획이었다. 1월 31일, 두 아이는 텍사스 주 애머릴로행 버스표 두 장을 샀고, 오후 1시 50분에 버몬트 주의 화이트리버 정류장에서 뉴욕행 버스를 탔다. 2월 2일에 파커는 세인트루이스에서 집으로 전화를 걸어 식구들에게 미안하다면서, 돈이 거의 다 떨어졌고 털로치의 다리 상처를 의사에게 보여야 할 것 같다고 말했다. 2월 4일 일요일에 두 아이는 비행기를 타고 버몬트의 집으로 돌아왔다.

2주 후인 2월 15일 저녁에 수사관들이 파커 일가의 대문을 두드렸다. 매사추세츠에서 인터넷으로 무기를 판매하고 있는 사람이 얼마

전 그 집에 사는 지미 파커라는 사람에게 특수부대용 칼 두 개를 특수배달로 보내주었다고 말했기 때문이다. 그런 종류의 칼과 함께 판매되는 플라스틱 칼집 두 개가 잔톱 부부의 살해 현장에서 이미 발견되었다. 수사관들은 지미 파커에게 첼시의 보안관서로 자진 출두해서 지문 채취에 응하라고 말했다.

파커와 털로치는 15일 저녁에 경찰에 진술서를 제출했다. 그들은 칼을 샀다고 인정했지만 2, 3주 전에 버몬트 주 벌링턴에 있는 군사용품 전문점에서 낯선 사람에게 그 칼을 팔았다고 말했다. 16일 새벽 세 시에 파커는 은색 아우디를 몰고 가서 로버트 털로치를 차에 태웠다. 그리고 매사추세츠 주 스터브리지의 트럭 휴게소로 가서 자신들을 캘리포니아까지 태워줄 운전수를 찾아다녔다.

이런 기사들을 읽어봐도 두 아이가 살인을 저지른 동기를 분명히 파악할 수 없었다. 파커, 털로치, 잔톱 부부 사이에 도대체 무슨 관계가 있는지도 알 수 없었다.

내 생각과 달리 우드스턱 재소자들 몇 명이 이 사건의 추이를 면밀히 주시하면서 살인 동기에 대해 몇 가지 가설을 만들어놓았다. 내가 그들을 추궁하자 조금 나이가 많은 재소자들이 자신의 추측을 털어놓았다. 해프 잔톱이 두 아이 중 한 명과 성적인 관계를 맺었을지도 모른다는 것이었다. 그들은 성적 학대에 대한 복수가 살인 동기라고 말했다. 하지만 십 대 재소자들은 파커와 털로치가 잔톱의 집에서 마약이나 돈 같은 것을 찾다가 주인이 들어오는 바람에 깜짝 놀랐을 거라고 주장했다. 절도 혐의로 붙잡히는 것이 싫어서 목격자의 입을 막아버릴 수밖에 없었다는 것이다.

우드스턱의 재소자들은 이번 사건에 사용된 무기, 피살자들이 칼에 찔린 위치, 지미 어머니의 초록색 스바루 자동차에 묻은 피가 누구

것—수잔의 것이었다—인지 다 알고 있었다. 그러나 강간, 음주운전, 가정폭력 등의 죄를 저지르고 감옥에 들어온 이들은 너무 고상한 사람들이라서 살인 사건에 대해 곰곰이 생각하지 않았다.

나는 구치소의 수업 시간을 일주일에 몇 번으로 줄이고 세인트존즈베리 교도소에 있는 레어드를 만나러 갔다. 레어드는 항상 자신이 대중매체를 통해 유명인사가 될 거라고 생각하고 있었다. 내가 보기에 레어드가 스타가 될 가능성은 이미 오래전에 사라져버린 것 같았지만, 잔톱 부부의 살인 사건 덕분에 그의 별이 다시 떠오르고 있었다. 그는 파커와 털로치를 알고—그의 사촌들이 첼시에 살고 있었으므로 아주 터무니없는 얘기는 아니었다—있을 뿐만 아니라 잔톱 부부와도 아는 사이—이건 터무니없는 소리였다—라고 주장했다. 잔톱 부부가 그의 독일어 가정교사였다—웃기는 얘기였다—는 것이다. 그는 언론의 인터뷰 요청에 가려가며 응하고 있다고 내게 말했다. 그의 주장에 따르면, 기자들은 그를 일종의 로제타석으로 보고 있었다. 십 대 청소년들의 폭력범죄라는 수수께끼를 풀 수 있는 현명한 아이. 레어드라는 로제타석이 대단히 매혹적인 존재이기 때문에 다들 그를 갖고 싶어 했다. 게다가 영화사와의 협상에도 점점 속도가 붙고 있다고 했다.

레어드는 공인의 삶을 즐기는 법을 이미 알고 있었다. 그는 유명하고 똑똑한 문제아가 될 터였다. 적어도 그의 상상 속에서는 그랬다. 그는 예전처럼 화려한 조명을 받는 화젯거리가 되고 싶어 했다.

"아버지는 어떻게 지내시니?"

내가 물었다.

"아무 소식도 못 들었어요."

"그럼 네 재판은?"

그의 변호사는 유죄를 인정하는 대가로 징역 20년에서 종신형을 선고받는 거래를 받아들이라고 종용하고 있었지만, 그는 그러고 싶지 않았다. 그는 재판을 받고 싶어 했다.

"사람들 앞에서 전부 다 까발릴 거예요. 전부 다, 낱낱이."

강인한 전투원 같은 눈빛으로 그가 말했다. 마치 벌써 적이 눈앞에 있는 것처럼. 마치 그들에게 욕이라도 해보라고 대드는 것처럼. 레어드는 왜 그토록 신문 헤드라인을 장식하고 싶어 할까?

털로치는 어떻게 지내고 있을까? 그가 뉴햄프셔 주 노스 헤이브릴의 감옥에 갇혀 있는데다가 아무하고도 얘기를 하지 않았기 때문에 그가 어떻게 지내고 있는지 알아내기가 어려웠다. 재판은 적어도 1년 후에나 열릴 것이다. 재판이 열린다면 말이지만. 그의 부모는 어떻게든 예전의 삶을 회복하려고 애쓰고 있었다. 모두들 다시 정상으로 돌아가고 싶어 했다. 하지만 뭔가가 분명히 달라져 있었다.

나는 전에도 이런 일을 많이 보았다. 결코 풀리지 않는 의문들, 충격에 빠져 예전으로 돌아갈 수 없는 부모들, 감옥에 갇힌 아이들. 하지만 이번에는 모든 상황이 왠지 훨씬 더 슬프고, 더 절망적인 것 같았다. 삶이 망가진 사람들이 너무 많았다. 신문에서 풍겨 나오는 경망스러움과 철저한 몰상식은 너무 강렬했다.

레어드와 얘기를 나눈 후 세인트존즈베리에서 집까지 차를 몰고 오면서 나는 빌 스태너드에 대해 많은 생각을 했다. 그는 레어드가 수감된 첫 주에 장 아누이의 『앙티곤』을 가져다주었다. 빌은 무슨 뜻을 전하고 싶었던 걸까? 레어드가 무엇을 이해하길 바라고 있었을까? 그가 그 책을 통해 전하고자 했던 말은 비극 속에 갇힌 사람의 소외감, 무력감과 틀림없이 관련되어 있을 것이다.

다음날 도서실에서 『앙티곤』을 찾아 훑어보다가 코러스의 대사 중 지금 상황에 딱 맞는 말을 찾아냈다. 자신이 옳다는 생각에 의기양양해서 아이처럼 고집을 부리던 안티고네는 자신을 국가기관의 손에 넘기라고 삼촌 크레온에게 강요한다. 그녀의 요구를 들어준다면, 그는 결국 그녀를 교수형에 처해야 하는 입장이 될 것이다. 그러나 그는 속임수나 막후 거래를 통해 어떻게든 그녀를 구해낼 수 있다는 희망을 버리지 않는다. 이런 상황을 곰곰이 생각하면서 그는 무대에서 퇴장한다. 조명이 켜지고 코러스—이 작품에서는 배우 한 명이 코러스 역할을 맡는다—가 무대 앞쪽으로 나와 다음과 같이 선언한다.

나머지 이야기는 자동적으로 진행됩니다. 손가락 하나 까딱할 필요가 없죠. 국가기관이라는 기계는 완벽하게 작동하고 있습니다. 태초부터 기름칠을 잘 해두었거든요. 그래서 전혀 삐걱거리지도 않고 잘 돌아갑니다. 죽음, 반역, 슬픔이 다가오고 있습니다. 폭풍, 눈물, 적막의 뒤를 따라서……. 군중이 포효하며 승자에게 환호를 보낼 때 당신의 내면에 침묵이 자리를 잡습니다. 사람들이 입을 벌리고 있으나 아무런 소리도 나오지 않는 무성영화처럼, 그림 속의 아우성처럼. 승자인 당신은 자신의 침묵이라는 사막에서 홀로 정복당했습니다. 그것이 비극이죠.

집에 돌아와서 나는 구치소에서 겪은 일들을 글로 옮기는 데 몰두했다. 내가 생각해낼 수 있는 일, 내가 하고 싶은 일은 그것뿐이었다. 지난 몇 달 동안 글쓰기에 별로 관심을 기울이지 않았지만 3월이 다가올 무렵 나는 다시 예전에 쓴 구치소 일기들을 자세히 훑어보고, 그 의미를 추측해 보았다. 이제 어떤 테마가 그 안에 어른거리는 것이 보였다. 나는 내 눈에 보이는 것을 기록했다. 할 말이 없을 때도 컴퓨터 파일과 종이를 메모로 가득 채우며 정신이 멍해질 때까지 글을 썼다. 글쓰기가 끝나면 침대에 누워 완전히 다른 세상에서 침대로 기어 들어가는 재소자들을 생각했다. 아침에 일어나 보면 난해한 한 문단의 글이 컴퓨터 모니터를 채우고 있었다. 그리고 그 글의 끝에는 내 여자 친구의 메모가 붙어 있었다.

"넌 제정신이 아니야."

파커와 털로치의 삶, 아니 내 학생들의 삶 역시 지도를 동원해야만 해석이 가능했다. 그것은 신기하고 창의적인 지도가 될 것이다. 아이들이 자기들만의 신기하고 창의적인 세상에서 살고 있으니까. 파커-털로치 지도는 첼시 근처의 풍경을 복잡한 돋을새김으로 표현하게 될 것이다. 그리고 사람이 오를 수 있는 바위들이 특별히 강조될 것이다. 그 지도에는 아무도, 심지어 이 지역에서 활동하는 사냥꾼과 스노모빌 운전수와 지주들조차 알지 못하는 접근로, 지름길, 서늘한 망루 등이 표시될 것이다. 원한다면 오솔길 옆 어딘가에 수액 채취통 마개를 그려 넣을 수도 있다. 그 마개는 거대한 단풍나무 껍질 밖으로 위험하게 튀어나와 있을 것이다. 털로치는 살인 사건 직후에 그런 마개 옆을 지나갔다고 말했다.

레어드가 상상하는 세상에서 모든 길은 집으로 통하는 것 같았다. 그는 살인을 저지르기 전 1년 동안 기숙학교를 떠나 집으로 오고 싶다며 부모들과 협상을 벌였다. "열여덟 살이 될 때까지는 안 돼." 아버지가 말했다. 1999년 12월에 레어드는 크리스마스 휴가를 맞아 굴드를 떠났다. 이번에 집에 가면 다시는 그곳으로 돌아가지 않을 작정이었다. 웨스트 윈저에서 부모에게 총을 쏘았던 날, 그는 부모가 잠들 때까지 기다렸다가 부모의 차와 엽총을 챙겨 데스티니라는 나이트클럽으로 갔다. 그리고 그곳에서 또 다른 파티 장소로 이동했지만, 결국은 술에 취한 채 차와 총을 다시 집으로 가지고 왔다. 불행한 열일곱 살 소년의 위험한 변덕도 함께. 그는 총을 등 뒤에 감추고 현관문을 열었다. 어머니가 그곳에 서 있었다. 그가 차를 훔쳐간 것 때문에 화를 내면서. 그녀는 그를 호되게 꾸짖을 생각이었다.

버몬트 주 지도 위에 종이를 놓고 몇 가지 스케치를 하다 보니 파커와 털로치의 행적에서도 비슷한 유형이 드러날지 궁금해졌다. 그들은 2001년 1월 27일 오전에 집에서 나왔다. 경찰이 수집한 증거 — 발자국, 지문, 칼집 — 를 보면, 그들이 사건 현장에 있었다는 것을 알 수 있다. 잠시 후 두 아이는 집으로 돌아왔다. 틀림없이 피에 흠뻑 젖은 모습이었을 것이다. 얼마나 악몽 같은 몰골이었을까. 두 아이는 며칠 뒤 다시 집을 떠났다. 만약 그들이 정말로 케루악처럼 여행을 떠나고 싶다는 충동을 느꼈다면, 세인트루이스를 지나 계속 앞으로 나아가도 상관없었을 것이다. 하지만 그들은 집으로 돌아왔다. 자신들이 뭔가 운명적인 것을 매달고 돌아간다는 사실을 어렴풋이 짐작하고 있었을 텐데도. 그들은 이렇게 집을 나갔다가 다시 돌아오기를 한 번 더 반복했다. 마지막으로 집을 떠났을 때, 그들은 한밤중에 집을 나가 경찰이 제공한 비행기를 타고 돌아왔다. 전국의 언론매체 기자들이 활주로에 모여 사진을 찍어대며 커다란 소리로 질문을 던졌다. 부모들은 말을 잃은 채 텔레비전을 지켜보았다. 사악한 아이들이 눈을 내리깔고 사슬에 묶여 걸어가고 있었다. 그들은 고향으로 돌아왔지만 이미 비밀이 탄로 난 후였다. 그들의 신원도 낱낱이 드러났다. 만약 그 아이들이 부모에게 뭔가 뜻을 전달하고 싶어서 그런 짓을 벌인 거라면 확실한 효과를 거둔 셈이었다. 부모들이 그런 모습을 놓쳤을 리가 없으니까. 하지만 그들은 왜 정상적인 십 대들처럼 부모와 결판을 내지 않았을까? 흙투성이 장화를 신은 채로 거실로 뛰어 들어가 부모에게 꺼지라고 말하고는 차를 훔쳐 가출할 수도 있었을 텐데. 가정의 단란함을 깨뜨리거나, 자신이 도저히 통제할 수 없는 새로운 인간으로 변했음을 알리는 데는 그런 방법으로도 충분했을 것이다. 그건 정말이지 유서 깊은 방법이었다.

나는 뉴스에 등장한 사람들과 접촉을 시도한 적이 한 번도 없었지만, 그해 봄에는 로버트 털로치를 만나고 싶었다. 사진을 보면 그는 파커보다 더 약삭빠르고, 자의식이 더 강해 보였다. 분명 그가 파커에게 대장 노릇을 했을 것이다. 보도에 의하면 그에게 여자 친구가 있었다. 그의 가정환경은 분명 파커만큼 좋지 않았다. 그의 부모는 그에게 차를 사주지 않았고, 낡은 집에서 살고 있었으며, 체포된 뒤 개인 변호사도 선임하지 못했다. 게다가 나이가 열일곱 살이었기 때문에 자동적으로 성인 재판에 회부되었고, 성인 감옥에 수감되었다.

막상 그를 만나더라도 무엇을 어떻게 해야겠다는 분명한 생각은 없었다. 책을 몇 권 빌려주거나, 일주일에 한 번씩 편지를 보내거나, 수감된 처음 1년 동안 감옥 생활을 잘할 수 있게 도와주겠다는 생각 정도였다. 감옥에 한동안 있어본 사람이라면 모두 알고 있겠지만, 수감된 후 처음 1년이 가장 견디기 힘들다. 언론의 관심이 사그라진 후 나는 레어드나 우드스턱의 다른 아이들에게 했던 것처럼 그의 주위를 맴돌며 편지를 쓰거나 면회를 가는 사람이 되고 싶었다. 그래서 나는 털로치에게 다음과 같은 내용의 편지를 여러 번 보냈다.

로버트에게

네가 버몬트에서 몹시 지루해했으며 싫증을 내고 있었다는 얘기를 신문에서 많이 읽었다. 하지만 왠지 내 생각에는 아이들이 자기 고향에 대해 그렇게 단순한 감정만 가지고 있을 것 같지 않구나. 버몬트에는 분명히 좋은 점이 있고, 나쁜 점도 있지. 네가 첼시를 떠났다가 다시 돌아온 것에 대해 나한테 얘기해주지 않겠니? 버몬트에서 무엇을 하며 놀고, 어떻게 공부했는지도.

난 지난주에 자전거를 타고 첼시에 갔었다. 유모차를 밀며 110번 도로를 걸어가는 여자들을 보았지. 운동 삼아 하는 일인 거 같았어. 운동장에서 소프트

볼을 하는 아이들도 보았다. 내가 첼시에 간 건 저녁때였어. 저녁식사를 마치고 산책을 나온 노부부도 길에서 보았지. 중심가의 상점에는 십 대 여자 아이들이 모여서 커다란 소리로 떠들고 있더구나. 개에게 고함을 지르는 노인도 있었고. 그 개는 트럭의 운전석 쪽에 갇혀 있었는데 행인들을 향해 발광하고 있었어.

첼시에 있는 동안 내내 나는 이런 마을에서 자라는 것이 어떤 것일까 생각했다. 우드스턱은 첼시와 다르거든. 솔직히 말해서 너와 이런 것들에 대해 얘기를 나눌 수 있다면 기쁘겠다. 똑똑한 아이가 — 신문에서 너더러 똑똑한 아이라고 하더구나. 나도 그 말을 믿어 — 어떻게 해서 감옥에 갇히게 됐는지에 대해서도 관심이 가고. 나는 우드스턱 구치소에서 재소자들을 가르치고 있는데, 여기에도 너와 비슷한 학생들이 몇 명 있단다.

네가 나와 만나겠다는 뜻을 편지로 알려주면 면회할 수 있도록 당국의 허가를 받으마. 네가 날 만나고 나서 무슨 이유에서든 그런 만남이 아무 소용없다고 생각한다 해도 나는 네 심정을 이해할 거야. 그러니 네 반응 때문에 내가 널 원망하는 일은 없을 거야. 감옥 생활이 네게 힘들지 않았으면 좋겠다.

테오.

털로치에게서는 아무 반응이 없었다.

17. 로버트와 지미

나는 몬트필리어에서 온 사진기자가 찍은 로버트 털로치와 지미 파커의 사진이 중요한 증거라고 생각했다. 잔톱 부부가 살해당하기 10개월 전인 2000년 5월에 첼시에서 열린 뗏목 경주(참가자들이 직접 뗏목을 만들어 물에 잘 뜨는지 시합하는 대회)에는 지방 언론매체의 기자들이 많이 나와 있었다. 당시 여기저기 신문에 그 대회에 관한 기사와 사진들이 실렸는데, 그 사진들 중 하나가 나중에 다시 신문에 등장했다.

내 시선을 사로잡은 그 사진에는 화창한 봄날에 화이트리버의 첫 번째 지류에서 자신들이 만든 뗏목을 띄우려고 나온 첼시의 청소년들, 히피들, 스키광들이 있었다. 어린 아이들 사이사이에 산악자전거가 흩어져 있고 뒤쪽에는 부모들 몇 명이 서 있는데, 그 중에는 걱정스러운 표정을 짓고 있는 지미의 아버지, 존 파커의 모습도 보였다. 원래 첫 번째 지류는 개울에 불과하지만 5월 초에는 물살이 거세게 바위들을 타고 넘어 교각에 부딪친다. 사진 속에서 털로치는 선장으로서 뗏목을 물가를 향해 잡아끌고 있었다. 그는 마치 출발하기 전에 사람들의 모습을 머릿속에 새겨두려는 듯이 고개를 들어 뒤에 모여 있는 사람들을 바라보고 있었다. 파커는 자기 아버지처럼 약간 걱정스러운 표정으로 뗏목의 고물 쪽에 웅크리고 있었다. 그가 이맛살을 찌푸려 곤혹스럽고 걱정스러운 표정을 짓고 있기 때문에 털로치의 편안하고 침착한 모습이 유난히 대담하게 보였다. 물론 두 아이의 시선 속에는 악의나 범죄의 흔적이 전혀 없었다. 나중에 밝혀진 바에 따르면, 이 사진이 찍힌 2000년 5월에 두 아이는 이미 돈을 마련하기 위해 범죄를 계획하고 있었다.

2001년 12월 18일이라는 날짜가 박혀 있는 350쪽 분량의 기록「잔톱 살인 사건에 관하여In Re: Zantop Homicides」에서 파커는 뉴햄프셔 주의 켈리 에이요트 검사에게 자신이 살인을 저지르게 된 원인을 얘기했다. 그는 뗏목 경주대회가 열린 후 몇 달이 지난 2000년 여름과 가을에 털로치와 함께 사람들을 납치해서 묻어버리거나 은행을 털 생각을 했으며, 한 번은 캠핑카 옆에 서 있던 두 사람을 돌멩이로 공격할 생각도 해보았다고 말했다. 왜 그런 생각을 했을까? 표면상의 이유는 오스트레일리아 여행을 위해 돈이 필요하다는 것이었다.

에이요트는 그 아이들이 무슨 생각으로, 또는 어떤 상황에서 그런 범죄를 꾸몄는지 알아보기 위해 파커에게 털로치와의 우정에 대한 질문을 던졌다. 두 사람이 함께 지내면서 어느 시점부터 의식적으로 범죄를 생각하게 된 걸까? 파커도 이미 그 문제를 생각해 본 모양이었다. 그는 즉시 질문과 전혀 상관없어 보이는 얘기로 답변을 대신했다. 그는 살인을 저지르기 18개월 전부터 범죄를 생각했다. 속이 상해서 그런 것도 아니고, 세상을 경멸해서 그런 것도 아니고, 복수하고 싶은 마음에 그런 것도 아니었다. 그저 첼시 외곽에 있는 채석장에서 그런 생각이 떠올랐을 뿐이다. 그 채석장이 집과 학교 사이에 있었기 때문에 그는 매일 그 앞을 지나다녔다. 하지만 그곳을 탐험한 적은 없었다. 열여섯 살 생일 직전에 로버트와 함께 도보여행을 하기 전까지는.

이유는 알 수 없지만, 두 아이가 사람을 죽일 수도 있다고 생각한 것은 바로 채석장에서였다. 어쨌든 파커는 그곳에서 살인을 생각했다. 유죄를 인정하는 대가로 형량을 협상하기 위한 면담에서 에이요트는 이렇게 물었다.

"너희들 다른 계획에 대해서도 얘기했니?"

파커: 음, 중요한 건, 그러니까 살인과 관련해서 중요한 건, 우리가 1999년 봄에 우리 집 앞의 먼지 나는 후크 로드 끝에서 차에서 내렸다는 거예요. 어머니가 운전을 하고 있었던 걸로 봐서 제가 아직 운전을 해도 좋다고 허락받지 못했을 때일 거예요. 그러니까 아마 1999년 5월 24일 이전일 거예요. 하지만 확실치는 않아요. 음, 그 위쪽에 제가 한 번도 자세히 살펴보지 않은 채석장이 몇 곳 있었어요. 우리는 거기로 올라가서 둘러봤어요. 커다란 바위 같은 데 올라가서 놀기도 하다가 그냥 걸어서 돌아왔어요. 도로까지의 거리가 3킬로미터쯤 되었는데, 거길 걷는 동안 로버트가 이런 얘길 했어요. 걔가 왜 그런 생각을 했는지 모르겠지만, 어쨌든…… 있지, 우리 차를 훔쳐서 신나게 타고 다니가…….

그러니까 두 아이가 채석장에서 집으로 돌아오는 길에 그 생각이 떠올랐다는 얘기였다. 그 다음에 실려 있는 파커의 증언을 읽어보면 조금 가슴이 아프다. 두 아이는 그후 몇 달 동안 여러 채석장에 들렀으며, 그 중 한 곳에서 트럭을 훔쳤다. 트럭을 몰다가 하마터면 절벽 아래로 떨어질 뻔하기도 했지만, 나중을 위해 그 트럭을 가지고 있기로 했다. 그들은 계곡 아래의 마을에서 자동차를 훔쳐 산속에서 신나게 몰고 다니다가 채석장을 흐르는 개울 속에 돌멩이처럼 던져버릴 생각을 하기도 했다. 그런데 어느 날 그냥 채석장으로 도망칠 것이 아니라 수백 마일 떨어진 먼 곳으로 도망치자는 생각을 하게 됐다. 어디로 갈지 구체적으로 생각하지는 않았지만, 일단은 도망칠 돈이 없다는 데에 생각이 닿았다.

그들은 돈을 마련하기 위해 도둑질을 하기로 했다. 그리고 도둑질을 하다가 잡히지 않으려면 피해자들을 제압해야 한다는 결론을 내렸다. 또한 범행을 은폐하기 위해 피해자를 죽여 땅에 묻어버리기로 했다. 그렇게 시작된 범행 계획은 점점 구체화되었다. 그들은 시체를 담을 검은 비닐봉지와 수갑 대용으로 사용할 플라스틱 끈을 준비했다. 그리고 자기들이 죽이기로 한 사람의 집 근처에 무덤을 팠다. 칼도 샀다. 그들은 닌자 스타일의 검은 옷을 차려입고 잘사는 것처럼 보이는 집 주위를 서성거렸다. 털로치가 주변 상황을 메모했다. 두 사람은 집주인이 퇴근해서 돌아올 때 덮칠 생각이었다. 집주인을 붙잡아서 안으로 끌고 들어가 돈과 신용카드를 빼앗는다는 계획이었다. 하지만 곧 새로운 아이디어가 떠올랐다. 근처의 사립학교인 마운틴 학교 학생들인 척하면서 환경 문제에 관심이 있다며 집주인에게 접근하자는 계획이었다. 두 사람은 우선 집주인에게 설문조사서를 내민 다음 미리 정한 신호에 따라 범행을 저지르기로 했다. 파커가 "물 한 잔 마실 수 있을까요?"라고 묻는 것이 신호였다. 이 신호와 함께 두 아이는 칼을 꺼내 집주인을 죽일 계획이었다. 지미 파커는 켈리 에이요트와의 면담에서 잔톱 부부의 집 안에 들어간 뒤의 일을 설명했다.

파커: 로버트가 설문조사를 핑계로 질문을 하고 제가 답을 받아 적었어요. 저도 질문을 몇 개 던졌던 것 같기도 해요. 그러다가 음, 그냥 이대로 인터뷰를 끝내는 건가, 뭐 그런 생각이 들었어요. 이 사람은 괜찮은 것 같으니까 죽이지 않아도 되겠다, 뭐 그런 생각이요. 그런데 이제 그만 갈까 하던 참에 그 사람이 뭐라고 말을 했어요. 우리더러 준비를 더 해야겠다느니, 준비가 전혀 안 돼 있

다느니 하면서요. 어쨌든 우리는 처음부터 그 설문조사를 다 끝낼 생각이 없었는데 말이에요.

에이요트: 해프가 그런 말을 한 거야?

파커: 예.

에이요트: 그 사람이 그 말을 하고 나서 어떻게 됐지?

파커: ……그 사람은 그 걸로 끝장난 거나 다름없었어요. 우린 그냥 설문조사를 잘하는 법에 대해 얘기하고 있었는데, 그 사람이, 음, 이런 말을 했어요. "너희가 설문조사를 할 수 있게 너희 집 근처에 사는 친구 전화번호를 가르쳐주마." 그 사람이 컴퓨터로 전화번호를 찾아봤는지 어쨌는지는 잘 모르겠는데, 어쨌든 번호를 못 찾았어요. 컴퓨터말고 다른 데도 찾아봤던 것 같기도 한데, 잘 기억이 안 나요. 하지만 그 사람이 지갑을 꺼낸 건 분명히 기억나요. 아마 명함이나 뭐 그런 걸 꺼내려고 했겠죠. 그 사람이 지갑을 열고 안을 살펴보는데 거기 돈이 엄청 많이 있는 것 같더라고요. 그래서, 그때인지 아니면 그 사람이 뭔가를 찾고 있을 때인지 잘 모르겠는데, 로버트가 나한테서 배낭을 가져갔어요. 아, 그래, 이제 시작이구나 싶었죠. 로버트가 칼을 꺼냈어요. 그 사람은 여전히 자기 지갑을 살펴보고 있었고, 로버트가 달려들었어요. 해프는 실제로 칼에 찔릴 때까지 전혀 눈치 못 챘을 거예요. 로버트가 그 사람한테 달려들어서, 음, 그 사람을 뒤로 밀어붙였는데, 컴퓨터 왼쪽에 책꽂이 같은 게 있었어요. 음, 그래서 로버트가, 음, 그 사람 위에 올라타듯이 해서 가슴을 찔렀어요. 그 사람은 진짜로 끔찍하게 비명을 질러댔고요.

에이요트: 해프가?

파커: 예. 로버트는 아무 말도 안 했어요. 그냥 그 사람한테 달려들어서 바닥으로 넘어뜨렸죠. 서류인지 뭔지가 떨어졌고 그 사람이 그 위에 쓰러졌어요. 로버트가 그 사람을 칼로 찌르고 있는데, 음, 부인이 달려와서 방문을 열었어요. 언제인지 모르지만 저도 칼을 쥐고 있었어요. 확실하지는 않은데 아마

비명을 들은 다음일 거예요. 제가 칼을 쥐고 있는데 여자가 들어와서, 음, 남편한테 달려들었어요. 바닥에서 남편하고 싸우는 것처럼. 뭐, 몸싸움 같은 건 아니고요, 그냥 남편 다리인지 로버트의 다리인지를 죽어라 붙들고 늘어진 거예요. 그러면서 독일어로 뭐라고 소리를 질렀어요. 제가 왼손으로 그 여자의 어깨를 붙잡고 들어 올려서 입 닥치라고 했어요. 로버트는 그 남자를 계속 칼로 찌르고 있었던 것 같아요. 모든 일이 너무 빨리 일어났어요. 음, 로버트가 칼부림을 멈추고 저를 바라봤어요. 그런데 로버트가 그 여자 목을 그으라고 하더라고요. 저는 잠깐 멈칫하다가 그 여자 목을 긋고 손을 놔버렸어요. 그 여자가 그냥 바닥으로 쓰러지게.

에이요트: 그 다음에는 어떻게 했지?

파커: 이번에는 로버트가 해프의 목을 그었던 것 같아요. 그 사람은 이미 죽었는데. 어쨌든 로버트가 나중에 저한테 해준 얘기로는 그래요. 여기서부터 일이 꼬였어요.

에이요트: 그 다음에는 뭘 했지?

파커: 기억 안나요.

내가 우드스턱에서 가르쳤던 아이들은 수단과 방법을 가리지 않고 도덕적인 진공 상태로 빠져들었다. 채석장이 파커와 털로치를 그런 진공 상태로 이끌었다면 우드스턱의 아이들에게는 감옥이 그랬다. 우드스턱의 아이들 중 일부는 열일곱 살 때 그 안에 몇 주나 몇 달 내던져졌다가 석방되고 나서 범죄에 대해 더 진지한 관심을 보이기 시작했다. 또 다른 아이들은 누군가의 범죄 현장을 통해 도덕적 진공 상태에 발을 들여놓았다. 시체를 보거나, 깨진 창문을 보거나, 예술품이 가득 찬 빈 집에 들어갔던 경험이 계기가 된 것이다. 누군가가 완벽하게 도둑질을 끝내는 장면을 보고 범죄의 길로 들어선 아이들도 있었다. 그런 광경을 보고 나면 주인이 떠난 별장들이 모두 피난처처럼 보였다.

구치소에서 학생들을 가르치는 동안 나는 그들이 그런 빈 집에서 무슨 짓을 하는지에 관해 많은 얘기를 들었다. 당연히 섹스와 마약과 록 음악을 즐길 수 있었다. 또한 과격하고 폭력적인 일탈 행위가 벌어지기도 했다. 위험한 힘의 지배를 받게 될 수도 있고, 상황에 따라서는 다른 사람의 공격을 받을 수도 있었다. 어쨌든 그곳은 정상적인 생활과는 완전히 단절된 세계였다. 주위에 책임 있는 어른이 한 명도 없었으므로, 무슨 짓을 하든 혼날 걱정이 없었다. 모든 것이 허용되었다. 그 어느 것도 그 세계를 정상적으로 돌려놓지 못했다.

18. 책

2001년 4월, 내 수업은 일주일에 한 번으로 줄어들었다. 나는 그동안 쓴 구치소 일기와 신문기사 스크랩을 훑어보며 책 저술 제안서를 작성했다.

내 학생들 중 나이가 어린 아이들은 좌절한 여행자 같다. 윌은 편의점에서 강도짓을 했고, 러셀은 자신이 다니는 고등학교의 구내식당 식탁 위에 올라가 총을 흔들어대다가 학교 앞의 도로로 나와 차를 얻어 타려 했다. 그가 어디로 갈 생각이었는지는 아무도 모른다. 프렌치는 집 없이 떠도는 여자 아이를 납치해 버몬트 주의 월마트 상점들을 돌아다녔다. 무슨 범죄를 저질렀든 그들은 영화 속의 대담한 주인공들처럼 과거와의 고리를 끊고 큰길로 나와 어디론가 떠나려 했다. 그리고 경찰에 체포되었다. 그들은 「매드 맥스」, 「터미네이터 2」, 「미래의 묵시록The stand」에 나오는 대로변의 초라한 마을, 끔찍한 재앙을 겪은 후 모든 주민들이 동등해진 마을이 바로 자신들의 목적지라고 조금은 믿고 있었다. 그리고 감옥이야말로 그런 공동체를 찾을 수 있는 곳이라고 믿었다. 내 학생들 중에는 자살 충동을 느끼는 사람들이 많으며, 영화 속 주인공들처럼 모든 것이 끝난 후의 세상과 만날 준비를 하고 있다.

구치소 교실에서 학생들, 특히 십 대들은 자신들이 시골을 여행하는 운명을 타고났다고 생각한다. 그들은 자유를 침해하는 모든 사람에게 벌을 내리며,

강압적인 기관들—경찰, 은행, 학교—을 원칙에 따라 공격하는 텔레비전 속의 인물들을 자신들의 영적인 동지라고 생각한다.

내 교실 안에는 묵시록 같은 분위기가 강하게 흐른다. 학생들은 플래너리 오코너와 데니스 존슨의 작품에 나오는 풍경이 근처의 숲들을 어느 정도 정확히 묘사하고 있다고 생각한다. 그들은 엄청난 학살 사건이 일어난 것처럼 하늘을 붉게 물들이는 석양과 피를 뚝뚝 떨어뜨리는 새들을 보았거나, 보고 싶어 한다. 나는 때로 학생들이 이런 묵시록에 의해 하나가 된 신자들이 아닐까 생각한다. 그들은 마치 늦은 밤에는 그 어느 것도 문제가 되지 않는 것처럼 행동한다. 그들이 아무 목적도 희망도 없이 아무렇게나 강도짓을 저지르고 살인을 하는 것은 종말을 앞당기기 위해서이다. 그들은 종말이 그리 멀지 않았다고 생각하고 그런 믿음에서 범죄를 저지른다. 그들은 버몬트 주의 초라한 일상을 뛰어넘겠다는 종교적인 황홀경에 빠진 듯하다. 그들은 책이나 텔레비전에서 본 이상적인 곳에 가고 싶어 한다. 영화는 학생들을 단합시키는 힘을 발휘한다. 나이가 몇 살이든 「택시 드라이버」에서 트래비스 비클이 큰 비를 예언하며 그 비가 더러운 거리를 깨끗이 씻어줄 거라고 장담하는 부분에 감탄한다. 종말이 임박했다고 주장하는 다른 영화들도 인기가 좋다. 「매드 맥스」 시리즈, 「터미네이터」 시리즈, 「블레이드 러너Blade Runner」.

학생들은 그 어느 때보다 권태에 빠져 있으며, 어떤 재앙이라도 일어나 감옥을 휩쓸어주기를 학수고대하고 있다. 그들은 새로운 천 년, 질병, 테러 등 종말의 징조에서 희망을 이끌어낸다.

내 학생들은 자기들이 저지른 사건 기사들을 홀린 듯이 들여다본다. 신문들은 그들이 저지른 살인 사건들을 '무분별하다' '무의미하다' '아무 동기도 없다' 고 묘사한다. 십 대 범죄자들은 기자들에게 차갑고 소원한 태도를 취하지만, 카메라와 신문기사들은 그들이 저지른 범죄의 세세한 점들을 항상 집중적으로 다룬다. 마치 거기에 무슨 의미라도 있는 것처럼. 그래서 항상 범죄 현장은 화려하고 매혹적으로 묘사되며, 범죄의 주인공은 신비로운 인물이 된다. 사건의 맥락은 전혀 소개되지 않는다. 영리한 십 대 범죄자들은 그 점을 높이 평가한다. 텔레비전을 많이 보는 그들은 사악한 사회와 거기에 맞서는 천재라는 이야기 구도를 금방 알아차린다. 그들은 사건의 단서들을 찾아 이리저리 헤매는 기자들을 보며 기뻐한다. 기자들은 유용한 존재이다. 그들의 올바른 이미지를 널리 퍼뜨리는 데 도움이 되니까.

제안서 작성을 거의 마쳤을 무렵, 내 도움이 더 이상 필요하지 않을 것 같다는 짐의 전화를 받았다.

19. 나의 탈출

2001년 4월의 어느 날, 들판에 쌓인 눈이 녹아가고 있을 무렵, 내가 감명 깊게 읽은 글의 저자이자 라디오 논평가인 론 파워즈에게 편지를 보냈다. 그 편지에서 나는 예전에 미들베리에서 그를 만난 적이 있으며, 우드스턱 구치소에서 일하는 동안 그의 아들과 같이 굴드 아카데미에 다녔던 재소자 레어드 스태너드와 함께 그의 라디오 논평에 대해 얘기한 적이 있다고 말했다. 나는 미들베리에서 그와 나눈 대화를 상기시켰다. 그때 내가 작가가 되고 싶은데 무슨 주제로 글을 써야 할지 모르겠다고 하자 파워즈는 이렇게 말했다.

"주제를 찾다보면 저절로 주제가 떠오를 겁니다."

편지에서 나는 내가 쓰고 있는 글을 좀 봐주실 수 있겠느냐고 물었다. 그리고 그동안 써온 구치소 일기와 저술 제안서의 일부를 함께 보내겠다고 덧붙였다. 놀랍게도 며칠 뒤 내게 출판 대리인이 생겼고, 그로부터 얼마 지나지 않아 뉴욕에서 여러 출판사 사람들과 만날 약속이 잡혔다. 처음 출판사 사람을 만나러 갈 때 나는 너무 긴장한 나머지 엘리베이터 안에서 몸을 부들부들 떨었다.

여러 편집자들을 상대로 내가 쓰고 싶은 글이 어떤 것인지 설명했다. 나는 자신만만하게 책을 완성할 수 있다고 말했고, 그들이 시간이 얼마나 걸리느냐고 물었을 때 아무렇게나 생각나는 숫자를 대답했다.

나중에 맨해튼 남쪽 거리를 돌아다니고 있을 때 내 인생이 곧 극적으로 바뀔지도 모른다는 생각이 들었다. 마치 법을 피해 도망 다니는 도망자가 된 것 같았다. 뭔가 사고를 쳤다는 느낌, 그것이 남에게 피해를 입힐지도 모른다는 느낌이 들어 그 일을 없던 일로 되돌리고 싶었다. 하지만 좀 흥분되기도 했다. 이 모든 일은 내가 의도적으로 진행한 것이고, 내 인생을 바꾸고 싶은 생각도 있었으니까. 하지만 내 인생이 구체적으로 어떻게 바뀌게 될지, 그것을 위해 내가 무엇을 해야 하는 건지는 생각해 본 적이 없었다. 마치 가지 말아야 할 곳에 발을 들여놓은 듯 모든 것이 낯설었다. 무엇보다 죄책감과 두려움은 내가 미처 예상하지 못한 감정이었다.

뉴욕 거리를 헤매다 사촌 코니의 집으로 돌아왔을 때, 그녀의 남편인 버니가 휘둥그레 한 눈으로 문을 열어주었다.

"대리인한테 전화해 봐요, 당장."

그가 말했다.

"알았어요."

나는 이렇게 말하고 나서 복도를 걸어갔다. 전화가 있는 곳과는 반대 방향을 향해. 버니가 내 뒤를 따라오며 말했다.

"대리인한테 전화하라니까요."

결국 나는 전화를 걸었다. 내 출판 대리인인 짐 혼피셔는 내가 오늘 무슨 짓을 했는지 잘 모르겠지만, 내일 다른 출판사 사람들을 만날 때에도 똑같이 행동하라고 말했다. 아, 젠장, 젠장.

다음날 만난 사람들은 모두 따뜻하고 친절했다. 회의도 잘 끝냈다. 저녁에 대리인이 다시 전화를 걸어 나더러 잘했다면서 이렇게 일이 잘 풀린다면 정말로 책을 쓸 수 있게 될 거라고 말했다. 돈도 받을 수 있을까요? 그럼요. 그가 장담했다.

그날 밤, 잠이 오지 않았다. 머릿속은 나를 뉴욕까지 오게 한 레어드와 다른 재소자들 생각으로 가득 차 있었다. 이곳이 내게 얼마나 낯선지, 그들에게는 또 얼마나 낯설지. 만약 우리가 지금 이곳에 함께 있다면 휘둥그레 한 눈으로 두리번거리는 시골뜨기 관광객처럼 보일 것이다. 하지만 우리가 함께 있다는 것만으로도 기쁠 것이다.

그 아이들이 저지른 짓들이 내게 일종의 호의가 됐다는 생각이 머릿속을 떠나지 않았다. 내 앞에 놓인 엄청난 기회 앞에서 나는 망설이고 있었다.

버몬트로 돌아오자마자 레어드가 있는 주립교도소를 찾아갔다.

"방금 뉴욕에서 돌아왔어."

내가 말했다.

"그 책을 쓸 거야."

다른 재소자들처럼 까슬까슬하게 머리카락이 잘린 레어드가 미소를 지었다. 세인트존즈베리에 있을 때 일부 교도관들이 생소한 그의 이름에 자음을 몇 개 더 집어넣었다. 그래서 재소자 명부를 읽는 데 익숙하지 않은 교도관들에게 그는 래리 스탠더드가 되었다. 교도소에서 18개월간 성장기를 보내며 얼굴에 통통하게 살이 오른 그는 이제 래리 스탠더드가 되어 있었다. 상냥하지만 공허한 눈빛을 가진 사람.

"그 책 기억나? 너와 다른 사람들 얘기를 쓰겠다고 했던 거."

나는 그 책을 벌써 상당히 많이 썼다고 말해주었다.

"잘됐네요. 굉장해요."

"출판사와 계약도 맺었어. 이제 정식으로 책을 쓰는 거야."

"그래요? 어느 출판사요?"

"뉴욕에 있는 미라맥스. 영화사도 같이 하는 출판사야."

"굉장해요."

그가 말했다. 하지만 정말로 굉장하다고 생각하는 것 같지는 않았다. 그는 고개를 끄덕이며 손가락으로 자신의 재소자 신분증을 만지작거리고 있었다. 그가 내게 예의바르게 몇 마디 축하의 말을 해주고 나서 우리는 다른 화제로 옮겨갔다. 하지만 말을 하는 동안 그의 표정은 점점 침울해졌다. 20분이 지나자 그는 더 이상 우울한 표정을 숨기려 하지 않았다. 예전에도 그런 표정을 본 적이 있다. 그의 표정은 이렇게 말하고 있었다. "와줘서 고마워요, 테오. 하루하루가 똑같은 이곳에서 면회가 큰 변화이긴 하지만 이제 그만 감방으로 돌아가고 싶어요."

"제 영화 판권 계약도 계속 진행 중이에요."

그가 면회실 탁자를 바라보며 말했다.

"잘됐네."

잠시 침묵이 흘렀다. 그는 연필로 면회실 탁자를 톡톡 두드리며 자신의 신분증을 만지작거렸고, 나는 주머니 속에 들어 있는 방문자용 사물함 열쇠를 만지작거렸다. 면회실을 감시하는 교도관은 명상에 잠기듯 정신을 집중하는 방문자들을 특별히 주의 깊게 바라보곤 한다. 침묵은 뭔가 음모가 꾸며지고 있다는 조짐일 수 있다. 재소자와 방문자가 탁자 밑에서 마리화나를 주고받거나, 마약 봉지를 발가락으로 쥐고 상대의 신발 밑에 떨어뜨려줄 수도 있다. 그런 사고를 치는 녀석들은 선불교 수행자들처럼 앉아서 내면의 리듬에 맞춰 손가락을 톡톡 두드린다. 나와 레어드의 모습이 그런 사람들처럼 보였는지도 모른다. 교도관의 시선이 우리에게 향하는 것이 느껴졌다.

우리는 우드스탁 사람들에 대해 몇 분 동안 더 얘기를 나눴다. 그들 중에는 레어드처럼 뉴포트로 이감된 사람도 있었고, 이미 버지니아로 이감된 사람도 있었다. 레어드의 말수가 점점 줄어들면서, 그의 침묵이 더욱 부담스러워졌다. 나는 그가 다시 침묵했을 때 의자를 밀치며 일어나 그를 안아주었다. 그리고 기운 내라고 말한 다음 그곳을 떠났다.

그냥 면회를 온 사람이라면 언제든 감옥을 떠날 수 있다. 교도관과 눈을 한 번 마주치고 문 앞에 서 있다가 문에서 지직 소리가 나면 열고 나가면 된다.

윌과 팀, 조도 레어드처럼 당혹스러워했다. 그들은 나를 축하해주며 미소 지었지만 나는 그들의 미소 속에서 무관심을 읽을 수 있었다. 나도 당혹스러웠다. 내가 빨리 가주기를 바라는 그들의 마음을 충분히 이해할 수 있었다.

"내가 책을 쓰겠다고 했던 거 기억나? 네가 감옥 안의 교육에 대해 많이 쓰라고 했었지. 네 말대로 할 거야."

내가 윌에게 말했다. 나는 그가 터무니없는 얘기들을 늘어놓기는 하지만 사실은 아주 똑똑한 아이라는 얘기도 쓸 거라고 말했다.

"그래, 잘해 봐."

그가 말했다.

"그건 그렇고, 난 이제 아이가 아니야."

얘기를 나누는 동안 윌은 매력적인 표정을 짓지도 않았고, 얘기를 더 해보라며 나를 다그치지도 않았다. 책의 구성에 대해 나와 얘기하려고도 하지 않았다. 그는 사우스캐롤라이나 감옥으로 이감되기 위해 계획을 꾸미는 중이라고 말했다. 거기서는 가석방 허가를 훨씬 쉽게 받을 수 있다. 또한 그가 증오해 마지않는 버몬트 주의 반폭력 프로그램을 피할 수도 있다. 그는 반폭력 프로그램이 사실은 사람들을 더 폭력적으로 만든다고 말했다.

그후 몇 달 동안 나는 레어드의 아버지인 빌 스태너드와 만나려고 애썼다. 사건 이후 그가 어떻게 지내고 있는지, 레어드에 대한 그의 감정이 어떻게 변했는지 알고 싶었다. 레어드가 감옥에 있던 2년 반 동안 빌은 아들과 점점 거리를 두고 있었다. 그는 아들을 만나러 가지 않았다. 레어드가 수신자 부담 전화를 걸어도 받지 않았으며, 편지도 쓰지 않았다.

나는 레어드의 선고공판 때 빌을 처음 만났다. 그때 웨스트 윈저의 집을 팔고 이사 갈 생각이라는 그의 애기를 들었다. 로드아일랜드로 다시 돌아가거나, 그보다 훨씬 더 먼 곳으로 이사할 거라고 했다. 법원에서 그는 유쾌한 미소와 사과의 뜻이 담겨 있는 반짝이는 눈빛으로 내게 인사했다.

"당신이 테오군요. 만나서 정말 반갑습니다."

그가 중간 휴식 시간에 내 손을 붙들고 마구 흔들면서 레어드를 도와줘서 고맙다고 말했다. 내가 학생들과 하고 있는 일에 감탄하고 있다는 말도 했다. 내가 책을 쓰고 있다는 사실을 빌도 이미 알고 있었다. 그는 조심스러운 태도로 호기심을 드러냈다. 하지만 내가 그를 공식적으로 인터뷰하게 되었을 때 그는 허심탄회하게 말문을 열었다. 우리는 전화로 인터뷰를 했다. 그는 로드아일랜드의 뉴포트에 있었고, 나는 버몬트에 있었다. 우리는 자유롭게 여러 가지 화제를 넘나들면서 활기찬 대화를 나눴다. 그리고 그 대화를 통해 때로는 난처한 듯, 때로는 성급하게, 레어드에 관한 각자의 생각을 털어놓았다.

그는 먼저 레어드는 원래 틀림없이 자신과 폴라가 침실에서 자고 있을 때 죽일 계획이었을 거라고 말했다. 폴라가 문 앞에서 레어드를 기다리고 있었던 것은 뜻밖의 상황이었다. 그녀는 화가 나 있었기 때문에 그 자리에서 레어드를 꾸짖었다.

"너 또 차를 가지고 나간 거니? 이젠 도저히 널 못 믿겠어."

빌이 기억하는 폴라의 말이었다. 그녀는 또한 레어드가 1시간 반 전에 잠자리에 들겠다고 약속해놓고 그 약속을 어겼다는 사실 때문에 몹시 화가 나 있었다.

"자정까지는 잠자리에 들라고 했잖아."

빌은 2층 침실에서 아들에게 장황한 설교를 늘어놓는 그녀의 목소리를 들었다. 그런데 갑자기 총소리가 났다. 레어드는 말 대신 방아쇠를 당기는 것으로 자신의 뜻을 표현했다.

폴라가 현관 앞에서 레어드를 기다린 덕분에 빌이 목숨을 구할 수 있었던 것 같다. 그녀는 어둠 속에 숨어 있다가 부모를 습격하려던 아들을 반대로 습격한 셈이었다. 레어드가 어머니를 쏜 후 계단을 올라온 것은 사실이다. 아마도 아버지를 죽일 작정이었을 게다. 그러나 그는 중간에 뒤로 물러섰고, 빌이 아래층으로 내려갔을 때에는 이미 당황한 상태였다. 아니면 그 순간 앞이 잘 보이지 않았던가. 어쨌든 레어드가 빌과 아주 가까운 곳에서 총을 발사했기 때문에 빌은 어깨에 화상을 입었다.

나는 빌에게 그 사건 이후 어떻게 지냈느냐고 물어보았다. 서글프면서도 무시무시한 겨울을 보냈을 것 같았다. 그는 나무로 배를 만들면서 견뎠다고 말했다. 뭔가 손을 놀리는 일을 해야 할 것 같아서 자신이 좋아하는 일을 하기로 했다는 것이다. 이웃인 릭 팰런이 그를 도와주었다.

"릭이 매일 우리 집에 와서 들여다보곤 했어요."

빌이 말했다.

"이봐, 별일 없어? 이러면서 내가 잘 있는지 확인하는 거죠."

그는 드러나지 않게 빌의 마음을 달래주었다. 빌은 자기처럼 자식들의 걷잡을 수 없는 행동을 무기력하게 지켜볼 수밖에 없었던 부모들이 더 있다는 사실을 깨달았다. 레이건 대통령을 암살하려 했던 청년의 부모가 쓴 『한계 상황*Breaking Point*』이라는 책이 그에게 좋은 친구가 되어주었다.

사건 이후 처음 몇 주 동안 빌은 우드스턱에 수감된 레어드에게 매주 찾아왔다.

"레어드가 감옥에 들어간 직후 나는 그 아이를 만나러 가는 것이 내 의무라고 생각했습니다."

빌이 말했다.

"내 아이가 감옥에 있으니 만나러 가야 한다, 그런 생각을 한 거죠. 그 아이가 오랫동안 감옥살이를 해야 한다는 걸 알고 있었습니다. 형벌을 면할 길이 전혀 없으니까요. 감옥에서 힘든 일들을 겪어야 하는 아이에게 미리 마음의 준비를 시키고 싶었습니다. 그래서 자기 나름의 해결책을 찾아야 한다고 아이한테 말했죠. 부처님 말씀이든, 철학자의 말이든, 마음의 준비가 필요해. 심리학 책을 읽든, 철학 책을 읽든, 마음의 준비를 해야 돼."

하지만 레어드는 충고를 들을 생각이 전혀 없었다. 철학적인 조언을 구할 생각도 없었다. 그는 새로운 환경과 새로운 경험에 너무 몰두하고 있었기 때문에 아버지를 만나는 짧은 순간에도 자신의 삶에서 눈을 떼지 못했다. 그는 야구 모자를 갖고 싶다고 했다. 작업용 장화도 필요하다고 말했다. 구치소 건물 안을 쿵쿵거리며 돌아다니려면 그런 신발이 좋다면서. 그는 자신을 대하는 교도관들의 태도에 놀라고 있었다. 교도관들은 그에게 무례한 말들을 해댔고, 덩치만 커다란 바보 같은 녀석이 있는 감방에 그를 처넣었다. 그는 어정쩡한 태도를 보이는 변호사에 대해서도 걱정하고 있었다. 나는 그런 사람들을 많이 보았기 때문에 감옥에서는 흔한 일이라고 말했다.

레어드를 만나면서 빌은 경악했다. 화가 나기도 했다. 레어드의 성격이 거칠고 냉혹하게 변해가는 것 같았다. 그는 자신의 '사건'에 대해 계속 지껄이면서 이런저런 소리를 늘어놓았지만, 어머니를 전혀 언급하지 않았다. 빌의 머리를 겨냥했던 두 번째 총격에 대해서도 언급하지 않았다. 빌은 레어드가 총격 사건을 현실의 일이 아니라 순전히 신문에서만 벌어진 일로 생각하는 것처럼 행동했다고 말했다. 게다가 레어드는 신문에 실린 얘기들이 모두 틀렸다고 생각했다. 사실 그 부분에 대해서는 그를 탓할 수만은 없었다. 어쨌든 레어드의 행동을 보면 폴라는 실존했던 인물이 아닌 것 같았다.

"사람들은 좋은 것도 있고 나쁜 것도 있고, 옳은 일도 하고 그른 일도 하는 세상에서 아이를 기릅니다. 세상은 한쪽 면만 있는 게 아니니까요. 부모는 겉으로 드러나는 아이의 행동을 보고 아이가 그런 현실을 이해했다고 생각합니다. 현실을 배웠다기보다는 이해했다고. 아이는 그런 세상에 적응하면서 세상의 일부가 되어갑니다. 그런데 갑자기 아주 어려운 상황이 닥치면 아이는 마치 모든 것을 팽개쳐버린 것처럼 행동합니다. 그래도 도덕을 팽개칠 수는 없는 일인데."

빌이 말한 '어려운 상황'이 무엇인지 궁금했다. 감옥에 들어간 것? 힘든 학교생활? 열일곱 살이라는 나이? 하지만 물론 그 상황이 무엇인지는 중요하지 않았다. 레어드는 열일곱 살 때 세상을 버렸다. 감옥은 그가 처한 상황을 더욱 악화시켰지만, 감옥에 들어왔기 때문에 그가 어려운 상황에 처하게 된 것은 아니었다. 레어드는 살인을 하고도 처벌받지 않을 거라고 생각했다. 경찰이 그에게 부모의 사망 소식을 알려주면서 자신의 등을 두드리며 위로해줄 거라고 생각했다.

나는 빌에게 레어드가 자신을 피해자로 생각하는 것 같다고 말했다. 모질고 고독하게 살아온 불행한 사람으로 생각하는 것 같다고. 레어드뿐만 아니라 많은 재소자들이 그런 문제를 갖고 있는 것 같다.

"주위를 둘러보면 교도관들과 족쇄가 보이고, 자신이 비참한 곳에서 살고 있음을 알게 됩니다. 과거에 자신을 무시했던 사람들도 생각나죠. 그들이 결론을 내리는 데는 이것만으로 충분합니다. 그들은 자기를 만나러 오는 사람들이 많은 것을 누리고 있다는 것을 깨닫습니다. 그래서 이렇게 중얼거리죠. 그래, 난 운이 나쁜 놈이야. 인생에서 줄을 잘못 섰어."

빌이 내 말을 자르며 끼어들었다. 경악을 금치 못하는 목소리였다. 마치 레어드를 앞에 두고 말하는 것 같았다.

"부모를 총으로 날려버리려고 했어요. 절반은 성공을 거뒀고요. 그래서 감옥에 갇힌 거잖아요."

"그래요, 저도 알아요."

우리는 화제를 바꿨다. 우리 둘 다 굴드에서 레어드가 홀딱 반했던 여자 아이, 하지만 딱히 그의 여자 친구라고 할 수 없는 엘리자베스 버튼이 그에게 어떤 영향을 미쳤는지 궁금했다. 내가 보기에 레어드는 엘리자베스에게 푹 빠져 있는 것 같았다. 그래서 그녀에 대한 병적인 애착이 그의 판단력을 압도해버린 것 같았다. 그는 그녀에게 잘 보이기 위해, 그녀에게 구애하기 위해, 그녀와의 불확실한 관계를 확실한 것으로 만들기 위해 필사적이었다. 레어드의 시들을 보면, 그녀 아버지의 죽음이 그녀와 레어드 사이에서 커다란 이슈가 되었던 것 같다. 레어드는 죽음에 대해 아무것도 몰랐으므로 그녀 아버지의 죽음을 입에 올릴 수 없었다. 하지만 그녀는 필요하다고 생각되면 언제나 그 얘기를 꺼냈다. 나는 레어드가 사건을 벌이기 전에 쓴 시를 언급했다. 그가 엘리자베스를 위해 쓴 이 시의 제목은 「너의 고통」이다.

고통이 심해? 그럴 거야.

너의 고통을 덜어주기 위해 내가 할 수 있는 일이 별로 없어.

내가 너의 고통을 가져다가 내 것으로 삼을 수 있으면 좋을 텐데.

……

난 너의 고통을 흉내 낼 수 있지만 같이할 수는 없어.

나는 그가 고통을 부러워하고 있다고 느꼈다. 그는 친구들처럼 정말로 힘든 일을 겪고 싶어 안달이 나 있었다. 그가 학교에서 느끼는 불행은 잘 드러나지도 않을뿐더러 특별한 원인도 없어서 다른 사람의 동정을 얻을 수 없었다. 그는 자신의 불행을 현실로 만들어야 했다. 나는, 레어드가 부모를 죽임으로써 자신도 고통을 겪고 있음을 엘리자베스에게 보여주려 했다는 생각을 해본 적 없느냐고 빌에게 물었다. 레어드는 또한 자신이 엄청난 돈을 갖게 될 거라고 슬그머니 암시하기도 했다.

"내가 제일 먼저 생각한 것도 그겁니다."

빌이 즉시 대답했다.

"레어드가 모든 걸 당장에 갖고 싶어서 그런 게 아닌가 하는 생각이요."

하지만 빌은 레어드가 단순히 돈에 대한 욕심만으로, 십 대다운 충동만으로 그런 짓을 저질렀다고는 생각하지 않았다. 그는 총격 사건이 있기 전에 레어드와 나눴던 대화 때문에 아직도 괴로워하고 있었다.

"레어드가 추수감사절 휴가 때 한 말이 계속 생각납니다. '집에 오고 싶어요. 이젠 굴드에 다니고 싶지 않아요.' 그때 모든 것이 변해버린 것 같아요. 우리는 '6월 말까지 참으라'고 말했죠. 그애가 우리를 죽이기로 결심한 게 그때 같아요. 신용카드를 훔친 것도, 처음으로 자동차를 훔친 것도 그때니까요. 학교에 돌아간 다음에는 돈을 펑펑 써대기 시작했어요. 영화 주인공처럼 엘리자베스와 함께 달아나는 상상을 하다가 결국 집으로 돌아와서 우리한테 총을 쏴댄 거겠죠. 우리가 꿈쩍도 하지 않으니까 결국 자기가 나서서 우릴 없애기로 한 겁니다. 이런 생각을 하다 보면 또 다른 의문이 떠오릅니다. 지금 그 아이와 나의 관계는 무엇인가? 지금 나는 그 아이의 친구가 되고 싶지도 않고, 보호자가 되고 싶지도 않고, 인생의 스승이 되고 싶지도 않습니다. 그런 생각을 하고, 그런 짓을 할 수 있는 사람하고는 친구가 되고 싶지 않아요. 그래서 너무나 무섭습니다. 그런 일이 일어날 거라는 걸 전에도 몰랐고, 또다시 같은 일이 일어난다 해도 역시 짐작하지 못할 테니까요."

그는 잠시 말을 멈췄다. 그가 무슨 생각을 하는지 알 것 같았다.

"그 일이 일어나고 6개월쯤 후에 내가 레어드한테 너는 아이를 갖지 않는 게 좋을 것 같다고 말했습니다. 스태너드 혈통이 이제 끊긴 거 같다고. 레어드가 아이를 낳아도 안 되고, 내가 아이를 더 낳아도 안 되니까요. 레어드한테 절대 아이를 갖지 말라고 했습니다. 나는 그 사건을 레어드 탓으로 돌리고 싶지 않아서 우리 집 혈통에 문제가 있는 건지도 모른다고 말했죠. 그러니까 우리 모두 조심해야 한다고."

감옥 안의 전화기 버튼을 만지작거리고 있는 레어드의 모습이 눈앞에 떠올랐다. 자신이 무너뜨린 인생의 폐허 속에 혼자 서서 자신에게 공감해주는 사람을 찾으려고 애쓰는 모습. 하지만 겉으로는 '동맹'이나 '거래'를 말할 뿐이었다. 이제 그에게 전화를 걸어줄 사람은 나밖에 없는 것 같았다. 하지만 그가 나와 얘기를 하고 싶어 하는지 확신이 서지 않는다. 그가 지루해하면서 빨리 전화를 끊고 싶어 한다는 느낌을 받는 경우가 많았으니까.

나는 빌에게 앞으로 조금씩 아들과 화해할 수 있기를 바란다고 말했다. 하지만 두 사람이 정말로 화해할 것 같지는 않다. 레어드는 버지니아에서 감옥 생활이 몸에 밴 새로운 인물로 변해가고 있다. 그 새로운 레어드는 아버지와의 관계를 회복하고 싶어 하지 않는 것 같다. 그가 원하는 것은 교도소 구내매점에서 군것질 거리나 샴푸를 사고, 때로는 정어리 통조림도 살 수 있는 돈이다.

내가 면회를 갈 때마다 재소자들은 전보다 더 나이 든 모습으로 나를 만나러 나온다. 그들의 목소리도 점점 굵어진다. 어떤 일에도 눈 하나 깜짝하지 않을 목소리이다. 그들은 북부 사투리로 교정국의 비합리적인 처사를 주로 입에 올린다. 또한 그들의 팔뚝에는 예전 것보다 더 보기 흉한 문신이 새로이 꿈틀거리고 있다. 여기 팔꿈치에 있는 건 전갈 문신이야. 그런데 그놈이 그림을 제대로 그릴 수 없다면서 관절 위에다 문신을 새겨 놨어. 이건 피를 철철 흘리는 심장이야. 이건 철조망이야. 철조망은 감옥의 국제적인 상징이지.

나는 면회실에서 만난 재소자들의 모습 대신 가장 행복했던 순간, 어쨌든 내가 보기에는 그들이 가장 행복했다고 생각되는 모습을 떠올리곤 한다. 2001년 초봄, 우드스턱에서 30여 분 동안 지속되었던 그 순간을.

빨간 타일이 깔린 바닥에 햇빛이 쏟아지고, 음악실에서 누군가가 신나게 기타를 치고 있던 그때, 정기적으로 내 수업에 참석하는 학생들과 복도를 지나다가 우연히 들어온 늙은 주정뱅이 몇 명이 교실에서 휘트먼의 「나 자신의 노래Song of Myself」를 큰 소리로 읽었다.

학생들은 내가 내준 숙제를 끔찍이도 싫어했다. 나는 그때 이런 숙제를 내주었다.

"이 시에서 여러분이 이해하는 부분, 뭔가 의미가 느껴지는 부분을 골라 수업 시간에 큰 소리로 읽을 준비를 해오세요. 여러분이 그 구절을 이해했다는 것을 우리가 느낄 수 있도록 시를 읽어야 합니다. 목소리, 몸짓, 침묵 등을 통해 이 시에 대해 여러분이 알고 있는 것을 모두 표현할 수 있어야 합니다. 여러분이 알고 있는 것을 우리에게, 마룻바닥이 아니라 함께 수업을 듣는 친구들에게 표현해야 합니다. 사람들과 눈을 마주치며 천천히 말하세요."

그 숙제를 하려면 진지해져야 했다. 어쩌면 준비할 것이 너무 많았는지도 모르겠다. 어쨌든 수업 시간까지 숙제를 해온 사람은 아무도 없었다. 레어드는 법적인 문제 때문에 꼼짝할 수 없었다고 말했다. 그는 검사가 징역 40년에서 종신형을 제의해서 생각을 한 다음 답변을 주어야 했다. 40년이라는 숫자가 레어드에게 어떤 의미가 있는지 모르겠다. 그와 그의 감방 동료 짐 밴드리엘은 너무 겁에 질려 있었고, 함부로 입을 열 수도 없었기 때문에 그 의미를 말하지 못했다. 애석하게도 다른 방법으로 그 의미를 알아볼 수도 없었다. 재소자가 무거운 징역형을 받았을 때, 그것에 대해 자부심 외의 다른 감정을 드러낸다는 것은 생각도 할 수 없는 일이었다. 실제로 자신의 감정을 노골적으로 드러내는 재소자는 전혀 없었다. 그들은 다른 재소자들에게 자신이 바깥세상에서 대담한 사람이었으며, 이제 그 결과에 대해 책임을 질 생각이라고 말해야 했다. 레어드는 감옥에 들어온 지 얼마 되지 않았는데도 이미 그것을 알고 있었다. 당시 그는 그 원칙을 실천에 옮기고 있었다. 항상 포커페이스를 유지하면서.

레어드는 금방이라도 자신의 진짜 표정을 드러낼 것 같은 얼굴로 나를 자주 바라보았다. 하지만 그는 굴복해서는 안 된다는 것을 알고 있었다. 또한 그는 자신이 인간적인 충동을 이겨낼 수 있다고 확신하고 있었다. 실제로 그 방면에서 그의 실력은 좋은 편이었다.

도서실에서는 여느 때처럼 십 대 한 명 — 포크송을 부르는 스티브였던 것 같다―이 창가의 의자 위에 서서 창유리를 가볍게 밀었다. 혹시 오늘은 유리를 밀어낼 수 있지 않을까 하고. 레게머리처럼 땋아서 오글오글하게 만든 그의 금발에 햇빛이 가득했다. 휘트먼이 찬사를 보낸 헝클어진 건초색 머리였다. 스티브는 창문 아래에 서서 눈을 감고 온몸으로 햇빛을 받았다. 나는 그를 잠시 지켜보다가 눈을 감아버렸다. 그러고 나니 그가 밭 가장자리에 가만히 서 있는 어린아이나 뜰에 서 있는 조각상처럼 보였다. 그는 얼어붙은 듯 정지해 있었다. 선 안으로 들어간 것도 아니고, 그렇다고 선 밖으로 벗어난 것도 아니었다. 그가 햇빛 속에 서 있었기 때문에 그의 몸에서 자연스레 빛이 났다. 마치 자연의 자비로움을 드러내는 상징 같았다. 결국은 세상이 그를 용서하고 자유롭게 풀어줄 것 같았다.

그날 우리는 조금 묘한 기분이었기 때문에 아이들을 진정시키기가 힘들었다. 늙은 주정뱅이 하나가 일어나 도서실 화장실로 들어갔다. 아이들이 그 기회를 놓치지 않고 화장실 문 앞에 의자를 쌓아 그를 가둬버렸다. 그들은 그의 반응을 기다리고 있었다. 10분이 흘렀다. 그들은 주정뱅이가 문을 두드리며 성난 목소리로 자신을 구해달라고 소리를 지르는지 수시로 귀를 기울였다. 그런데 아무 소리도 들리지 않았다. 화장실 냄새에 취해 잠이 들어버린 것 같았다. 죽었을지도 모른다. 시간이 더 흘렀다. 그가 화장실 안에 있는 시간이 길어질수록 상황은 점점 우스워졌다. 윌이 문 밑으로 신문을 넣어주자고 했다. 혹시 그가 지루해할지도 모르니까. 윌은 살금살금 문으로 다가가서 바닥에 배를 깔고 엎드렸다.

"스포츠 면이 좋아? 경제면? 이봐! 당신이 원하면 망할 놈의 경제면을 넣어줄 수도 있어! 말만 해! 말해 보라고! 말해 봐!"

화장실에서는 아무 소리도 나지 않았다. 아이들은 다시 탁자 주위에 모여 키득거렸다. 주정뱅이가 깨지 않게 조심하면서.

레어드가 시를 읽을 차례였지만 읽으려 하지 않았다. 나는 그를 다그쳐서 결국 읽게 만들었다. 그는 숙제를 해오지 않았으므로 우리가 전날 토론했던 부분이 어딘지 알려주어야 했다.

"아, 그거요 그거."

그는 마치 시를 너무 많이 읽어서 내가 말하는 작품이 어떤 건지 헷갈린다는 듯이 말했다. 나는 휘트먼이 자신의 눈이 닿는 모든 것과 자신을 동일시하고 있는 부분을 읽으라고 말했다.

불만을 품은 사람은 하나도 없다.
소유욕에 불타 미쳐 날뛰는 사람도 없다.
수천 년 전에 살았던 조상이나 다른 사람 앞에 무릎 꿇는 사람도 없다.
온 세상에 훌륭한 사람도 없고, 부지런한 사람도 없다.

이 짧은 구절을 읽으면서도 레어드는 힘겨워했다. 그가 고개를 들고 기침을 했다.

"여기서부턴 선생님이 읽으세요."

그가 말했다. 그가 일부러 빤질거리고 있다는 것을 알고 있었지만 나는 개의치 않았다. 사실 나는 기분이 아주 좋았다. 내가 가장 좋아하는 구절 중 하나였기 때문이다. 나는 이 구절을 거의 외우고 있었기 때문에 책을 보지 않아도 되었다. 하지만 나는 아이들을 바라보고 싶지 않았다. 내 시선이 아이들을 당혹스럽게 만들 테니까.

그들이 나와의 관계를 밝히고 나는 그들을 받아들인다.
그들이 내게 나의 상징을 가져다주며
그것이 자기들의 것이라고 분명히 표시했다.

그들이 그 상징들을 어디서 얻었는지 나는 모른다.
내가 까마득한 옛날에 그 길을 지나면서 부주의하게 떨어뜨렸을 것이다.
나 자신은 그때도, 지금도, 앞으로도 영원히 앞으로 나아가면서
항상 민첩하게 더 많은 것들을 모으고 보여줄 것이다.
그들 가운데서 무한한 것, 온갖 것들, 그런 것들을.

나는 이 구절이 소속감의 위력을 무모할 정도로 확실히 보여주고 있다고 생각한다. 그가 시에서 언급한 상징들은 그가 전에, 다른 생애에서, 지금과는 다른 진화의 단계에 있을 때, 점유하고 있던 영혼들의 일부이다. 그 상징들을 보자 잊었던 기억이 떠오른다. 그런데 그 기억은 자신에 관해 새로운 사실들을 알려주는 개인적인 기억들이다.

이 구절의 전후에서 이상화된 시인의 페르소나는 빠르게 역사를 거슬러 올라간다. 그는 유대의 언덕을 한가로이 넘고, 알라모 요새를 찾아가고, 412명의 젊은이가 학살당한 소름끼치는 전쟁터를 지켜본다. 그리고 '산 자와 죽은 자가 함께 누워 있었다'며 '반죽음이 된 사람들이 기어서 도망치려 했다. 시체들은 밤에 불태워졌다. 그것은 새까만 일출이었다'고 보고한다.

그리고 나서 그는 다시 현재로 돌아와 익사한 선원, 콜레라 환자, 수갑을 찬 폭도들과 하나가 된 느낌을 받는다. 사람들이 파도처럼 흘러넘친다. "나다, 나다, 나다." 그는 역사 속을 이동하며 이렇게 말한다. "나다, 나다, 나다." 그는 지상을 가로지르며 이렇게 말한다.

그는 삶이 우리 생각처럼 정적인 단판 승부가 아니라고 고집스레 주장한다. 우리가 살 수 있는 삶이 수백 가지나 있으며, 그것들 모두를 단 한 번의 생애에 쑤셔 넣을 수 있다고 주장한다. 스트라이크 세 번을 그냥 흘려보냈다고 해서 그대로 삼진아웃을 당하는 것이 아니라, 무한히 많은 스트라이크가 우리에게 허용되어 있다. 지금 상황이 좋지 않

다고 해서, 우리에게 손짓하는 수천 개의 삶이 없다고 생각해서는 안 된다. 상상력만 조금 발휘하면 마법 같은 일을 일으킬 수 있다.

나는 이런 의미들을 재소자들에게 최선을 다해 설명했다. 내가 얘기를 하는 동안 그들은 참을성 있게 앉아서 내게서 시선을 떼지 않았다. 내 말을 이해하는 것 같았다. 내가 그들의 이야기를 하고 있다는 것을 알고 있는 것 같았다.

모든 사람에게 헤아릴 수 없이 많은 새로운 삶이 있다는 주장은 매력적이다. 하지만 나는 그 주장을 받아들일 수 없다. 적어도 늘 그렇다고는 볼 수 없다. 하지만 봄의 첫날 햇빛이 타일 바닥에서 춤을 추는 지하의 교실에 앉아 있을 때는 주위의 아이들이 전도유망한 고등학생처럼 보일지도 모른다. 얼마 전까지만 해도 그들은 실제로 고등학생이었다. 따라서 지금도 상상력을 조금만 발휘하면 그렇게 볼 수 있다. 그 아이들이 앞으로 세상에서 중요하고 놀라운 일들을 하게 될 인물로 보일지도 모른다. 미래의 공학자, 미래의 시인, 미래의 교사, 미래의 컴퓨터 천재. 이런 생각을 하는 건 사실 그리 힘든 일이 아니다. 특히 햇빛이 찬란한 춤으로 협조해준다면.

그러고 나면 시의 힘이 주위를 장악하는 것을 자연스레 느낄 수 있다. 휘트먼의 시가 생생한 다큐멘터리처럼 강렬하게 느껴진다. 그가 약속한 것들이 정말로 그럴듯한 진실처럼 보인다. 그날 30여 분 동안 그 구절들이 내게는 그렇게 보였다. 그리고 그후로 오랫동안 그 느낌이 계속 남아 있다.

감사의 글

내가 말로 다 표현할 수 없을 만큼 고마워하는 사람들이 있다. 짐 혼피셔는 처음부터 나를 밀어붙여 앞으로 나아갈 수 있게 해주었다. 나를 든든하게 받쳐주는 형이자 코치 같았던 그는 출판 대리인의 의무 외에도 너무나 많은 호의를 베풀어주었다. 그에게는 아무리 고맙다는 말을 해도 모자랄 지경이다. 구치소 안의 교실 상황을 정확히 파악하게 해준 론 파워즈에게도 감사한다. 그가 없었다면 나는 감옥 안의 삶에 익숙해진 사람들이 대부분 그렇듯이 용감하게 꾸준히 앞으로 나아갔겠지만 대신 책을 쓰지는 못했을 것이다. 질엘린 라일리에게도 두고두고 갚아야 할 만큼 많은 신세를 졌다. 명목상으로 그녀는 내 책의 편집자였지만, 내게는 정신과 의사였다. 이 책을 끝낼 수 있도록 그녀가 나를 돕는 과정에서 이미 어느 정도 편집이 이루어졌다 해도 과언이 아니다. 그녀의 연민, 인내심, 유머, 차분한 삶의 지혜가 나에게 많은 영향을 미쳤다. 정직하고 신중하게 가족사를 얘기해준 빌 스태너드에게도 많은 신세를 졌다.

이 책을 쓰는 동안 나는 내 가족들, 특히 어머니에게 심각한 골칫덩이였다. 그런 나를 참아준 식구들이 얼마나 고마운지 모르겠다. 물론 케이트에게도 감사한다. 그녀는 누구보다 많이 나를 참아주었으며, 나와 함께하는 삶이 참을 수 없을 만큼 괴로울 때도 우아하게 견뎌주었다. 어떻게 하면 그녀의 고생을 보상해줄 수 있을지 모르겠지만, 그래도 애써볼 것이다.

마지막으로 우드스턱 구치소의 재소자들에게 감사한다. 그들은 오로지 우정만으로 나를 자기들의 삶 속에 받아들여주었다. 특히 슬래시, 토빈, 월, 에몬스, 레어드, 두앤 베델에게 감사한다. 이 책을 아직도 감옥에 있는 모든 사람들에게 바친다. 그들도 나처럼 이 책을 통해 한층 밝아진 시선을 경험하기를 바란다.